·本书系"教育部人文社会科学研究规划基金资助项目"《中国女性期刊的发展脉络与趋势研究》(12YJA860018)

·本书系浙江省哲学人文社科重点研究基地"临港现代服务业与创意文化研究中心"专著资助项目

·本书系浙江万里学院文化与传播学院"媒介·文化·社会"研究书系专著资助项目

媒介·文化·社会丛书

中国女性期刊史

吴敏娟 ◉ 著

hina female periodical history

中国社会科学出版社

图书在版编目（CIP）数据

中国女性期刊史／吴敏娟著．—北京：中国社会科学出版社，
2015.7
ISBN 978 - 7 - 5161 - 6626 - 0

Ⅰ．①中…　Ⅱ．①吴…　Ⅲ．①女性 - 期刊 - 新闻事业史 -
中国 - 近现代　Ⅳ.①G239.295

中国版本图书馆 CIP 数据核字（2015）第 167002 号

出 版 人	赵剑英
责任编辑	宫京蕾
特约编辑	大　乔
责任校对	石春梅
责任印制	何　艳

出　　　版	中国社会科学出版社
社　　　址	北京鼓楼西大街甲 158 号
邮　　　编	100720
网　　　址	http：//www.csspw.cn
发 行 部	010 - 84083685
门 市 部	010 - 84029450
经　　　销	新华书店及其他书店

印刷装订	北京市兴怀印刷厂
版　　　次	2015 年 7 月第 1 版
印　　　次	2015 年 7 月第 1 次印刷

开　　　本	710 × 1000　1/16
印　　　张	16.5
插　　　页	2
字　　　数	251 千字
定　　　价	55.00 元

自序

我与"女性期刊"二十年

笔者曾经在女性期刊工作 20 余年，应该说是伴随着 20 世纪 80 年代女性期刊的崛起而走过来的，自己本身又是女性这个大家族中的一员，对女性期刊的感情很深很浓。所以很早就想写一篇有关中国女性期刊的发展脉络与趋势的文章，梳理一下中国女性期刊从无到有、从小到大、从幼稚走向成熟的发展历程。

记得刚刚获知《中国女性期刊史》作为 2012 年教育部人文社会科学研究规划基金项目得到立项时，自己的心情真可谓是五味杂陈、百感交集……

想自己自 1983 年大学毕业，便跻身于 20 世纪 80 年代初改革开放后崛起的中国女性期刊的潮流中，与中国女性期刊同呼吸、共命运，伴随着中国女性期刊的崛起与沉浮、成长与困惑。整整二十年，将自己的青春与梦想一一付诸其中，倾注了自己满腔的热血与激情；多少个夜深人静的晚上，在年幼的儿子熟睡之后，挑灯夜战：策划栏目、寻找选题、联系作者、编辑稿件，先后开辟并策划出栏目数十个，编辑稿件达数百万字，并多次在全国妇女报刊好作品评选中获奖；不仅如此，在女性期刊工作的二十年来，时刻没有忘记圆自己的作家梦，以记者的身份，用阿娟、圆愿、随缘等笔名，深入到女性读者的心灵中去，针对她们在恋爱、婚姻、家庭中的困惑，写出数百篇有关女性成长励志、情感故事的稿件，先后在《知音》《家庭》等全国数十家女性与青年期刊上发表。其中不少被《青年文摘》《中外妇女报刊文摘》《作家文摘》转载，在社会上引起很大反响。

2004 年 8 月，自己应聘来到浙江万里学院，从"塞北的雪"飘到"烟雨江南"，人生掀开了新的篇章，由过去的女性期刊编辑华丽转身为讲授女性时尚杂志。女性期刊，那永远挥之不去的情结，始终萦绕心头。无论自己走到哪里，无论从事什么职业。二十年的积累，十年的沉淀，是圆梦的时候了……

追根溯源，自 1898 年 7 月，中国历史上第一份女性期刊《女学报》在上海创刊至今，中国女性期刊已经走过了百年春秋。而要想在浩瀚与悠久的中国女性期刊历史长河中，采撷几朵浪花，从中国女性期刊的发展脉络着手，系统地分析早期清末民初女性期刊的演化与传播，对中国后来女性期刊的发展与繁荣所带来的深远影响及其不可低估的渊源作用，并以中国女性期刊百年历史为纵线，全方位、系统地对中国女性期刊成长的历史进行梳理与阐述，进而研究女性期刊发展的百年历史带给中国女性丰富的精神生活和历史经验；为中国女性期刊如何继承、吸收中国早期女性期刊的优良传统，发扬光大并引领中国女性与时代同行提供有益的启示，进而填补对中国女性期刊发展脉络与趋势的研究空白……这一历史使命何其艰巨、何其重大啊！

应该说女性期刊的发展是世界各国出版人都非常密切关注的领域。在西方，期刊业把女性期刊称作"摇钱树"。不管是在中国还是世界，无论是过去还是现在，女性期刊都永远在期刊领域中占有非常重要的地位。国外此类研究和著作曾经在 2005 年左右达到高峰。目前对中国女性期刊的发展脉络与趋势的研究还比较薄弱，亟待有人去研究、去梳理。虽然，我们已经有许多业界人士在研究、在探讨，并且已经有了质的飞跃，但截至目前我国还没有一本完整、系统地论述"中国女性期刊的发展脉络与趋势"的专著研究。

三年来，我们课题组成员倾注了全部的精力和心血，力争将研究重点放在对整个中国女性期刊的发展脉络与趋势的梳理与探索上，力求对一百多年的中国女性期刊的发展历史有个清晰、准确的阐述，并通过对女性期刊在西方和中国的诞生与发展对比中，找出女性期刊在不同历史阶段发展、繁荣的逻辑路径与特征，从而找出中国女性期刊的未来发展趋势。

本研究成果可以作为专门从事女性学、女性期刊学研究的人员进行研究资料参考，也可以作为高校女性学方面的课程教材。目前，我国已有 50 多所高等院校成立了女性研究中心，截至 2007 年底，我国已有近百所大学开设了女性学相关课程和女性问题的专题讲座。女性学已进入国家的教育体制，成为高等院校以及社会科学研究机构中一个正式的教学和研究领域。

　　当然，在编撰本书的过程中，难免存在这样或者那样的不足，敬请批评指正。

吴敏娟

2014 年 9 月 28 日

目　录

上 篇

清末民初女性期刊的演化与传播

第一章

中外女性期刊的概述

第一节 女性期刊的概念及含义

在我们伟大祖国浩瀚与悠久的期刊历史长河中，有一颗璀璨明珠——便是女性期刊。

自 1898 年 7 月，中国历史上第一份女性期刊《女学报》在上海创刊至今，中国女性期刊已经走过了百年春秋。"女性杂志是女性欲望的代言人"，这是日本以研究女性杂志见长的著名作家久田惠在《充满欲望的女性》一书中所阐述的一个观点。当年《女学报》以提倡女学、争取女权为宗旨，宣传男女平等和婚姻自主的主张，并把妇女的解放和民族的解放联系起来，号召妇女和男子一道，共同改变整个国家"受制于外人"的状况，充分表达了"女性杂志是女性欲望的代言人"这一理念。《女学报》是在著名的戊戌变法的高潮中诞生的，它的主办者为中国女学会，这是在康有为、梁启超等人支持下，由维新派妇女组织起来的社会团体，在当时颇有影响。而康有为的女儿康同薇、梁启超的夫人李蕙仙更是直接参与其中，成为女学会的中坚力量，它开创了中国妇女报刊的先河。

一直以来，女性期刊的发展是世界各国期刊界都十分关注的热点，"在西方，期刊业把女性期刊称作期刊中的'摇钱树'，也就是说不管是在中国还是世界，无论是过去还是现在，女性期刊都在期刊领域中占有着非常重要的地位。"① 国外此类研究和著作曾经在 2005 年

---

① 韩湘景：《女性期刊：世界期刊界角逐的热土》，《中国新闻出版报》2002 年。

左右达到高峰。在众多大众媒介中，女性期刊被认为是最能正视与女性有关议题的载体，并能够和女性生活与时俱进的一种流行文化产品。

在我国，目前对中国女性期刊的发展脉络与趋势的研究还比较薄弱，尤其是系统地研究中国早期清末民初女性期刊的演化与传播，对中国后来女性期刊的发展与繁荣所带来的深刻影响及其不可低估的渊源作用，在目前所掌握的研究资料中还很少见。那么，直接从中国女性期刊的发展脉络与趋势入手，研究女性期刊发展的百年历史带给中国女性期刊的宝贵历史经验和丰富的文化遗产，为中国女性期刊如何继承、吸收中国早期女性期刊的优良传统，发扬光大并引领中国女性期刊与时代同行提供有益的启示，进而填补中国女性期刊百年来发展脉络与趋势的研究空白，具有着深远的历史意义和社会影响。

女性期刊是指以女性为主要阅读对象的期刊。如果仅从字面意义上看，就是指以女性关注的恋爱、婚姻、家庭生活内容为主，以女性读者为主要阅读对象、反映女性生存状况并为其服务，以描写或讲述女性生活的各种社会现象的期刊。如：《知音》《家庭》《时尚》等多以描写或反映当下女性所关心的恋爱、婚姻、家庭、美容、时装等生活内容，文章内容的主人公多为女性。当然对于女性期刊的阐释很多，比较权威并且得到大多数专家认可的有这么几种说法：

一、"在世界范围内，'Women's Magazine'女性期刊一词首先出现于1912年，当时《Magazine Marke》打出标题说：'制造女性期刊'。在此之前，世界三大女性期刊即1867年创刊的《Harper's Bazaar 哈泼时尚》、1886年创办的《Cosmopolitan 大都会》及1892年创立的《VOGUE 时尚》等也早已开始女性与期刊之间关系的探索。"[1] 在中国，较早的女性期刊有《女学报》、《中国女报》等，现代则出现了一大批以女性视角进行编辑并以女性为报道主角的期刊，如《知音》《家庭》《时尚》等。所以"女性期刊是指以女性关注的内容为

---

① 袁树影：《中国女性期刊的现状及发展对策研究》，《麓山枫》2010年1月10日，http：//www.38hn.com/article.asp? id=2590。

主，以女性读者为主要阅读对象、反映女性生存状况并为其服务，以描写或讲述女性喜闻乐见的各种社会现象的期刊。"①

二、女性期刊是以女性读者为主要对象、以女性生活为主要题材的期刊。世界上最早的女性期刊可追溯为 18 世纪英国的《淑女使者》《旁观者》和《淑女周刊》等。在我国，女性报刊始于辛亥革命时期。辛亥革命 10 余年期间，由于妇女教育的蓬勃发展，女子留学的兴起，逐渐形成了一个由资产阶级知识妇女组成的知识妇女群，她们是女权运动的倡导者，其中杰出的代表有秋瑾、陈撷芬、唐群英等。唐群英在留日期间，创办了《留日女学生杂志》《女子自话报》《女权日报》等女性刊物，以宣传爱国主义精神、男女平等、妇女解放为办刊宗旨，提倡女界要"绝其依赖之心""破其自卑感"，树立"独立精神"。②

三、法国桦榭集团总裁最早将女性杂志定位于女性消费类杂志，也称作女性时尚杂志；而我国对于女性杂志的界定，一直是"妇女报刊"和"女性时尚杂志"的概念并行使用。"妇女"基本是个政治词汇而非描述性词汇。这是因为"妇女"这个概念代表了男性和女性在经济与政治地位上及性别上的平等权。在中国，"妇女"是比"女人"、"女性"更刚性的意识形态词汇，在 20 世纪 80 年代之前，更是只有"妇女"，没有"女人"。"妇女报刊"正是这一词汇定义作用于报纸杂志的结果。如在 20 世纪 80 年代纷纷诞生的以全国妇联为代表的女性期刊多以"妇女"命名，最典型的例子就是由全国妇联主办的女性杂志就直接命名为《中国妇女》，河南省妇联主办的女性杂志称为《妇女生活》，辽宁省妇联主办的女性杂志则更直接，干脆就叫《妇女》，而黑龙江省妇联主办的女性杂志则叫《妇女之友》，甘肃省妇联主办的女性杂志称为《现代妇女》等，这一切无不打上了那个时代的历史烙印……

"女性消费杂志"则一直存在于文化管理者和研究者的视野当中。

----

① 袁树影：《中国女性期刊的现状及发展对策研究》，《麓山枫》2010 年 1 月 10 日，http://www.38hn.com/article.asp? id=2590。

② 陈艳：《当代著名女性期刊特色谈》，《科技创业月刊》2005 年第 8 期。

因之，在女性杂志本身的内涵界定上，中国的女性杂志市场天然地划分成了妇联系统下的杂志类型或称之为传统杂志，以及以市场为导向的时尚类杂志两大泾渭分明的"派系"。从中国女性期刊的发展历程上看，自1898年中国历史上第一份女性期刊《女学报》创办至今，中国女性期刊的发展走过了曲折而漫长的历程，一方面推动着中国妇女解放运动的发展，另一方面也随着时代的前进不断成长壮大，这是不容置疑的。

当然不可否认，女性期刊是从中国期刊这个庞大的家族中诞生并成长壮大起来的，这一点，我们可以从期刊的概念、特征、期刊编辑工作的内容及流程等中得到诠释：

（一）期刊的定义：

一种定期出版的连续出版物，它按一定的方针编辑，刊登众多作者多样内容的文章，并以固定刊名、相对固定的形式顺序编号、成册出版。（见徐柏容著《期刊编辑学概论》第6页）

（二）期刊的特征：

第一是连续性出版物、定期出版；

第二是按一定的办刊方针编辑的；

第三是内容多样的，作者是众多的，期刊的篇幅、形式具有相对的固定性，并且都是装订成册的。（见徐柏容著《期刊编辑学概论》第6页）

（三）期刊编辑的角色：

● 接生婆：创刊接生

● 保姆：产后协助哺育，维持杂志运行

● 家庭医师：杂志问题诊断、杂志改版

（四）期刊编辑工作的内容及流程

1. 杂志社概况

（1）期刊组成：由期刊编辑和期刊发行两大部分组成，即编辑部（生产）和发行部（销售）。

（2）人员分工：总编（负责全面管理）、副总编2位，一位负责稿件（生产），一位负责发行及广告（销售）。下设编辑部、采编部或读者服务部及发行部三个部门。编辑部包括编辑部主任（稿件二审）、编辑若干（具体组稿、编稿、校对）；采编部或读者服务部（接听读者电话，负责读者的信息反馈）；发行部包括发行部（发行销售杂志）、广告部（承揽广告）。

2．期刊编辑工作内容：期刊编辑工作是整个期刊运作过程中最重要的环节，其主要功能是策划和编辑期刊。

其具体工作内容：

- 确定刊名
- 期刊定位
- 栏目设置
- 选题策划
- 组稿、编稿、校对等。

而我们的所有女性期刊编辑均无一例外地按照和遵循着这个期刊的基本规律，编辑与策划着一本本面向广大读者、面向市场、受广大读者喜爱和欢迎的女性期刊。例如：目前已发行到海外 27 个国家和地区，发行量一直稳居文化综合类期刊前茅，在全球文化综合类期刊中排名第八的《家庭》杂志。

《家庭》原名《广东妇女》，创办于 1982 年，1983 年 1 月起更名为《家庭》，是国内第一家以恋爱、婚姻、家庭为报道和研究对象的综合性月刊。《家庭》创刊 30 年来，坚守着在婚姻家庭领域里倡导社会主义精神文明、促进现代家庭生活方式的变革、竭诚帮助读者营造幸福美满的家庭这一办刊宗旨。

目前，《家庭》已发行到海外 27 个国家和地区，发行量一直稳居文化综合类期刊前茅。据 2001 年 4 月召开的第 33 届世界期刊联盟大会公布：2000—2001 年《家庭》的发行量在全球文化综合类期刊中排名第八。曾先后获得"首届全国优秀社会科学期刊"等 10 多项大奖，并连续两届荣获国家新闻出版署授予的"全国百种重点社科期刊"称号。《家

庭》商标价值已达人民币 1. 39 亿元，开国内文化资产评估之先河。2000 年 3 月再次评估，《家庭》商标价值攀升至 2. 68 亿元。（数字来源：《家庭》杂志网）

同时，在期刊定位与编辑流程上也是无一例外地按照和遵循着期刊的基本规律来运作与策划：期刊定位、栏目设置、选题策划指对一本期刊的整体设计及宏观把握；组稿、编稿、校对则是对一本期刊的具体操作过程。它包括根据期刊的宗旨、读者对象及每期的选题策划向作者约稿、然后选择、筛选稿件；编辑、修改、润色稿件；再交给美编设计版面，然后送交印刷厂排版；最后要对已排好的稿件进行校对、修改标题、二度润色、加工……

那么什么是期刊的定位呢？期刊的定位就是要摆正期刊自己的位置，使期刊处在一个合适的位置上。例如由国家旅游局主管、中国旅游协会主办的中央级大刊《时尚》杂志，它便是期刊方针任务的具体化及形象化反映。

《时尚》杂志自 1993 年创刊以来，始终坚持"国际视野、本土意识"的办刊方针。以高雅的品位、独特的风格、风趣的文字、新颖的版式引导着潮流、倡导着时尚理念。

现在我们再回到妇女报刊上。妇女报刊是指在全国妇联和各省市妇联主办的一系列女性期刊的系统内，包括《中国妇女》《知音》《现代家庭》《恋爱婚姻家庭》等情感生活类以及各地非流通的妇联刊物。国家级的有一份《中国妇女》，其他各省也都有一份属于自己的妇女报刊，如陕西省妇联主办的《女友》、河南省妇联主办的《妇女生活》等。

在编辑的采写和稿件的编辑策划上，女性期刊的编辑工作与其它期刊编辑一样，就是策划和组织让女性读者感动的稿件，如：中国唯一向世界发行的国家级英文女性月刊《中国妇女》（WOMEN OF CHINA）2009 年第 7 期刊登的刘植荣采写的《救母心切，16 岁女孩闯荡非洲当老板》一文就是一个典型的代表。

附原文 *Home Away From Home* 勇闯非洲的中国女孩

文图/刘植荣 LIU Zhirong

阿玲在自己的店中

摄影/刘植荣

品学兼优 16 岁的高二女生陈玲玲，为给妈妈医治肠癌，只身到非洲打工，经过一年半的顽强拼搏，自己做起了老板。下面记叙的就是这个女孩在非洲艰苦创业的故事。

Encountering in a Chinese Restaurant

邂逅中餐馆

2009 年 5 月 6 日，我在非洲喀麦隆首都雅温得的住处停了一天的水，晚饭无着落，便到附近的一家中国餐馆吃饭。旅居国外，不用担心吃不上中国饭。过去，中国人闯世界用的武器就是三把刀：菜刀——开饭店，剃刀——开理发店，剪刀——开裁缝店。现在，中国人虽然到国外谋生的手段不再仅仅依靠"冷兵器"了，但菜刀还是紧握在手的。

在餐馆大厅里刚落座，一个岁数不大、个头不高的女孩便羞答答地朝我走来。她穿着朴素，长发在脑后打了个结，胖乎乎的脸上没有任何涂抹的痕迹，眼神里仍流露出少女的稚气。因为我过去在这家餐馆吃过饭，知道她肯定不是这里的服务员，也是像我这样来这里的吃客。她对我腼腆地说："大哥，我叫阿玲。今天是我的生日，我在这里没有亲人，想邀请您参加我的生日聚会。"不知是我对这个小姑娘的爱怜，还是小姑娘大胆向陌生人邀请的勇气，让我动了恻隐之心，欣然接受了她的邀请，随她来到了一个雅间。

Promise at A Birthday Party
生日聚会上的许愿

雅间里七八个青年人在桌旁谈笑风生。通过交谈得知，他们都是浙江青田人。我很敬佩青田人，青田县人口47.8万，竟有23万华侨分布在世界120多个国家和地区，全县私人外汇储蓄高达7亿美元，在法国，在英国，在西班牙，在意大利，在比利时，在荷兰，在德国，在瑞士，在埃塞俄比亚，我都遇到过青田人，地球上有人聚集的地方，就有青田人，用他们自己的话说，他们是"日不落青田"。

这些80后、90后们的聚餐当然热闹非凡。但最让我感动的，是阿玲在吹生日蛋糕上的18根蜡烛前的许愿。其中一个是她许给父母的。她说："亲爱的爸爸妈妈，我来喀麦隆一年半了，我已长大并实现了自己开店的愿望——我的小店在几天前开业了。亲爱的爸爸妈妈，请相信我的能力，我一定要克服一切困难，把小店办成大店，在喀麦隆打下一片天下。"

看着这18根蜡烛，我想，这个年龄的少女，多数在读书，在父母面前撒娇，需要父母的照顾。可眼前吹蜡烛的女孩，却自己独自在异国他乡闯天下。我既敬佩，又好奇。祝她生日快乐后，我向这位刚满18岁就当上了老板的小姑娘，讲了肯德基老板桑德斯和推销之神原一平经历了上千次失败后成功的故事，希望她遇到困难、挫折不要气馁，要勇敢面对。成功和失败是邻居，困难就是它们之间的墙篱。面对这道墙篱退缩了，等待着的就是失败；迎着这道墙篱顽强地攀登上去，就奔向了成功。

其实人生也是如此，当一个人从事新的行业时，总有种畏惧感。但只要学会了"跳浪"，很快就会游刃于新行业的海洋。生日聚会结束时，我对阿玲说，明天会去店里拜访，补上生日礼物。

Mom's Love and the Love for Mom
妈妈的爱与爱妈妈

第二天，我利用办公事的空余时间，带着生日礼物来到了阿玲的商店。阿玲的商店位于喀麦隆首都雅温得 ETOUDI 区 EGESSU 路，附近有个加油站。这里车水马龙，人声鼎沸，是个类似于天津大胡同模样的市场。

阿玲站在用汉语、法语和西班牙语书写的招牌下迎接我。门口是从商店接出来的篷架，篷架下放了不少鲜花、电风扇和箱包等。进入店铺，里面大约40平方米的面积，货架上摆满了日用百货。我送上生日礼物后，她高兴地叫我大伯（我比她父母的年龄都大，这个大伯还是当之不愧的），然后，我们便坐下聊了起来。

阿玲叫陈玲玲，这是她来喀麦隆后用的名字，她在中国户口本上的名字是陈江莺。阿玲的父母在农村，爸爸在一家工厂打工，母亲夏爱丽种地、料理家务，照顾85岁的外婆。当她读高二时，平静、温馨的家庭遭遇不幸：母亲患了肠癌！住院手术后，虽然挽回了母亲的生命，但住院医疗费却让这个不富裕的农家花掉了所有的积蓄，况且手术后还要服药、化疗，这也是笔不小的日常开支。

阿玲商店的招牌

摄影/刘植荣

懂事的阿玲为了不让母亲耽误治疗，减轻父亲的生活压力，做出了艰难的选择：退学，到国外打工。阿玲上学以来成绩一直很好。她上高一、高二时，是班级团支部书记、校团委副书记。就在做出退学的决定时，她还参加了学校组织的演讲比赛，演讲的题目是"妈妈的爱与爱妈妈"。她喜欢写作，写了不少文章发到了自己的 QQ 空间。

Working in Cameroon
打工喀麦隆

她和在喀麦隆开百货公司的同乡联系，要到他那里打工。这位同乡很热情，答应负责她的机票费用，来喀麦隆后管吃管住。2007 年 11 月 3 日晚上，阿玲只身来到了一个完全陌生的世界——喀麦隆，这时，她仅 16 岁！她来这里，不是旅游，不是好奇，而是肩负着责任：妈妈爱我，抚养我，我在家庭困难时要以实际行动报答妈妈的爱，努力多赚钱，为妈妈治病，减轻爸爸的负担。这就是一个 16 岁少女的出国动机。

她在国内读书时学的是英语，到喀麦隆后，连一个法语词都不会。在商店里当售货员，讨价还价用得最多的就是数字，于是，她用心在 3 天内就学会了说法语数字，这样，她就可以连说带比画地卖货了。她上班时用心听当地店员与顾客的讲话，大胆地模仿，下班后自己找同事刻苦练习，四五个月后，她就可以用法语熟练地和顾客交流了。想起国内有些法语专业的研究生到国外都无法交流，我就问她法语学习的窍门。她说，就是别人在买卖商品时，在旁边认真听，细心揣摩，然后大胆和顾客讲，不知不觉就会说法语了。她严肃地说："我必须尽快学会法语的，不然，我在这里就呆不下去，就无法给妈妈赚钱治病。"

原来学外语就这么简单！关键是语言环境，是有压力。据说过去某国间谍讲的外语和当地人讲的语言分不出来。他们培训间谍时，外语老师上课不是拿教鞭，而是拿着把手枪，提问学生学过的内容，学生答不出来就拉出教室枪毙。间谍学员不玩命学，就没命了。

16 岁的阿玲在国外想不想家？那时这里还没有网络电话，电话费贵，她舍不得经常打，每月给家里打电话，就是报平安，说自己一切很好，免得父母挂念。有时，她自己和同龄人对比，感到自己也实在苦，实在委屈，以至于那纤弱的身体和幼小的心灵无法忍受，她就向要好的同学倾诉。但她心里必定装着责任，她所面对的是宽广的大海，她一直没有因为挫折、困难放弃自己的责任，没有停止自己的追求。领工资是她最快乐的时刻，她高兴地拿着那沓中非法郎到货币兑换所换成欧元汇到家里。她知道，钱就是妈妈的生命，有了钱，母亲就不会中断治疗，妈妈的病就会好起来。

Being a Boss
自己当老板

　　来喀麦隆半年后，她逐步成熟了起来，不但业务熟练成了公司的主力，在同行中也颇有人缘。就在为自己适应了喀麦隆的生活而感到宽慰的时候，命运再次让她做出艰难的选择。两个月前，阿玲的老板要把百货公司搬迁到马拉维。此时，对一般的女孩子来说，面临的选择无外乎有两个：要么跟随这家公司到马拉维，要么回国。可这位还没有获得公民权的坚强女孩却做出了第三种选择：自己留在雅温得开店，自己当老板。

　　此想法得到了父母的支持。父母知道，自己的女儿长大了，相信女儿的选择是经过慎重考虑的，是认真的。女儿为了父母放弃了学业，父母也该支持女儿的事业。阿玲打工一年半的工资除了母亲的医疗费花销，远不够开店的费用，父亲就又借了些钱凑了15万人民币换成外币打了过来。这样，当时还未成年的阿玲小姑娘就紧锣密鼓地张罗起自己的店铺来。

　　选店铺、租房子、装修、办执照、进货、宣传，一切都是自己打点。办理各种手续要填写很多表格，她的法语还处于"文盲"阶段，听说没问题，可读写就不行了。于是，她就大胆地请当地人帮助填写。阿玲说："我现在感到法语只会听说还不够，以后自己当老板了，什么事情都要由自己和地方部门交涉，非要学会法语读写不可。等商店走上正轨，就去法语夜校系统学习法语。"在国内开家店铺都不是件容易的事情，何况是在非洲的喀麦隆。

　　阿玲的小店开起来了。她自己既是老板也是售货员，还雇了一名黑姑娘做帮手，临时雇了两个黑小子在门口做广告宣传，看她经商还真是有板有眼。由于商店刚开业，销量不大，她就到雅温得的中国商人那里去批发，她说："等以后销量大了，要自己从国内进货，这样，利润可以高些。"

Marching towards the Open Sea
奔向宽广的大海

我问她，现在想对国内的父母和同学说些什么。她说："对父母说的就是我生日那晚上吹蜡烛前对父母的许愿。还有，我祝我妈妈早日彻底康复，全家平安快乐生活。我要对同学们说的就是，希望他们今年高考能考好，上理想的大学；如果有人想来喀麦隆创业，我会为他们提供建议和帮助。"

我望着阿玲，心里有种说不出的滋味。这是读书的年龄呀，可她，孤身一人在非洲艰难创业。她在黑皮肤的夹缝里长大了，她在法文的语言环境里由打工妹当上了老板。她学会了"跳浪"，正游向大海深处——那里，才是她的理想。

后记：读者朋友，当你读了这篇文章后，请你在感动之中为这个小女孩留下鼓励与祝福的话语。她毕竟只有 18 岁，面前会有很多困难，我们大家一起来支持她、帮助她，因为她是我们的同胞。阿玲对我说，网友评论是对她最大的鼓励、支持和帮助，她永远不会忘记这些热心网友的关心，不管前进的道路上遇到什么困难和挫折，她都义无反顾地向前、向前、向前！

无疑这篇文章在读者中引起了强烈反响，北京大兴五中的某班级还把该文章打印出来，发给学生阅读讨论，并写下了读后感（评论里有），感谢读者对这个努力拼搏少女的支持，自助者得人助。阿玲家乡的政府部门也到阿玲家里慰问，对阿玲及家里表示关心。不少读者愿意采取各种方式帮助这个人小志高的少女。我在此代表阿玲感谢大家的帮助、支持和鼓励。

·相关链接·

女性期刊竞相诠释新概念①

势力女人

　　这就是她们的世界了。沉静中自显智慧，温婉中自存刚强，外表虽然柔顺，内心却始终执著。古典灵韵的心思、势在必行的决绝、卓越的才华和坚强的毅力，拥有这些，她们就是难得一见的"势力女人"。与她相向，谁都能感受到强大的压力。柔顺的假象褪色，只剩下沉默的坚持。没有任何力量能够与她们匹敌，投降是最好的决定。

　　她们不接受操控，只接受臣服。她们将势力扩展到无限疆界，鲜亮面孔不请自来，攻陷男人控制的世袭领地，把一座座城池、一个个地盘一并纳入自己的版图，然后只用微笑表达她在整个世界的立场。如果说上个世纪的"强女人"还是孤军奋战，那今天的"势力女人"则是集体阵容，歃血为盟了。谁说攻城略地必定血肉横飞，不能气定神闲、幽雅随意？她们就能。（见《风韵》2002 年第 8 期）

新中产家庭

　　这是一个流行贴"标签"的年代，悄悄转换着的标签，意味着我们的生活方式随时随地发生的变化。在中国似乎没有中产的概念，好像忽然有钱就忽然中产了，中产成了有钱人的代名词。"比上不足比下有余"的被"中产"抬举成了有钱人，而真正有钱的又何止"中产"？因此"汉化"的中产里面的学问太大了。至少有上中产、下中产，还有超中产，他们之间就有着难以逾越的距离。

---

　　① 《女性期刊竞相诠释新概念》http：//www.chinapostnews.com.cn/b2009/348/kd-bm01.htm。

《好主妇》关注的"新中产家庭"只想演化一种新的家庭生活方式，他们热爱生活，怀有梦想，并有兑现梦想的能力。在这里，生活方式的选择已然凌驾于金钱之上。或许没钱也能过得很"讲究"，而有钱后的讲究则是超脱的、自在的、顺其自然的和梦想对接的。享受自己想要的生活是他们的生命状态。有一种人，喝咖啡的时候会情不自禁地说"味道好极了"。这种人多半是中产阶级，如果对他们稍有了解，就应该知道他们

这么说并不是要表达对咖啡味道的赞美，而是在表示自己的"enjoy life"和"enjoy taste"。（见《好主妇》2002 年第 8 期）

性感是一种武器

性感的含义，如果望文生义，说得粗俗一点，就是一种感官刺激，包括视觉、嗅觉、听觉等五官综合，视觉可以领导性感的第一潮流。因为，性感的诱惑具有相当难以抗拒的致命的杀伤力。

流行用一只硕大的手为我们穿上了红舞鞋，性感已经成为流行的审美价值标准，内涵丰富的时尚代名词。性感，是以性为动力，为幻想源泉，但你不会看到赤裸裸的性，你只能感觉到，只能联想到。这种类似于意淫的心理活动，使之有了繁荣昌盛的趋势。男人与女人分别以性感为武器，吸引着对方阵地的人群注目。但是，性感的生活内容需要把握尺度，因为过犹不及。如果过分地性感以致暴露，那么色情就会像毒品一样具有危险性。我们需要的

是健康、美丽的性感，不是色情。这不是口号，这是现实生活的真实
要求。(见《都市丽人》2002 年第 8 期)

第二节　中国女性期刊的概述

"女性杂志是女性欲望的代言人"，以研究女性杂志见长的日本著
名作家久田惠在《充满欲望的女性》一书中所阐述的这个观点在这里
同样适用。久田惠认为，女性杂志已经过了传递信息的时代，现在杂
志所反映信息的传递者是读者，女性杂志已经成为女性欲望的代言
人。把这句话移植到中国女性杂志的发展脉络中，似乎有异曲同工之
处。"男性看报纸，女性读杂志"，杂志对女性的影响至关重要。

综观中国期刊 20 年发展的三次浪潮，我们不难发现走在第一次、
第二次浪潮前面，充当领头军作用的都是女性期刊。第一次浪潮中的
大众浪潮指 20 世纪 80 年代初到 90 年代初，即 20 年中的前 10 年。在
这次浪潮中，涌现了《读者》《知音》《家庭》这样一批大众品牌期
刊。这三大品牌期刊的发行量都在几百万份，年营业收入都在几千万
元或者上亿元之间。其中的《知音》和《家庭》杂志分别由湖北省
和广东省妇联在 20 世纪 80 年代创办，并且它们都已拥有自己的刊
群。《知音》共拥有 8 本期刊，是最大的刊群；而《家庭》则已成为
国家新闻出版署批准的中国第一家期刊集团。

现在我们再来看第二次浪潮：时尚浪潮。时间大致是从 20 世纪
90 年代初到 21 世纪初，也就是 20 年中的后 10 年。在这次浪潮中，
时尚期刊崛起，涌现了《时尚》《瑞丽》《世界时装之苑》等一批时
尚品牌期刊。而这 3 本时尚期刊又全部都是引领女性时尚潮流的女性
时尚期刊。据有关资料统计：2002 年 9 月份在时尚类杂志广告刊登额
最高的前 10 名中，有 8 家都是女性时尚杂志。《时尚》《瑞丽》《世
界时装之苑》三大时尚品牌年收入都已过亿。由此可见，对中国女性
期刊的发展脉络进行梳理和研究是非常必要和及时的，从中我们可以
管窥中国女性的思想观念及精神领域发生了一个怎样的变化，女性杂

志又是如何反映女性的欲望并成为女性欲望的代言人的。

　　第一阶段：中国早期的女性杂志以反映妇女解放为宗旨，提倡女学，尊重女权，反对缠足。

　　关键词：妇女解放　走出家庭　婚姻自由

　　上海的制造局路，一百多年前的名字叫归树里，1897 年，近代中国历史上第一个女性的女学会便在这里成立，并第一次以女性群体的身份，广泛地宣传了当时的社会事物。她们于 1898 年所创办的《女学报》被称为当时中国历史上第一份现代女子报刊。在《女学报》的影响下，19 世纪末期，以上海为中心，出现了进步女性办报的热潮。在十年的时间中，宣传男女平等的报刊就有 38 种之多。

　　从 1898 年到 1949 年，全国的妇女期刊共约 600 多种。其中"戊戌变法"到"五四"运动前共 50 多种。近代妇女期刊绝大多数出版于广州、上海等沿海城市，主编人大多数是受过资产阶级教育的新一代知识妇女。提倡女学，讲论女德，尊重女权，反对缠足是其共同特点。丁初我主编的《女子世界》（1904—1907）是辛亥革命前历史最长、影响较大的妇女期刊；秋瑾主编的《中国女报》文字浅显，言论最为激进，影响最大。1915 年，商务印书馆创办《妇女杂志》，中华书局与之竞争也创办《中华妇女界》，两者都是绵延 10 余年的大型期刊。它们固守着"家政""学艺""国文范作"等栏目，偏重于家庭医学、妇幼保健、家事整理等女学内容。

　　中国共产党也为中国现代妇女期刊的发展注入了新鲜的血液。1921 年 12 月，王会悟主编的《妇女声》半月刊（1921—1922）是中国共产党创办的第一个妇女期刊，它把妇女解放与阶级斗争结合起来，为妇女运动指明了新方向。它开辟了"评论""译述""通讯""杂感""谈话"等栏目，语言以白话为主，并采用新式标点，刷新了妇女期刊的出版形式和编辑方法。邓颖超创办的《女星》旬刊（1923—1924）、向警予主编的《妇女周刊》（1923—1925）虽然分别作为天津《新民意报》和上海《民国日报》副刊出版发行，却标志着妇女解放运动的新水平。王一知主编的《光明》杂志（1925—1926）、亢文慧等先后主编的《湖北妇女》（1925—1927）及时地宣传了党关于妇女运动的方针、政策。1926 年，中共中央创办《中国妇女》，但不久停刊。直到 1939 年，《中国妇女》在延安复刊，才结束了十年内战时期中国共产党没有妇女期刊的历史。

第二阶段：20 世纪 80 年代中国女性期刊正式起步，其宗旨以女性生活为主要题材、以女性为主要读者对象。

关键词：传统妇联　"妇女杂志"　"民族品牌"

如果从真正意义上说，中国女性期刊的正式起步，应该是 20 世纪 80 年代初。这时的妇女期刊还停留在初始阶段，大多为全国各省、市妇联主办。此时虽然人们的思想和精神获得空前解放，但还没有完全从"文革"政治统帅一切的阴影中走出来，导致杂志内容单一，意识陈旧，观念保守。就拿封面设计来说，在"妇女"二字前冠以某某省为刊名，然后配以女先进或女劳模的照片，这几乎是当时所有妇女期刊的统一模式。

那么此时中国女性期刊是在什么背景下产生的呢？我们先来看一下由全国婚姻家庭研究会主办、全国妇联主管创刊于 1985 年 11 月的女性期刊《婚姻与家庭》的创刊背景。说起《婚姻与家庭》杂志的创刊过程，用他们的主编樊爱国的话说是："在 1980 年的时候，我国开始修改第二部《婚姻法》，修改《婚姻法》的任务，因为历史的原因，落到全国妇联来具体操作，全国妇联当时组织了一个专家组来进行《婚姻法》的修改和征求广大人民群众的意见。在 1980 年的《婚姻法》颁布之后，好不容易集中起来的专家和学者们提出协议，希望由全国妇联牵头成立中国婚姻家庭研究会。于是，1981 年中国婚姻家庭研究会成立了，当时的会长就是雷洁琼大姐，后来大家提出我们应该有一个媒体对婚姻家庭进行关注和宣传，所以又过了 4 年，就是在 1985 年的时候，《婚姻与家庭》杂志在这个背景下诞生了。"

我们再来看看中国第一期刊集团《家庭》的创刊背景。20 世纪 80 年代，中国大地处处荡漾着改革开放的春风。得改革开放风气之先的广东，很多方面都走在其他地区的前面，期刊亦不例外。1980 年 11 月从辽宁调任广东省委第一书记的任仲夷，提到辽宁有本《妇女》杂志，广东也可以办一本。当时，全国只有《中国妇女》《内蒙古妇女》和《妇女》3家妇女期刊。任仲夷的提议，使广东省妇联大受启发和鼓舞。1981年6月，《广东妇女》杂志社正式开始筹备。1982年1月，《广东妇女》试刊号和同年4月的创刊号诞生。1983年1月起更名为《家庭》，是国内第一家以恋爱、婚姻、家庭为报道和研究对象的综合月刊。

　　而目前在中国期刊市场上拥有最大期刊群的《知音》杂志也是由湖北省妇联主办、在1985年1月创刊的。创刊伊始，它便把创造鲜明的个性特色作为发展自己的战略目标，引起了广大读者的共鸣，创刊号即发行了40万份。还有由陕西省妇联主办、在1988年创刊的《女友》杂志；由上海市妇联主办的、在1985年创刊的《现代家庭》杂志，此两种女性期刊在全国期刊市场中反响也很大。从中我们可以窥见20世纪80年代中国女性期刊创刊的大致背景。这时期女性期刊的办刊宗旨均是以女性生活为主要题材、以女性为主要读者对象。下面我们再来看一下在2004年9月25日在陕西召开的全国第16届妇女报刊年会的参会单位名单：

参 会 单 位 名 单 表

《幸福》杂志社	《海峡姐妹》杂志社 （福建省妇联主办）	《现代妇女》杂志社 （甘肃省妇联主办）
《家庭教育》杂志社	《中国妇女报》	《今日女报》杂志社
《女士》杂志社 （天津市妇联主办）	《祝你幸福》杂志社 （山东省妇联主办）	《中外妇女文摘》杂志社
《莫愁》杂志社 （江苏省妇联主办）	《职业女性》杂志社	《新女性》杂志社 （重庆市妇联主办）
《分忧》杂志社 （四川省妇联主办）	《山西妇女》报社	《家庭》期刊集团 （广东省妇联主办）
《现代家庭》杂志社 （上海市妇联主办）	《世界妇女博览》	《生活潮》杂志社 （山西省妇联主办）
《东方女性》杂志社 （海南省妇联主办）	《妇女研究论丛》杂志社	《妇女生活》杂志社 （河南省妇联主办）
《伴侣》杂志社 （新疆维吾尔自治区妇联主办）	《妇女之声》报社	《妇女》杂志社 （辽宁省妇联主办）
《女报》杂志社 （深圳市妇联主办）	《女子世界》杂志社 （河北省妇联主办）	《女友》杂志社 （陕西省妇联主办）
中国儿童中心期刊总社	《恋爱婚姻家庭》 （安徽省妇联主办）	法国桦榭出版集团

从上页表中，我们也可以看出，参加全国第 16 届妇女报刊年会的主角，通常都是《女友》《家庭》《妇女生活》等传统意义上的杂志。这些杂志在 20 世纪 80 年代中后期获得过巨大的市场效益，发行量高如珠峰。这些杂志的使命，又都是毫无例外地提供给"妇女"们修养、情感、婚姻和家庭方面的知识、故事和技能。它们被命名为"妇女杂志"，是我们的"民族品牌"。目前，全国妇联系统共有 49 家报刊社，在全国公开发行的报刊有 69 种，其中报纸 9 种，期刊 60 种。长期以来，妇女报刊同广大新闻出版界同仁一道，始终坚持弘扬主旋律，充分发挥了妇女报刊宣传、教育、引导、服务妇女群众的功能，为发展社会主义先进文化、弘扬和培育民族精神、促进我国妇女事业的蓬勃发展做出了积极贡献。

中国女性期刊从 20 世纪 80 年代初起步，它便不断地修正其办刊的宗旨和方向，逐步地在更高的审美层面完善了自身，成为期刊领域的一个耀眼的亮点。如今，在经历过期刊杂志大洗牌的风雨之后，它依然多姿多彩地占据着期刊市场的一隅并形成一种独特而又强大的女性文化媒介，深刻地影响着女性的价值、审美观念、思维及行为方式，提高了她们的生活品位与质量，改变着她们生存的精神环境，为女性由传统妇女向现代女性的转化与重塑提供了强大的精神支持和引导。如今女性期刊在中国女性期刊的发展史上，已成为一个具有革命性意义的质变点，它对妇女解放的推动作用是立体的、多元的，其潜移默化的渗透作用所产生的实践效果远远超过我们的想象，它已实实在在地成为了这一特定时代的女性欲望的代言人。

第三阶段：20 世纪 90 年代初，女性时尚类期刊崛起，标志着女性期刊进入到了一个新的篇章。

关键词：时尚　潮流　趋势

我们首先来看一下有关女性时尚杂志的界定。大文豪歌德临终时说过，此生最大的遗憾就是没有多读女性时尚杂志。这句话真实与否还需考证，但它却足以证明女性时尚杂志年代久远且影响广泛。那么到底什么样的杂志可以称之为"时尚杂志"？社会心理学界一般认为，时尚是一种流行的行为模式。正如美国学者金布尔·杨（J. Yong）所说，"时尚可定义为目前广泛使用的语言、时尚式样、礼仪风格等行为表现方式和思维方式"①。美国社会学家 H. 布卢默（H. Blumer）认为，时尚是一种流行的或被接受的风格，往往"被认为是高等的做法，并且在某些领域具有比较高等的价值"②。日本学者藤竹晓则将其概括为："时尚不仅是某种思潮、行为方式渗透于社会的过程，而且通过这种渗透过程，时尚队伍的扩大，还包括不断地改换人们的价值判断过程。"可见所谓的时尚杂志，主要是指那些以女性读者为阅读对象，以时装、化妆、美容、旅游、生活休闲等各方面最新动态为主要内容的杂志，通常以精美的图片作为主要的表达方式，不光是服饰潮流的引导者，还常常能够通过对服饰等流行趋势的选择对整个社会的价值观念产生深远的影响。

在国际上，1867 年，世界上最早的女性时尚杂志 *Happer's Bazaar* 诞生于美国；1892 年，被誉为"20 世纪最具影响力的时尚杂志" *VOGUF* 在美国面世；1921 年，欧洲的第一本女性时尚杂志 *L'OFFICIEL* 出现在巴黎。它们最早都是以时装为主，逐渐发展成包括时装、美容、休闲等多方面的所谓引领生活时尚的杂志。

在中国，女性杂志的崛起曾经两度刺激当代中国期刊的发展。先是 20 世纪 80 年代初崛起的以《家庭》《知音》《女友》为代表的地方妇联主办的女性读物，以数百万份的发行量，在几千种期刊中遥遥领先；接着 20 世纪 90 年代初，伴随着市场经济的大潮再度崛起的《时尚》《瑞丽》《世界时装之苑》等时尚类期刊，以缤纷色彩、高价格和倚重广告的方式，引领了新一波办刊的时尚潮流。"人们习惯将《时尚》《瑞丽》《世界时装之苑——ELLE》称为女性时尚刊物中三甲。"（见《期刊中国》，中国社会科学出版社）这类期刊传统内容的比例已大大缩小，代之以美容、健美、服饰、女性心理等方面的内容，用更富现代意识的思想理念、审美情趣去拓展女性的生活视野和审美空间，从而使女性在更高的精神与生活层面上获得对自身的全面

---

① 叶松庆：《精神礼品：今日青年的新时尚》，《中国青年研究》1996 年第 3 期。

② 魏开玲：《国内女性时尚杂志品牌建设与管理》，山东大学硕士学位论文，2006 年。

关怀，获得作为女人应该得到的生命享受，而不再囿于旧的生活方式和生活内容。

我国部分版权合作时尚杂志情况表

杂志名称	创刊年份	国际版权合作年份	外国合作者
世界时装之苑——ELLE	1988	1988	法国桦榭·菲力柏契出版集团
健康之友	1980	1995	法国桦榭·菲力柏契出版集团
时尚·COSMO	1993	1998	美国赫斯特集团
瑞丽服饰美容	1995	2000	日本主妇之友出版社
时尚健康女士	2000	2000	美国赫斯特集团
虹	1985 年创刊，原名为《追求》	1999 年版权合作，2002 年改名为《虹》	法国《费加罗夫人》杂志
嘉人 Marie Claire	2002	2002	法国桦榭·菲力柏契出版集团
大都市	1999	2003	法国 Excelsior Publocation 出版的 BIBA 杂志

对此，《新民晚报》也曾报道过一项杂志零售额的调查——女性时尚类杂志的发行量位居杂志的第二位，占杂志总销售额的 16%。女性时尚类杂志已经成为许多女性生活中不可缺少的一部分了。这些设计越来越豪华的女性杂志反映了改革开放二十年来中国社会政治、经济、历史和文化方面的变迁，反映了女性在社会中的地位和生活变化，也映射了女性对社会的见解和社会对女性的观察。应该说中国女性时尚类杂志在 20 世纪 90 年代初开始起步，到目前已发展成相当数量和规模。从《时尚·伊人》《都市丽人》到《女友》《世界时装之苑——ELLE》……我们都可列举出一长串装帧精美的女性时尚杂志，它们的每一帧封面和每一幅插图，都像一份宣言书，向人们传递推销一种难以抗拒的美丽。

业内人士认为，女性杂志市场越来越丰富的原因，是它倡导了女性生活的新主张：青春、靓丽、前卫、潮流，富有难以抗拒的女性色彩。随着改革开放的不断深入和物质生活水平的提高，人们的生活质量、生活品位、审美能力及审美需求也在逐步提高，更加注重于对美的追求及精神层次的提升。那么，追求时尚便自然而然地成为人们实践自己的生活美学理念的一个重要方面，也成为其精神和物质产品实现价值的重要通道。如今女性期刊不仅走在时尚的前沿，而且还在不断地创造、引领着时尚，再次担当了反映女性欲望的代言人的这一历史重任。（注：本部分内容节选自笔者论文《中国女性期刊的发展脉络分析》，《社会科学战线》2005 年第 5 期）

第三节　西方女性期刊的概述

一　西方女性期刊的范畴界定

这里所指的"西方"，不是地理上的，而是经济和制度上的，包括了长期参加西方八国首脑会议的日本，是指美国、英国、法国、德国、意大利、加拿大、日本和俄罗斯等国家。

西方女性期刊是指以女性为主要阅读对象，内容以女性为主或主要为女性服务的期刊，它主要报道女性在社会各个领域的状况，体现女性独有的生活体验，反映女性生存状态并为其服务，并把少女期刊列入了其中。美国期刊专家沃尔斯利（Wolseley）将各种针对女性的期刊细分为 7 类：新娘类、母婴类、少女类、时尚类、服务类、家居类、美容类。[①] 女性期刊的选题包括婚姻生活、亲子教育、服饰美容、家居健康、娱乐新闻等女性感兴趣的内容。

二　西方女性期刊的发展概况

（一）西方女性期刊的早期特征

美国独立战争之后，女性开始成为了独立而重要的政治力量。女性作为家庭中的重要一员，有着母亲、妻子、女儿的角色，在相对固定的家庭中，女性受教育后已经有了阅读的技能和习惯。这时候由威

---

① 陈昕：《谈新时代背景下女性杂志编辑需要具备的能力》，《无锡商业职业技术学院学报》2011 年 4 月第 11 卷第 2 期。

廉·吉本斯创刊了《女士杂志与娱乐知识宝库》*The Lady's Magazine and Repository of Entertaining Knowledge*。至此，女性期刊正式登上了美国的历史舞台。通过阅读女性期刊，女性不仅可以更好地教育孩子、影响丈夫，还可以产生自己独立自由的意识特性。从中我们可以看到，一个新兴的读者群正在形成。18 世纪末，书商伊萨克·拉尔斯通在费城创刊了另一本女性期刊《女士博物馆》*Ladies Museum*。

早期的女性期刊内容主要包括文学、时尚和礼仪，有三大特点：第一，没有广告，因此期刊发行量是收入的唯一来源，当时女性期刊的宗旨就是吸引读者和为读者服务。第二，编辑都是男性，站在男性的视角和立场来定位期刊内容，因而对现代女性期刊的发展产生了深远的影响，女性期刊自诞生以来就是指导女性如何按男性的要求和价值观行事。第三，大量女性读者主动向出版社投稿，推动了女性尽早地进入公共领域，为女性的社会地位提高和自主意识觉醒起到了积极的作用。

（二）西方女性期刊的发展与成熟

女性期刊在 19 世纪达到了巅峰，19 世纪全美共出版了 600 多种期刊，其中女性期刊超过了 100 种。19 世纪末，女性期刊《女性家庭期刊》*Ladies' Home Journal* 销量首次突破 100 万份。该期刊至今长盛不衰，并与之后的《好管家》*Good Housekeeping*、《妇女日》*Woman's Day*、《更好的家庭与花园》*Better Homes & Gardens Magazine*、《家庭圈》*Family Circle*、《红皮书》*Red Book*、《麦考尔》*McCall's* 这六种影响较大的女性期刊合称为"七姐妹"。这些期刊内容主要是从传统妇女的角度谈如何提高生活质量、改善生活，发行量均在 200 万份以上，除《红皮书》之外，销量都是全美前 10 位。女性随着生活水平的提高和可自由支配的时间增加，已不再满足于追求知识和政治觉醒，而是更关注娱乐和日用消费。在这一阶段，女性就业率上升，女权意识逐渐增加，出现了女性编辑。

这一时期女性期刊有几大特点：第一，订阅量增加。职业女性大都居住在郊区且居住地点不集中，由于这些读者对女性期刊的忠诚度比较高，越来越多的人采用订阅的方式获得期刊。第二，创办了具有针对性的女性期刊，例如偏重浪漫小说的《爱之书》*Love Book*，注重各行业女性自述自白的《真实的故事》*Ture Story*，针对上班族为她们提供职业建议的《上班女郎》*Working Woman*，针对少女的时尚期刊《十七岁》*Seventeen* 以及 20 世纪 50 年代诞生于洛杉矶的第一本女同性恋杂志《反之亦然》*Vice Versea*。第三，广告收入继订阅费后开始成为女性期刊的主要利润来源。第四，到了 20 世纪 90 年代，随着媒体竞争的加剧，期刊开始争夺中老年市场，主要是 30 到 50 岁的成熟女性市场。①

（三）西方女性时尚期刊的历史沿革和兴起原因

西方女性时尚杂志的产生并不是无根无源的，它从出现到成熟有着一段相当悠久的历史。17 世纪，法国的时尚产业在法兰西国王路易十四的大力倡导下迅速发展，奢侈华美的凡尔赛风格得以形成，在与荷兰、意大利的商业竞争中掌握优势，赢得先机，站上了世界时尚的顶峰。同时，产生了流行于宫廷贵妇与纨绔子弟之间用于介绍沙龙文艺、裁缝铺子及服装首饰的最新流行款式的小册子，代表着时尚期刊的雏形已经形成。

到了 19 世纪，资本主义经济的发展以及大都市的兴起为女性时尚期刊奠定了物质基础。随着消费经济的兴起，美国的 Hearst 和 CondéNast 集团以及法国 Hachette Filipacchi 集团和 Marie Claire 集团开发了时尚消费类期刊。同时女性在服务业和其他第三类职业找到了工作，而职业的需要和生活视野的开阔，越来越多的女性开始关注自身生活，追求自身自由，这为女性时尚期刊培养了合适的读者对象。再者，女性时尚期刊自身经过一个多世纪的发展，定位更加细化、种类逐渐增多，形成了一套独特的办刊模式，获得了广大女性读者的喜爱和支持，促进了期刊出版事业的繁荣和发展。②

当今最畅销的女性时尚类期刊也在这个时期的西方产生，如 1867年，世界上最早的女性时尚杂志 *Happer's Bazaar* 在美国问世。这本时尚杂志倍受世人推崇，它以内敛、高修养和知性的时尚审美风格著称

---

① 王晓晖：《女性期刊该往何处去：中西方女性杂志发展路径比较及策略研究》，《编辑之友》2010 年第 5 期。

② 王蕾：《时尚杂志产生、发展及其消费主义本质》，《中国出版》2010 年第 2 期。

于世，主要是以知识女性为目标读者，其标榜"具有思辨、反省能力的刊物，在传播时尚美学的同时，旨在提高衣着文化的深度和广度"，其出版机构 Bazaax 也是世界三大出版机构之一；1886 年，目前世界上销售规模最大的年轻女性时尚杂志 Cosmopilitan 在美国创刊；1892年，被誉为"20 世纪最具影响力的时尚杂志" Vogue 在美国面世，取法语"时尚"的意思。该期刊最值得称道的是它的摄影作品，从 Vogue120 多年的发展历史中，我们似乎可以看到一部关于时尚的摄影史，它曾拥有世界上最优秀的时尚摄影师，并在世界时尚摄影大潮中占据着核心地位；1921 年，欧洲的第一本女性时尚期刊 L'officiel 出现在法国巴黎；1945 年，世界上版本最多的女性时尚杂志 Elle 在法国创刊，取法语"她"的意思，以温柔、美丽的女性化风格闻名，目前是法国著名桦榭出版集团的顶梁柱。这些期刊最早都是面向女性读者，以时装为主，后来逐渐发展成包括时装、美容、休闲等多方面的所谓引领生活时尚的期刊。

三　西方女性期刊的媒体经营

西方女性期刊在媒体经营上非常注重对读者群体的构建，这具体表现在：

女性期刊内容：McCracken（1993）将美国的女性期刊依不同的诉求对象分为七种类型：

美国的女性期刊类别

类别	刊物
青春少女类（preteen and adolescent girls）	*Teen*、*Young Miss*、*Seventeen*、*Teen VOGUE*
时尚美容类（fashion and beauty for women 18－34）	*Allure*、*Cosmopolitan*、*Glamour*、*Happer's Bazaar*、*W Magazine*、*VOGUE*、*Preen*、*Lucky*、*More*、*Nylon*
家庭服务类（service and home for women 25－49）	*Good Housekeeping*、*Woman's Day*、*Better Homes & Gardens Magazine*、*Family Circle*、*Ladies' Home Journal*、*Red Book*、*Parenting*
事业女性类（salaried and career woman）	*Working Woman*、*New Woman*、*Real Simple*、*Pink*

续表

类别	刊物
民族党派类（ethnic and minority audiences）	*Essence*、*Latina*
健康运动类（women interested in health, fitness and sports）	*Spring*、*Women's Sports*、*Self*、*Shape*、*Women's Health*
特设趣味类（other special – interest groups）	*Ms.*、*Brides*

女性时尚期刊内容类别

类别	说明
美发造型	美发产品、发型技巧、美发保养
美容技巧	美容资讯、美容商品、美体保养、彩妆
服装	服装商品、服装搭配
服饰配件	服饰配件商品（如：皮包、鞋子、皮带、帽子、饰品）、服饰配件搭配
名人时尚	名人资讯、介绍名人之事与物
流行情报	该季节的商品资讯、服装搭配、流行资讯
专栏资讯	连续出现之相同主题、连载专栏、Q&A 的内容、编辑日记、星座运势
其他资讯	不属于以上七项内容，归为同一类别（如：旅游、电器、烟酒、书籍、音乐、食品、卫生用品、医疗资讯）

　　西方的女性期刊涉及了女性可能感兴趣的各种话题，根据上述表格所示，有帮助女性提高女性自觉意识、社会地位的女权主义内容，如 *Essence*；也有帮助女性发挥女人的特质，扮靓自己、充实自信、创造家庭和谐关系、教导子女的内容，如 *Allure*、*Parenting*；更有帮助女性在社会和家庭两种角色中自如切换，实现内心平和、人际和谐的内容，如 *Woman's Day*。其中时尚期刊的内容也越来越丰富，如女性时尚期刊内容类别所归纳。

　　在美国，畅销女性期刊的编辑部少则有二三十人，多则有五六十人，有的编辑部甚至有九十多人，他们在国内外各大城市都设有办事处或派有记者和编辑。期刊的制作完成更多地体现出组织的力量、架构的力量和专业分工的力量。西方女性时尚期刊的女性编辑对于期刊的内容及其发展有着足够的发言权，如 *VOGUE* 美国版现任主编安娜·温图尔（Anna Wintour）对 *VOGUE* 的发展就起着重要的作用，是她把女性时尚期刊的封面与名人联系在一起，并把秀台上光彩夺目的时装转变成了真实的钞票，使得期刊的发行量与广告额频频飙升。

四　西方女性期刊的品牌经营

西方的期刊业在不断的发展中，逐渐出现了集团化品牌经营的模式，如美国的梅瑞狄斯（Meredith）、康泰纳仕（Conde Nast）、赫斯特（Hearst），法国桦榭·菲力柏契（Hachette Filipacchi）集团等。

（一）美国梅瑞狄斯传媒集团（Meredith）

美国梅瑞狄斯传媒集团成立于 1902 年 10 月，它的创始人为埃德温·托马斯·梅瑞狄斯，公司的主要业务是以女性为主要读者对象的期刊出版业，内容主要是女性和家庭生活，具有很高的知名度。梅瑞狄斯集团主要的期刊出版公司——梅瑞狄斯出版公司作为服务女性的一流期刊出版商，拥有 26 个订阅类期刊品牌，包括《美好家园》 *House & Garden*、《妇女家庭杂志》 *Ladies' Home Journal*、《父母》 *Parents*、《孩子》 *Child*、《体线》 *Fitness*、《家庭圈》 *Family Circle*、《美国婴儿》 *American Baby* 等，拥有 7500 万美国女性读者。

美国梅瑞狄斯传媒集团为了在女性期刊上取得更大的收益，采取了扩大杂志种类的措施。2002 年梅瑞狄斯从 Primedia 集团收购了《美国婴儿》 *American Baby* 期刊，此举不仅为梅瑞狄斯主打的"家庭生活"杂志拓展了新的领域，让自己的品牌特色更为突出，又通过期刊销售得到了更多的有更强消费能力的年轻女性用户群。之后，集团又收购了《父母》 *Parents*、《家庭圈》 *Family Circle* 等期刊，使自己成为美国家庭生活类期刊的第一品牌。

（二）法国桦榭·菲力柏契（Hachette Filipacchi）出版集团

在世界出版界享有盛誉的法国桦榭·菲力柏契出版集团，总部坐落于巴黎西郊，其前身是阿歇特出版社。集团的品牌杂志《ELLE》创刊于 1945 年，是一本女性刊物，内容涉及时尚、美容、家居、健身等女性关心的问题。现在这本杂志已成为桦榭·菲力柏契出版集团的驰名品牌，不仅在法国出版发行，在美国、西班牙、意大利和日本等 34 个国家都出版有当地的版本，每年发行 6400 万份，34 个版本刊登的广告在 2001 年达 42000 页。此外，该杂志还衍生出版了两个月刊，一个是《她—装饰》*ELLE decoration*，另一个是《她—餐桌》*ELLE a table*，都很受读者欢迎。1988 年，《ELLE》杂志与中国上海译文出版社合作出版了中文版的《世界时装之苑》。

　　该集团在西班牙期刊市场上的发行量、广告营业额和知名度都居第一位；在意大利期刊市场上的发行量和广告营业额居第三位，其中有关妇女和家居的刊物颇受意大利读者的欢迎；该集团 1985 年进入美国，在美国拥有 5000 多万读者，共出版 13 类 22 种杂志。《她》杂志一直深受美国读者的欢迎，每期出版近 100 万册。1999 年，集团合并了美国的《video》和《stereo review》两种杂志，改版成《stereo review's sound & vision》杂志，并收购了肯尼迪家族控股的时事性杂志《george》。集团同时将当地的杂志《home》进行了彻底改版，由美国杂志商与桦榭·菲力柏契出版集团出版的有关妇女的杂志如《woman's day》、《car and driver》和《road & track》都取得了良好的业绩。①

　　（三）美国康泰纳仕集团（Conde Nast）

　　康泰纳仕是一个国际化的媒体公司，其全球总部位于纽约曼哈顿 42 街和时代广场的交界处，影响跨越全球 6 大洲，在 21 个市场中经营 120 本杂志和 61 个网站，它门下不只为《Vogve》一艘旗舰，而且拥有一只旗舰队。女性时尚杂志除了《Vogve》还有《W》和《Cvamour》（魅力），少女杂志有《Teenvogue》；新娘杂志有《Brides》等。它影响着超过 1.2 亿的高品位杂志读者和超过 600 万的网络用户，美国的中产和中高产的很大一部分读者都是从这些刊物中获得相关的生活信息和文化享受的。该集团曾开办了宣传标语为"Point of Passion"的整合营销活动，内容是为旗下所有出版物和网站的"明星读者和用户"（100% 的明星）拍摄了一系列令人惊艳的平面摄影作品。

————————————

　　①　见法国桦榭·菲力柏契出版集团海外出版发行概况。

　　西方女性期刊的发展有着悠久的历史，它已成功地完成了从期刊媒体经营向期刊品牌经营转型的目标。同时，期刊集团化的运作模式也获得了巨大的成功。从中我们可以看到，女性期刊的发展始终与女性意识、观念、时代感密切相关。随着社会的发展，每个年代都有着自己不同的时代特色，因而会产生更多不同内容的女性期刊来满足读者的需求。

　　面对新媒体的挑战，许多品牌期刊纷纷拓展新的发展思路，实施跨媒体战略，在发行纸质媒体的同时，加快了新媒体建设步伐。如同步设立官方网站、提供电子报纸免费在线阅读、与通信营运商合作开发手机等增值业务来扩大读者群，培养潜在的读者，并将潜在的读者推进为行为读者，从而建立品牌的忠诚度和美誉度。利用新技术、新媒体，通过期刊媒体跨媒体（期刊、电视、网络）整合，跨资源和跨品牌整合，可以变化为各种存在形式，使得女性期刊成为女性观念的时代风向标，从而影响女性的生活方式。

　　通过对西方女性期刊概况的分析，我们可以总结很多成功办刊的经验，这些都是值得我们学习和借鉴的。（注：本部分内容节选自王玮《西方女性期刊的概况分析》，浙江万里学院学士学位论文，2009年）

第二章

中国早期（清末民初时期）的女性期刊

第一节　中国历史上第一份女性期刊《女学报》

一　中国早期女性期刊产生的历史背景及意义

中国早期的女性期刊产生于戊戌维新时期，在 19 世纪末掀起了女性期刊发展的第一个高潮。晚清末年到民国初年（1840—1919），在这个充满动荡与变革的时代中，中国女性期刊延续了早期革新与革命时期的关于理论学说及妇女运动的优良传统，把所有的关怀与希望都给予了妇女解放运动这一伟大事业。清末民初时期的女性期刊，把妇女解放和建立民族国家的理想结合了起来，通过对男女平等，反对父权、夫权的束缚，主张婚姻自由，鼓励妇女自营生计，摆脱对男子的依赖等方面宣传，促进了女性的觉醒，推动了妇女解放事业的发展。中国早期女性期刊是我国近代史上特定时期政治、经济、文化的产物，它伴随着民族、民主革命的步伐不断发展壮大，为我国早期妇女的觉醒与中华民族的解放做出了应有的贡献，书写了华丽的一章。

根据现有的资料，晚清第一份妇女报刊同时亦为我国历史上最早的妇女报刊，是 1898 年 7 月 24 日在上海创刊的《女学报》。1898 年 7 月诞生的《女学报》，是中国历史上第一份女性期刊，它以提倡女学、争取女权为宗旨，宣传男女平等和婚姻自主的主张，"不受男子之维持与干预"，并且把妇女的解放和民族的解放联系起来，号召妇女和男子一道，共同改变整个国家"受制于外人"的状况。19 世纪90 年代，在强大的社会变革思潮的推动下，妇女解放的思潮也随之而起，妇女报刊的出现是妇女解放运动兴起的一个重要标志。

《女学报》的创办不但突破了禁锢女性言论的历史，而且还在女子教育刚刚萌生的时候，便汇聚一批女性与提倡女学的男性来共同探讨女学问题，这是十分难能可贵的，其首创之功不可磨灭。其后，版权发行人陈范之女陈撷芬①又至上海创办了《女报》月刊。她着重报道了广大妇女在旧社会的不平等境遇，发出了妇女要求自由平等的呼声。

在我国第一份女性期刊创办后的十年间（1898—1907），我国女性期刊层出不穷，先后大约有十五份女性期刊陆续创刊。其中1904年1月创办于上海的《女子世界》，出版时间最长、影响力最大，它的创办人为丁初我。《女子世界》共累计出版了18期，1907年停刊，历时三年。作为辛亥革命时期历时最长、革命色彩最浓的女性期刊，它竭力倡导"政治之革命"与"家庭之革命"并举，强烈抨击其封建礼教，号召妇女"我亦国民一分子，不教胡马越雷池"，鼓励女性接受教育、注重体育等，提倡女性应该和男性一样肩负起爱国救亡的重任，这在一百多年前的中国女性期刊发轫期是个非常了不起的举动。1906年1月，女革命家秋瑾在上海创办了《中国女报》，以救亡图存为宗旨，痛斥迫害妇女的封建宗法制度，表达了对祖国前途的忧虑，洋溢着浓郁的爱国主义情怀，具有鲜明的资产阶级民主主义色彩，在中国女性期刊发展史上占有非常重要的一页。《女子世界》《中国女报》和1907年创办的《神州女报》是整个辛亥革命时期影响最大的女性期刊。

从第一份女性期刊的问世到1911年武昌起义爆发，中国早期的女性期刊在十多年间发展到30多种，这些期刊对中国女性进行了民主和科学的启蒙教育，为促进妇女觉醒、鼓励女性争取权利、获得自

---

① 陈撷芬（1883—1923），笔名楚南女子，湖南衡山人，出生于江苏阳湖（今常州），是上海爱国女学校第一批学生。她是《苏报》馆主人陈范的长女。1899年冬在上海创办《女报》，并担任主笔。该报不久即告停刊。光绪二十八年（1902）续出《女报》月刊，仍由她担任主编。次年改名《女学报》继续出版，由《苏报》馆发行。同时还担任上海爱国女校的校长，参加了一些进步活动。1903年"《苏报》案"发生，《女学报》也只得暂停出版。后随父避居日本，在东京续出《女学报》第四期，并参加反清秘密组织三合会，同留日女学生组织共爱会，被推选为共爱会会长。留日期间，肄业于横滨基督教共立女学校。后与四川人杨儁结婚后，同赴美国留学。

我解放乃至推动民族解放发挥了积极作用，产生了深远影响。①

二　中国历史上第一份女性期刊《女学报》诞生

中国早期的女性期刊以反映妇女解放为宗旨，提倡女学，尊重女权，反对缠足。

上海的制造局路，一百多年前的名字叫桂墅里，1897 年，近代中国历史上第一个女性的女学会便在这里成立，她们第一次以女性群体的身份，广泛地宣传了当时的社会事物。她们于 1898 年所创办的《女学报》被称为当时中国历史上第一份现代女子报刊。该刊为旬刊，是中国女学会会刊和上海女学堂的校刊，由梁启超夫人李蕙仙和康有为的女儿康同薇主编。《女学报》以提倡女学、争取女权为宗旨。这本期刊的形式是报纸单面印刷，折叠成 32 开杂志发行，阅读时打开。

与当时男性创办的报刊一样，女性们也通过报纸宣传爱国救亡的思想，她们特别提出，女性应该争取属于自己的权利。在当时，她们为女性争取的主要是废除女性缠足和让女性进学堂。《女学报》作为女学会会刊和上海女学堂的校刊创刊，标志着中国历史上第一份以妇女为对象的期刊诞生，也证明了千百年来一直处于底层的女性终于在媒介上有了自己的声音，结束了男性一统天下的时代，这是个历史的进步。该刊由梁启超的夫人李蕙仙②、康有为的女儿康同薇③、中国最

---

① 袁树影：《中国女性期刊的现状及发展对策研究》，麓山枫网，http：//www. 38hn. com/article. asp？id＝2590。

② 李蕙仙（1869—1924），清朝贵州贵筑（今贵阳）人，她是顺天府尹李朝仪之女儿、变法维新领袖之一的梁启超之妻。她幼承庭训家学，熟读古诗，善于吟诗作文，有才女美誉。23 岁时与梁启超结婚，在梁的影响下，努力学习新学，全力支持康有为、梁启超的"公车上书"和保国会。二十二年（公元 1896 年）又随梁启超到上海，并在上海创办女子学堂，她担任提调（校长），成为中国第一位女学校长。

③ 康同薇（1879—1974 年），广东省南海人，康有为长女。自幼力行其父的主张，不缠足，不穿耳，开中国妇女界风气之先。通晓国学及英、日两国语言。15 岁便根据二十四史编纂《风俗制度考》。后协助其父编纂《日本政变考》和《日本书目志》等。光绪二十三年（1897）出任澳门《知新报》翻译，并在报刊上发表革新时论，成为中国第一个女报人，中国近代史上第一位女记者。

早的女报人裘毓芳①等人编撰，她们是中国历史上第一批女编辑、女记者，开创了妇女参加新闻工作的历史。该刊主张女性摆脱传统夫权的统治，追求平等和独立，值得一提的是，该刊不仅提倡女子要爱国，而且要行动起来，号召妇女和男子一道，共同改变整个国家"受制于外人"的状况。在《女学报》的影响下，19 世纪末期，以上海为中心，出现了进步女性办报的热潮。在十年的时间里，宣传男女平等的报刊就有 30 多种。

对于《女学报》登载的内容及其历史作用，在《中国历史上第一份女性期刊〈女学报〉诞生》一文中有详细介绍：

《女学报》辟有论说、新闻、征文、告白等四个栏目，内容分修身、教育等十六门，多为宣传变法维新；大力提倡女学；争取女权；要求男女平等；主张婚姻自主；要求妇女参政；反对封建迷信；反对陈规陋习等等。每期用对开白色洋连史纸单面石印一大张，可以裁叠成四页装订。端楷缮写正文，所附插图均由主笔之一刘可青所绘，兼有中西之美，颇可玩味。

《女学报》的出现，至少在以下几个方面是有着非凡的意义的：

（一）中国新闻史上的第一批女编辑、女记者诞生。它是目前所知的中国历史上第一份女报，并且完全由妇女主编，以妇女为读者对象，是真正意义上的女报。二十多位主笔中较为著名的有康同薇、李蕙仙以及中国第一位女报人——无锡人裘毓芳等，她们都是当时妇女界的知名人士，实际也是中国新闻史上的第一批女编辑、女记者。

（二）它是中国最早的白话报刊之一，而且也是最早提倡使用白话文的报刊之一。

（三）随着社会文明的进步，妇女问题的研究正日益受到人

----

① 裘毓芳，1898 年 4 月创办《无锡白话报》，该报支持变法维新，虽然也提倡过女学，但还不是一个完全以妇女为对象的报纸。

们的重视，《女学报》恰恰为此提供了极其珍贵的第一手资料，并且历史并未因陈旧而显得过时，相反，许多问题至今仍有其现实意义。《女学报》的确切出版期数至今未能确定，加之百年以来，世事变幻，目前海内外已绝少收藏。无锡市图书馆古籍部所藏1—8期，保存完好，触手如新，具有内容、版本上的双重价值，堪称珍本。"①

从1898年到1949年，全国的妇女期刊共约600多种。其中"戊戌变法"到"五四"运动前共50多种。近代妇女期刊绝大多数出版于广州、上海等沿海城市，主编人大多数是受过资产阶级教育的新一代知识妇女。提倡女学，讲论女德，尊重女权，反对缠足是其共同特点。其中丁初我主编的《女子世界》（1904—1907）是辛亥革命前历史最长、影响较大的妇女期刊；秋瑾主编的《中国女报》文字浅显，言论最为激进，影响最大。1915年，商务印书馆创办《妇女杂志》，中华书局与之竞争也创办《中华妇女界》，两者都是绵延10余年的大型期刊。它们固守着"家政""学艺""国文范作"等栏目，偏重于家庭医学、妇幼保健、家事整理等女学内容。

第二节　秋瑾创办《中国女报》

一　秋瑾其人

秋瑾（1875—1907），近代民主革命志士，原名秋闺瑾，字璇卿，东渡后改名瑾，字（或作别号）竞雄，自称"鉴湖女侠"，祖籍浙江山阴（今绍兴），生于福建闽县（今福州）。其蔑视封建礼法，提倡男女平等，常以花木兰、秦良玉自喻，性豪侠，习文练武，于1904年7月冲破封建家庭束缚，自费留学日本。她在东京入中国留学生会

---

① 参见中国历史上第一份女性期刊《女学报》诞生，无锡市图书馆网。

秋瑾的得意照

馆所设日语讲习所补习日文，常参加留学生大会和浙江、湖南同乡会集会，登台演说革命救国和男女平权道理。在此期间，她曾与陈撷芬发起共爱会，作为开展妇女运动的团体；和刘道一、王时泽等十人结为秘密会，以最终打破桎梏在身上的封建枷锁、反抗清廷、恢复中原为宗旨；并创办《白话报》，署名以"鉴湖女侠秋瑾"，发表《致告中国二万万女同胞》《警告我同胞》等文章，宣传反清革命，提倡男女平权。其积极投身革命，先后参加过三合会、光复会、同盟会等革命组织。

1907 年 1 月 14 日，秋瑾在上海创办了《中国女报》，以"开通风气，提倡女学，联感情，结团体，并为他日创设中国妇人协会之基础"为宗旨，并为该报写了《发刊词》，号召女界为"醒狮之前驱""文明之先导"。后因母丧回绍兴，又先后到诸暨、义乌、金华、兰溪等地联络会党。这时大通学堂无人负责，秋瑾遂接任学堂督力。并以学堂为据点，继续派人到浙江省各处联络会党，自己则往来杭、沪间，运动军学两界，准备起义。她秘密编制了光复军制，并起草了檄文、告示，商定先由金华起义，再攻占杭州如果杭州攻不下，则回绍兴，再经金华、处州入江西、安徽，同徐锡麟呼应。并拟于 7 月 6 日在浙江、安徽同时起义，孰料因事泄露被捕，7 月 15 日从容就义于绍兴轩亭口。其谱写了一曲巾帼女杰的赞歌，为世人所传颂……

二　《中国女报》

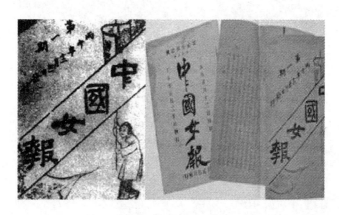

《中国女报》第一期

　　《中国女报》，清末妇女刊物，月刊。1907 年（光绪三十三年）1 月 14 日创刊于上海。社址在上海北四川路厚德里 91 号，寄售处有上海、北京、武昌、绍兴等地。由著名女革命家秋瑾主编，陈伯平任编辑。主要撰稿人有吕碧城（曾任天津女子师范总教习）、燕斌（同盟会员）、黄公、徐双韵、陈志群、白萍等。《中国女报》"以开通风气，提倡女学，联感情，结团体，并为他日创设中国妇人协会之基础"为宗旨。辟有《社说》、《译编》、《文苑》、《新闻》等栏目。该报以通俗易懂的文字宣传妇女解放，呼吁妇女走向社会。所刊文章多为民族民主革命，反对包办婚姻和缠足，批判纲常名教。该报仅出两期。秋瑾就义后，即与《女子世界》合并，改名《神州女报》。

　　秋瑾创办《中国女报》的曲折历程，在何扬鸣、宣焕阳撰写的《"责任上肩头，国民女杰期无负"——秋瑾创办〈中国女报〉经过》[①] 一文中有详细记载：

　　　　秋瑾从日本回来后，为了更有力地宣传妇女解放，团结妇女

　　① 何扬鸣、宣焕阳：《"责任上肩头，国民女杰期无负"——秋瑾创办〈中国女报〉经过》，《浙江档案》2000 年第 3 期。

起来为自身的权利而进行斗争，决定办一份文字通俗的妇女杂志——《中国女报》。

1906 年初冬，秋瑾在上海北四川路厚德里 91 号租了房子，筹划《中国女报》。她拟写了《创办中国女报之草章及章旨广告》，在上海《中外日报》上登载，并印送各地女子学校。

广告共十七条，历述了创办《中国女报》的宗旨、内容、文风、期数及集资办法等。但是，虽经多方宣传，出资赞助的仍寥寥无几，集股仅几百元，离秋瑾预定的目标相去甚远。为了筹措必要的经费，秋瑾费尽心血。她向朋友求借，还向湖南夫家要了几千两银子，加之徐自华、徐双韵姐妹俩勉力捐助的一千五百元钱，凑集了急需的资金，于 1907 年 1 月 14 日出版了《中国女报》第一期。

《中国女报》的发行与总务由秋瑾负责，编辑和校对分别由陈伯平和徐双韵负责。社址在上海北四川路厚德里，并有上海四马路文明书局之廉泉、北京顺直门外绳匠胡同外城女学传习所之江片虎、杭州银洞桥嘉兴同乡会之朱瑞、绍兴水澄巷口教育馆之裘激声诸人，作为《中国女报》的特约代派处。

《中国女报》月出一册，售洋二角。第一期用的是普通印报纸，印刷亦不理想，封面报名印蓝色。

《中国女报》第二期的出版时间，从封面上来看是"丁未年正月十二日印刷，丁未年正月二十日发行"，即 1907 年 3 月 4 日发行。但根据秋瑾《致女子世界记者书》其二说："《女报》二期即日出版，附告。二月二十日夜十二时。"据查，二月二十日为阳历 4 月 2 日。时间差了一月，这可能是拖期之故。

第二期的印刷有了改进，用的是道林纸，加之篇幅也有了扩充，所以印刷成本一下子就增加不少，经费发生了困难。秋瑾为了这笔费用，四处奔走，正当绝望之际，她的嫂嫂张顺将家藏的"又补斋画册"交秋瑾去典押。

1907 年春天，秋瑾复函徐小淑，谈及《中国女报》因经费困难，报馆暂行中止，惟三期之报，仍拟续出。事实上，至 1907

年 6 月上旬,《中国女报》第三期的编辑工作已告竣,准备付印,只是后因皖浙案发生,该期就夭折了。

《中国女报》的内容有论说、新闻、译编、调查、尺素、诗词、传记、小说等,此外,对"中外各国古今女杰之肖像及名景胜迹,有关女学者,按期印入首页,以供赏鉴"。

《中国女报》是一份通俗刊物,所刊全为白话文。秋瑾说:"中国妇女十有八九是文盲,如太深了,她们就不知所云了。所以我办这个《中国女报》,就是有鉴于此。内中文字都是文俗并用的,以便姊妹的浏览,却也就算为同胞的一片苦心了。

一、二期的《中国女报》主要文章有白萍的传记《中国女界主勇家缇萦传》、会稽挽澜女士的小说《女英雄独立传》、钝夫的传说《女子教育》、吕碧城的女学文丛《女子宜急结团体论》等。秋瑾要把中国妇女团结起来,"通全国女界声息于朝夕",要《中国女报》变成女界之总机关,使中国妇女生机活泼,精神奋飞,绝尘而奔,快步进入大光明世界。

创刊号上有一篇《敬告姊妹们》,以生动的文笔将中国女权低落的状况数列出来:"我们二万万女同胞,还依然黑暗沉沦在十八层地狱,一层也不想爬上来。足儿缠得小小的,头儿梳得光光的;花儿、朵儿,扎的、镶的,戴着;绸儿、缎儿,滚的、盘的,穿着;粉儿白白、脂儿红红的搽抹着。一常的滴着,生活是巴巴结结的做着;一世的囚徒,半生的牛马。"秋瑾还进一步指出,在男主女从的社会中,中国女子不论贫穷富贵,但其地位也仍然是奴隶和寄生虫的,而不是自主的。

秋瑾在指出妇女解放的政治方向的同时,又着重指出了妇女的经济独立和人格独立的必要性。她翻译《看护学教程》,也有为妇女另辟就业之途的打算。为了使广大妇女明了自己的历史使命,并时刻不忘,秋瑾特地创作了一首通俗易懂的《勉女权歌》:"吾辈爱自由,勉励自由一杯酒。男女平权天赋就,岂甘居牛后?愿奋然自拔,一洗从前羞耻垢……责任上肩头,国民女杰期无负。"无疑,这是一首勉励女同胞争取平等,参加革命,争取解放的战歌。

　　秋瑾刊在《中国女报》上的诗文，也是唤醒妇女起来的进军号，是告诫男子在进行革命时不要忽视妇女界的警钟。连同过去在《白话》报上发表的文章，以及弹词《精卫石》和许多其他的诗文书信，都是中国妇女解放运动中的不朽历史文献。

　　《中国女报》虽然最后只出了两期，但它的影响是巨大的。据当时的报刊记载，《中国女报》一出版就在社会上引起了不小的反响。有文化的妇女争相传阅，没文化的妇女也设法请别人念给她们听。自然，对报上的文章，有赞成的，也有反对的，展开了讨论和辩论。许多女读者认为女报鲜明通俗，尖锐泼辣，痛快新颖，生动活泼，说出了广大妇女的心里话，看后有人哭了，有人惭愧了，有的人则开始思索。当然，顽固的遗老遗少看了后就大为震怒，日后他们还利用《中国女报》来作为谋害秋瑾的证据。

　　至今，《中国女报》已创刊九十多年了，人们评价它在当时的封建社会里，是妇女解放运动的号角，是广大妇女争取男女平权和婚姻自由的战斗武器，这是当之无愧的。（注：原载《浙江档案》2000 年第 3 期，内容有删节）

第三节　丁初我与《女子世界》

　　丁初我（1871—1930），名祖荫，字芝孙，别号初我。江苏常熟人，与徐念慈为同乡好友，1897 年，两人在常熟创办中西学社。1903 年，中国教育会常熟支部成立。1904 年 10 月，在常熟组建竞化女学校。

　　《女子世界》，1904 年 1 月由丁初我创办于上海，因其历时久（1907 年最终停刊）、刊期多（总共 18 期），而在晚清妇女杂志中占有重要地位。这份在上海编辑的女报性期刊，受到了南方新学界的瞩目，也因各地参与者的供稿，使刊物的内容日渐丰富。因此，无论是研究晚清报刊史，还是考察晚清妇女的生活与思想，它都是绕不过的文本，称之为晚清女性期刊的标本，亦属当之无愧。《女子世界》主张"政治之革命"和"家庭之革命"并举，秋瑾称它是妇女报刊中的"巨擘"。

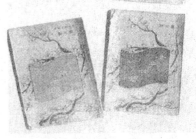

该刊在创刊词中指出："女子者，国民之母也。欲新中国，必新女子；欲强中国，必强女子；欲文明中国，必先文明我女子；欲普救中国，必先普救我女子，无可疑也。"该刊于 1906 年停刊，次年续出 1 期，累计共出 18 期。这是辛亥革命前历史最长、影响最大的一份妇女刊物。

注：此图由上至下、由左至右分别为《女子世界》第十期、十一期、第五期、第六期，为甲辰五月朔日，即 1904 年 6 月 14 日出版。

1902 年，由陈撷芬担任主编并于 1899 年冬在上海创办的《女报》，因该报不久即告停刊。光绪二十八年（1902）续出《女报》月刊，仍由她担任主编。《女报》专以妇女为对象，提倡女学、女权，内容丰富，形式新颖，在当时也颇有影响。1903 年，《女报》改名《女学报》，增设女界近史、译件等，陈撷芬先后发表过《元旦问答》《独立篇》《论女子宣讲体育》等文。后来《苏报》被清廷查封，有"女苏报"之称的《女学报》也在劫难逃。陈撷芬与父亲同赴日本，继续出版《女学报》。

辛亥革命以后，女权问题列入政治议题，但受几千年来的传统观念影响，实行妇女解放的话题，说起来容易，做起来却是极为困难的一件事，别说许多男性想不通，就连女性自身都感到不知所措。在这种情形下，一批有识之士纷纷筹备创办女性期刊，以呼唤中国女性的觉醒，形成中国期刊史上第一次女性期刊的繁荣期。

据不完全统计，辛亥革命前后的十余年间，全国各地陆续出版的妇女报刊有 40 多种，具体列表如下：①

报刊名称	出版时间及地点	创办或主持人	备 注
《女报》	1899 年上海	陈撷芬	月刊，1903 年 2 月改名为《女学报》，11 月在东京出版了第 4 期
《女子学报》	1903 年广州		
《岭南女学新报》	1903 年 3 月广州	冯活泉、周蕙卿等	月刊，又名《女学新报》
《女子世界》	1904 年 1 月上海	丁初我、曾孟朴	月刊，总计 18 期
《女子魂》	1904 年东京	抱真女士（潘朴）	侨居日本华商创办
《白话》	1904 年东京	秋瑾	月刊，约出 6 期
《妇孺报》	1904 年 5 月广州		约出 9 期
《不缠足会报》	1905 年武昌		1909 年尚在出版
《妇女易知白话报》	1905 年 江苏阜宁	袁书鼎	
《女界灯学报》	1905 年 4 月 5 日佛山	何志新、李颖圆等	月刊、文白兼用
《北京女报》	1905 年 9 月 21 日北京	张展云	日刊
《女镜报》	1905 年广西	郭用逮、容巧倩等	月刊
《新女子世界》	1906 年上海	陈以益	
《女界》	1906 年上海		
《中国女报》	1907 年 1 月上海	秋瑾、陈伯平	月刊，出 2 期
《中国新女界杂志》	1907 年 2 月 5 日东京	燕斌、刘青霞	月刊，出 6 期
《中国妇人会小杂志》	1907 年 3 月北京	中国妇女会总裁廖夫人	半月刊
《妇女会报》	1907 年 3 月北京	杜药洲	
《星期女报》	1907 年 6 月北京	王淑媛	周刊
《神州女报》	1907 年 11 月上海	陈以益	月刊，由《女子世界》和《中国女报》合并而成，出 3 期
《天足会报》	1907 年上海	沈仲礼、陈西圆	初为季刊，后改为月刊
《女子世界》	1907 年上海	陈勤	月刊

---

① 李谢莉：《中国近现代妇女报刊研究（1898—1949）》，四川大学硕士学位论文，http://wenku.baidu.com/view/69819bef49649b6648d74746.html。

报刊名称	出版时间及地点	创办或主持人	备　注
《天义报》	1907年6月10日东京	何震、刘师培	半月刊，出19期
《女学报》	1907年6月北京	善佑臣	周刊，每周一出版
《二十世纪之中国女子》	1907年东京	恨海女士	月刊
《惠兴女学报》	1908年5月杭州		月刊
《湖北女学日报》	1908年9月武昌	冯德生	日刊
《妇孺日报》	1908年广州	陈诚	日刊
《女学生杂志》	1909年上海	杨百民	年刊
《女报》	1909年1月上海	金能之、陈以益、叶似香	月刊
《女报》	1909年1月东京		月刊
《女学生》	1910年上海	尹锐志	月刊
《妇女星期录》	1910年香港	洪舜英	周刊
《中国妇女改良会报》	1910年12月天津	英淑仲等	周刊
《妇女时报》	1911年6月上海	包笑天、陈冷血	月刊，出21期
《妇女杂志》	1911年北京		
《女界杂志》	1911年上海		
《留日女学会杂志》	1911年4月东京	唐群英	季刊，仅出1期
《女铎报》	1911年上海	林贯虹	月刊

附女性期刊史话：

●江苏历史上第一份妇女刊物——《女子世界》①

辛亥革命是二十世纪中国最伟大的一次社会革命，它不仅在政治上推翻了统治中国两千多年的封建专制制度，而且在思想上摧毁了维护封建统治的精神支柱，是一场深刻的思想解放运动。在清末日益高涨的爱国救亡运动中，各种团体、各界人士纷纷办报阐述其思想主张。资产阶级革命派的一些女子刊物特别引人注目，其中如1902年陈撷芬创办并随《苏报》发行的《女学报》，1904年丁祖荫等创办的《女子世界》，1907年1月秋瑾创办的《中国女报》，1907年11月陈

---

① 见《江苏档案》—江苏史话 2011 10 10 （一宁） http：//www. dajs. gov. cn/art/2011/10/10/art_ 1313_ 32686. html。

志群等主办的《神州女报》等。这些女子刊物都深刻揭露了中国妇女所受的封建压迫，提出女子革命的主张，实行女子教育、女子放足、婚姻自由，鼓励女子像男子一样关心国事，为国家的生存而斗争。

《女子世界》月刊，32 开本，1904 年 1 月（光绪二十九年十二月）创刊于上海，创办人为丁祖荫（1871—1930），原名祖德，号初我，江苏常熟人。少年就读于江阴南菁书院，1896 年与曾朴、徐念慈、张鸿、殷崇亮等在常熟创办中西学社，首开全县办新学之风。1903 年，为中国教育会常熟支部主持人。1904 年即在上海创刊《女子世界》月刊，公开主张"政治之革命"和"家庭之革命"并举，受到秋瑾的称赞。她在写给《女子世界》记者的信中称"惟贵报为巨擘"，"每每读之，不胜心服"。1906 年一度停刊，1907 年 7 月由无锡人陈志群续办一期，共计 18 期。该刊在上海、北京、南京、四川、湖南、安徽、浙江等地设有 44 处发行网点。每册定价两角，至第十三期调整为每册两角五分。开始每期 70 页左右，后增至 100 余页。彩色封面，色泽鲜艳，印刷精良。

在清末日益高涨的爱国救亡运动形势下创办的《女子世界》，拥有明确的宗旨和任务。它以改造中国妇女为己任，反对封建礼教、倡导男女平等，强烈希望中国妇女觉醒起来，团结起来，创建强盛的祖国。其《发刊词》说："女子者，国民之母也。欲新中国，必新女子；欲强中国，必强女子；欲文明中国，必先文明我女子；欲普救中国，必先普救我女子，无可疑也。"丁祖荫在《〈女子世界〉之颂词》中还宣称："欲造国家，苟非招复女魂，改铸人格，合无量数之杂驳分子，开洪炉而大冶之，女子其终死，国家其终亡。"并提出"改铸女魂"的三个目标："易白骨河边之梦为桃花马背之歌，易陌头杨柳之情为易水寒风之咏，易咏絮观梅之什为爱国独立之吟。"

《女子世界》的编辑撰稿人员，初办时只有几位固定撰稿人，且均为男性。如丁祖荫（丁初我）、陈志群、柳亚子、徐觉我、沈同午、蒋维乔、丁慕卢等。这种以亲朋关系建立的基本作者队伍，尚带有传统文人结社的余风。但旋即通过聘用男女调查员，杂志即扩大了征稿范围，保证了信息的及时传递。更有主动的投稿者加入，使刊物越发多姿多彩。

　　《女子世界》的栏目设置主要有：社说、演坛、科学、实业、教育、译林、图画、传记、小说、记事、文苑等。其后为了"女子独立自营之绍介"，从第五期开始还加入科学、卫生、实业等内容。

　　《女子世界》每期都有较多的篇幅报道女界的活动情况。如第二卷第一期（总 13 期）就有湖南第一女生学堂学潮情况的报道。这所学堂开办于 1903 年，因革新而遭到了社会上一些陈腐人士的非议，终致学堂停办。杂志在"女学文丛"专栏中发表了《停办湖南第一女学堂沥陈始末情形禀》一文，同时发表了著名的女革命家秋瑾女士的《留学日本秋瑾女士致湖南第一女学堂书》，全文如下："君居乡间，妹游海国，觌面无从，相思日切，久欲上书，因无闲暇。今闻贵学堂遭顽固破坏，然我诸姊妹切勿因此一挫自颓其志，而永永沉埋男子压制之下。欲脱男子之范围，非自立不可，欲自立非求学艺不可，非合群不可。东洋女学之兴，日见其盛，人人皆执一艺以谋身，上可以扶助父母，下可以助夫教子，使男女无坐食之人。其国焉能不强也。我诸姊妹如有此志，非留学日本不可，如愿来，妹处俱可照拂一切。妹欲结二万万女子之团体学问，故继兴共爱会，名之曰实行共爱会，公举陈撷芬而妹任招待。寄呈章程三十张，望不妥处删改，并请推广如何。"

　　值得一提的是，《女子世界》还有开文明之风化，向封建包办婚姻制度挑战的举措。在第 13 期（1905 年 1 月）首页，专门刊登一则征婚启事，这在一百多年前确是件新鲜的事儿。

第四节　《女子世界》和《中国女报》
的办报宗旨与历史地位

　　从 1898 年《女学报》创刊到 1919 年"五四"运动爆发，我国妇女期刊总计创办数十种，其中《女子世界》和《中国女报》最具代表性。作为一份革命色彩浓烈、历时最长、册数最多、内容最丰富、影响也最为深远的女性期刊，振兴女学与提倡女权是《女子世界》的一贯宗旨。该刊的栏目设置历经从幼稚到成熟的转变，在其全面改进的过程中，竭力贴近两次国民革命间隙的舆论要求，扬弃地继承了戊戌变法的经验教训，又为辛亥革命做好了舆论铺陈。

《女子世界》知名主笔和撰稿人的刊发文章、思想碰撞和观点交锋推动了该刊的发展，也促进了诸如女权与女学、民族主义宏大话语体系等复杂问题的澄清。但是在实际的操作当中，民族革命以其包容一切的气势遮蔽了女权革命的意义，女权运动因而没有能够作为独立的革命形态在错综复杂的革命洪流之中为自己赢得一席之地。在"提倡女权"到"振兴女学"的重大转向当中，很多知识分子成全了由新学向旧道德转变的历史复归。

《女子世界》难能可贵的18期，在一个民办报刊旋起旋灭的时代，相当不易。此外，《女子世界》已初具经营意识，自发运用广告，而且注重作者队伍的培养，其征文和招聘撰稿人制度以及办报思想与具体操作均流露出其传播的现代性。《女子世界》是中国近代最具代表性的女性期刊，而秋瑾作为近代史上不得不予言说的传奇女子，加之她确实续办过《女子世界》的第18期，她的办刊思想也深受《女子世界》的影响，因此这两者通常会被拿来相提并论。事实上，《女子世界》的主编另有其人，而秋瑾那一份足以丹青永铭的女性期刊，叫做《中国女报》。

《中国女报》对于近代女性期刊最大的贡献，莫过于它成就了女性期刊的另一种发展路径（姑且称之为"第三条路径"）。它在《女报》《中国女报》《神州女报》《留日女学会杂志》等鼓励把妇女解放运动和民族民主革命结合起来的革命派报刊，与《北京女报》《女镜报》《女界灯学报》《妇女时报》《妇女日报》（《天足会报》）等旨在提倡女学、开通女智、讲论女德、尊重女权和反对缠足，着重传播妇女知识和对其进行启蒙教育的改良派报刊之间的狭长罐隙中找到了自己的发展路径。它在政治上倾向于民族、民主革命，但是更加重视女学、女权概念化。把女性当作不同于男性的独立的社会性别，而执着于女性权利和政治诉求的获得。但是，在传统理念的隐性、沉重和不断地挤压之下，《中国女报》停滞在一个与女性主义对接不适的断层面，继而断送了女子个性的发展和独立人格的彰显等等可能。《中国女报》资金、人力等捉襟见肘，虽经秋瑾等人竭力补救，但终于随着秋瑾的逝去而归于缥缈，如昙花一现，成为绝唱。

"百年沧海桑田，中国女性的地位已然从当初的'呼唤觉醒'转变为'世纪关爱'。回望过去，《中国女报》虽不是中国新闻史上第一份女性报刊，但它却代表了那个时代妇女觉醒初期第一批女性报刊的办刊特色，是诸多女性觉醒呼唤者的精神结晶，也是妇女为自己争取权利的舆论平台，更是 19 世纪末各类国人办报思想中女性主义部分的总结。"①

---

① 梁微：《〈中国女报〉与我国当代女性报纸的内容特色分析》，《新闻窗》2006 年第5 期。

第三章

中国早期（民国时期）的女性期刊

翻开中国女性期刊的历史，你会发现自从中国期刊诞生那天起，女性期刊便一直是那最为鲜活、最具有生命力的一个期刊种类。不容置疑，在中国女性期刊悠久而漫长的历史发展过程中，曾经出现过两个高峰时期，那便是 20 世纪 20—40 年代和 20 世纪 90 年代以来的若干年间，而 20 世纪 20—40 年代民国时期的女性期刊则更具有鲜明特色，用色彩纷呈、五彩缤纷来形容绝不为过。

第一节　姚名达、黄心勉与《女子月刊》

一　《女子月刊》

1933 年 3 月在上海创刊的《女子月刊》，其创办人为女子书店的上海暨南大学教授姚名达和他的夫人黄心勉女士。20 世纪 30 年代初的上海，正值"五四"运动后刚刚崛起的妇女解放、妇女运动之际，他们夫妇两人在上海首先响亮地打出女子书店这一旗号，并创办了独一无二的女子书店，为妇女解放冲锋陷阵。此时，老牌的《妇女杂志》（商务印书馆）已于
1931 年停刊，而沈兹九主编的《妇女生活》尚未创刊。毫无疑问，《女子月刊》的创办，立即引起了当时非常关心上海妇女界和支持妇女解放运动人士的极大关注。不仅如此，他们夫妇还分别担任社长与主编，并为《女子月刊》撰写了《发刊词》。他们在 1933 年 3 月出版的第 1 卷第 1 期《女子月刊》首页的《发刊词》中这样写道：

> 现在我们要出版《女子月刊》了。
>
> 我们都是纯洁而诚恳的女子，没有政治背景，没有宗教背景，亦没有经济背景。所以当然没有政治作用，没有宗教作用，更没有牟利的企图。我们的目的，只是想替天下女子制造一座发表言论的播音机，建筑一所获得知识的材料库，开辟一个休息精神的大公园。我们希望这小小的月刊能无穷的、无量的供给一切女性的需要，能够把最好的、最新的、最有趣味的思想、知识、文艺和图画贡献给读者。
>
> 历史教训我们，时势昭示我们，我们除了家庭以外尚有许多应做的事业，不应再在家中仰赖男子生活了。我们应该服务于社会、尽忠于国家。我们应该为自身生活而努力，为人类文化而努力。我们应该负起唤醒同性和针砭男性的责任，把纷扰的社会安定，把贫弱的国家富强，把斗争的世界平静。最少也应该把愚鲁的自己聪明，把痛苦的自己解放，把怯弱的自己健壮。
>
> 自今以后，我们将常常在这里和亲爱的读者相见。希望读者不断地指教我们，希望有才学的同性和关心妇女福利的男性永久地扶助我们，使得本月刊长存于宇宙间，占文化史之一页，做读者的密友。①

而《女子月刊》的内容，也基本如其《发刊词》所说"发表女子作品，供给女子读物"。其主要栏目有社评、妇女问题、时代知识、学术研究、书报春秋、家庭与儿童、社会经验、生活交响曲、读者信箱、文艺、生产技术、妇女消息等。

因为《女子月刊》站在国家民族的立场，不仅刊登有关各种国际政治时事的文章，还刊登涉及当时敏感时事问题的文章，所以曾经一

---

① 徐柏容：《期刊：长流的江河》，首都师范大学出版社 2009 年版，第 224 页。

度被当局以"有宣传阶级斗争之文字"为由将其《女子月刊》查扣。后来凤子、高雪辉等也出任过主编。1936 年出第 4 卷时，《女子月刊》改由上海大光书局总发行。《女子月刊》虽然一直处于艰难之中，却仍然坚持到"七·七"全面抗战爆发才不得不停刊。

二　姚名达

姚名达，字达人，号显微，1905 年（光绪三十一年）3 月 17 日出生于江西兴国县南门外竹坝村。祖父姚德源，是一位以种菜、撑船为生的农民。父亲姚芳权，字舜生，号衡宇，通经史，工诗文，学问渊博，是光绪年间兴国县学庠生。姚名达少年时家里颇为清贫，仅有薄田数亩，但有几百部经、史、子、集等古籍。6 岁时，父亲便开始教他识字读书。8 岁入私塾，10 岁随父亲至达德学堂。少年姚名达记忆力强，天性聪颖，对史学产生了浓厚的兴趣。中学毕业后入上海南洋公学国学专修科，1925 年考入清华大学国学研究院，师从梁任公治史学史。后在商务印书馆任编辑、特约撰述，曾参与《万有文库》等的编辑工作，著有《目录学》《中国目录学史》《邹念鲁年谱》等。

1920 年，经双方父母撮合，姚名达与当时名闻乡里的贤女黄心勉结婚，夫妻俩真诚相待，甚为投缘。姚名达自 1932 年起，在上海暨南大学等校任教，1940 年任国立中正大学文法学院教授。20 世纪 30 年代初，他投身于妇女解放、妇女运动，和夫人黄心勉在上海创办了我国第一家女子书店以及《女子月刊》。1942 年 6 月，浙赣战区敌军南犯，爱国心切的姚名达组织"国立中正大学战地服务团"，率团奔赴前线。7 月 7 日晚上，在赣江畔新干县石口村遭遇日寇，与敌搏斗中不幸牺牲，成为"抗敌捐躯教授第一人"，时年 37 岁。

三　姚名达、黄心勉与《女子月刊》

《女子月刊》曾一度被当局查扣，遭受意外打击，后来出刊就寥寥无几，出现困局。这时姚名达在店务、刊务方面担负了更多的事务，并将批发部委任新中国书局代办，但黄心勉已心力交瘁，就在女子书店成立 3 周年刚过不久的 5 月初病逝。姚名达突遭如此巨大打击，一时无法接受，如他自己在《女子月刊》上一则启事中所说"心绪不宁"。于是不仅将《女子月刊》委请封禾子（即凤子）主编，对《女子文库》和女子书店业务，自然也就疏于管理。《女子文库》一时陷于停顿，而女子书店也就似乎渐趋沉寂了。

因为《女子月刊》创意于女子书店之前，却创刊于女子书店成立之后的 1933 年 3 月。所以，1933 年的《女子月刊》只有 10 期，与此后的每年 1 卷 12 期不同。黄心勉去世前，《女子月刊》是采用 23 开本，从 1936 年第 4 卷起，改用 16 开本。在用 23 开本形式时，每期篇幅并不固定，悬殊较大，而且有篇幅越出越多之势。少的时候只百来页，而多的时候有二三百页，因此，售价往往只够成本，加上发行费用、折扣，就更大亏其本了。改成 16 开本后，每期固定为 128 页，并增加铜版纸图页。

除了姚名达、黄心勉夫妇都曾当过《女子月刊》的主编外，还有陈爱、封禾子、高雪辉等，也各当过一阵主编。至 1936 年出第 4 卷时，《女子月刊》已经改由上海大光书局总发行了。说明这时女子书店即使还未关闭，实际上也无力做发行工作了。

《女子月刊》的内容，基本是一致的，大体如其《发刊词》所说奉行"发表女子作品，供给女子读物"的宗旨。在 23 开本时期，栏目经常改变，不仅有栏目增减、并分之异，而且还时而按文章体裁，时而按读者对象划分栏目，无一定之例。这也许并非仅仅由于执行主编的不同而造成。改 16 开本后的栏目大体可分为社评、妇女问题、时代知识、学术研究、书报春秋、家庭与儿童、社会经验、生活交响曲、读者信箱、文艺、生产技术、妇女消息等，才比以前稳定了。①

附女性期刊史话：

妇女先驱沈兹九：一段女独立办报人的历程 ②

抗战时期的胡愈之、沈兹九夫妇

沈兹九（1898—1989），浙江省德清县人。她是中国妇女解放事业的先驱者之一，历任全国妇联常委及宣传教育部部长等职，主持妇女宣教工作，还担任《新中国妇女》月刊的总编。早在 20 世纪 30 年代，她就在上海从事妇女运动，宣传冲破礼教、追求自由、抗日救国的新思想。

1932 年夏天，沈兹九经朋友介绍进入上海中山文化教育馆，任《时事类编》助理编辑，翻译日本在政治、经济、文化方面的资料，

---

① 参见烂橙子刘承的博客《逝去的杂志 ——谨以此文纪念姚名达诞辰 100 周年》，http://blog. sina. com. cn/lczlc2011。

② 杨振华：《安阳日报》2010 年 2 月 2 日。

接受了许多日本进步人士的思想。1934年年初，她结识《申报》总经理、开明人士史量才，就托人向史先生征询是否可以在《申报》开设一个关于妇女的周刊。史量才慧眼识英才，随后决定将《自由谈》星期天的版面改为《妇女园地》，聘请沈兹九担任主编。

接任一家大报的周刊主编职位，沈兹九的心情是复杂的，既兴奋又有顾虑。兴奋的是，能够拥有一块属于妇女的园地，可以反映她们的心声，倾诉她们的苦难，唤醒她们的灵魂。顾虑的是，一方面自己不能放弃中山文化教育馆的职业，另一方面是自己能否胜任这份全新的工作。在朋友们的鼓励和支持下，她决然挑起这副重担。1934年2月18日，《妇女园地》第一期出版。她在《发刊词》上说："现在少数妇女由家庭解放到学校，由学校解放到社会上来了，可是她们所表现的事实，大多数都随着时代的骇浪，卷入了摩登之途……另一部分知识妇女，醉心于恋爱至上主义，艺术至上主义……至于农村妇女仍旧过着困苦的牛马生活……工厂中的女工，更是过着没有知识的劳苦生涯……我们开辟了这小小的园地，希望同胞们……抒写你们所要的主张，诉说你们的一切苦难……"沈兹九清晰地看到当时中国妇女的生存状态，真诚地期望妇女的现状能够得到根本改变。

读者的来信来稿，给了沈兹九很大的鼓舞，她要全力以赴地把周刊办好。在中山文化教育馆搬迁南京的时候，她决定放弃去南京的安定生活，留在上海，继续耕耘"园地"。但当局的新闻检查处对进步报刊的压制愈演愈烈，1934年11月，史量才被暗杀在苏杭道上，几天后，《妇女园地》就被压缩版面。沈兹九知道，如果《妇女园地》刊登一些关于美容、时装、妇道的文章，莫谈国事，是当局所希望的，《妇女园地》也会长命百岁，但现实丑恶，国难当头，知识分子的良知告诉她要传播抗日救亡、妇女解放的声音，要揭露"友邦"（当时的日本）的凶相，当局的丑态。沈兹九同时意识到，《妇女园地》被禁是迟早的事，她要有所准备。

1935年初春的一天，几位风华正茂的女子相聚在上海法租界洁而精饭店的一间包厢，她们是沈兹九邀请来的杜君慧、罗琼等上海妇女界的进步精英。窗外翠竹扶疏，轻风微飔，屋内舒适宜人，又隐蔽，可以避开当局的暗探耳目。她们谈论当前的局势和《妇女园地》面临的危机。沈兹九提出，只要《妇女园地》存在一天，就一天不改调换腔，同时发挥上海妇女界的优势，准备开辟一个新的园地——《妇女生活》月刊。大家你一言我一语，献计献策，一本新杂志的思路确立起来了。

7月1日，《妇女生活》创刊号与读者见面了。沈兹九呼吁，妇女要摆脱旧的锁链的束缚，走向社会。"妇女既是人，就得过人的生活；妇女既是社会的一分子，就得做个健全的社会人，可参加一切社会活动，享受一切权利。"同时，她还利用这块阵地宣传抗日救国的思想，指出："今日妇女运动的任务是与整个社会改革、民族解放的任务直接地连接起来的。"

1937 年上海抗战期刊《妇女生活》的封面内容都是报道战事、抗战形势的。

《妇女园地》于同年 10 月被勒令停刊。《妇女生活》的发行单位上海杂志公司也担心它鲜明的政治立场会殃及池鱼，只发行了半年就要退出，幸运的是沈兹九得到了胡愈之、邹韬奋等人的支持，杂志转到生活书店继续出版，渡过了第一次难关。《妇女生活》连续报道了上海妇女救国联合会的相关情况，发表了《上海妇女救国联合会宣言》和《上海文化界救国会宣言》。此后，上海 24 个刊物被禁，《妇女生活》也"荣登"榜上。对于文化人，求人是最不愿意做的事，但沈兹九"从来没有奔走过所谓权贵之门，这时也不得不忍气吞声地走一走"，好不容易才被准许复刊。1936 年 11 月，国民党当局逮捕了沈钧儒、史良等 7 位全国各界救国会的领导人，给他们扣上"危害国民"的罪名，这就是"七君子"事件。沈兹九积极参加宋庆龄发起的救国入狱运动，到苏州最高法院向当局抗议，宣布救国无罪，愿与"七君子"同坐监狱。沈兹九主持的《妇女生活》报道了"七君子"受审的情况，说了一些代表各界人士的良心话，因此又被勒令停刊，经过一番疏通才被准许复刊。

抗战全面爆发后，当局加强了图书杂志原稿的审查，《妇女生活》更加艰难，连如期出版都发生困难，甚至宋美龄出面要沈兹九停办，但沈兹九坚持不懈，拒绝接受宋的"谕旨"。从创刊起，《妇女生活》经历了"一二·九"运动、"七七"事变、"八·一三"抗战到全面抗战，刊物从上海迁到武汉，再迁到重庆，其间经历的"劫难"只有沈兹九自己最清楚。1940年，《妇女生活》改换主编，"皖南事变"后被查封。

自从举起了妇女运动的旗帜，沈兹九的生活一直在忙碌中度过，她在1935年一篇记录5月21日日常生活的文章中写道："……拉稿、改稿、会客、开会、接电话，加上省不了的家常琐事，柴米油盐酱醋茶。每天一睁开眼睛，就像爬上了旋转不停的车轮，被它们带得头昏眼花，晚上10时以后才能静止下来，在这时候，写写短文，复复信件。"从一天可以看出沈兹九的全部生活，一位娇小的女性，要照看孩子、料理家务，但她仍把重心都放到了中国妇女的解放事业上，真可谓呕心沥血。她以自己的热情和良知、智慧和毅力、坚忍和勇气，维护了编辑记者在那个年代的良心和尊严。沈兹九以一颗向着妇女大众的爱心，烛照了她整个人生的旅途，也温暖了许多妇女同胞的内心。

第二节　1939年《中国妇女》在革命圣地延安诞生

创刊背景：毛主席亲笔题写了刊名

"那是抗日烽火熊熊燃烧的年代，为了更广泛深入地发动妇女群众参加、支援抗战，中共中央书记处于1939年年初做出了《关于开展妇女工作的决定》。《决定》第一条就是要用各种方式宣传、动员妇女在抗战建国大业中发挥重要作用，举措之一，就是创办《中国妇女》杂志①。

1939年6月1日诞生于延安的《中国妇女》杂志，"是由中共中央妇女运动委员会主办，延安'中国妇女社'编辑出版，是中国共产党创办的第一本妇女期刊，它结束了中国共产党长期没有妇女期刊的历史。毛泽东主席曾亲自在创刊号上题诗一首表示祝贺，并先后两次为杂志题写刊名。由此可见，《中国妇女》在我国女性期刊中的重要地位和历史作用。她承载着历史，她肩负使命，她本身就是中国女性解放的标志和见证！"②

"《中国妇女》的第一任主编是吴平，专门请了当时在马列学院学习的丁玲设计版式，著名版画家江丰还为杂志制作了木刻插图。以至于后来有人评价说，解放区的木刻版画艺术在中国现代美术史中有着不可动摇的地位，《中国妇女》刊有的多幅木刻版画作品就成了珍贵的艺术史料。

那时延安同外地的联络十分困难，但编辑们千方百计地请各界人士为刊物撰稿，从前线、后方回延安的许多同志都是《中国妇女》的撰稿人。所以，今天我们翻开刊物，很快会发现作者名单中有毛泽东、朱德、张闻天、邓颖超、蔡畅、康克清、张琴秋、艾青、范瑾等。

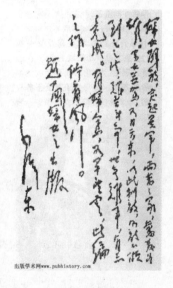

《中国妇女》在延安创刊后，是一支呼唤妇女投身革命、奔向解放的号角。它不断发出妇女界抗战的声音，记录了当时女性在抗战中的丰功伟绩，也纪念那些在抗战中牺牲的女英雄。那些充满激情的文字曾鼓舞了很多妇女成为革命的战士。抗日根据地的女同志，只要得

① 韩湘景：《〈中国妇女〉承载历史肩负使命》，人民网，http//cd. qq. com/a/20090630/003088. htm2009年6月30日。
② 韩湘景：《〈中国妇女〉见证了大批中国"第一"》，人民网 http//news. com/20090704/n264980830. shtml，2009年07月04日。

到一期刊物，就如获至宝、爱不释手……可以说，《中国妇女》杂志的诞生和发展凝聚了老一辈无产阶级革命家的心血，也标志着党领导下的中国妇女运动从此有了自己重要的舆论阵地。"①

在创刊初期，编辑们住在窑洞里、在煤油灯下编刊，生活十分艰苦，但热情却非常高。当时党的领导人毛泽东、朱德以及中共中央妇女工作委员会领导人邓颖超、康克清、蔡畅等都是撰稿人。毛泽东主席的两篇政论《当前时局的最大危险》《团结到底》就发表在《中国妇女》杂志上。杂志还发表了《世界妇女反战浪潮》等揭露法西斯的文章和报道大生产的文章，在妇女们心中播下了追求平等自由、自立自强的种子。

《中国妇女》从 1939 年 6 月 1 日创刊到 1941 年 3 月终刊，共出 2 卷、22 期。延安新华书店发行，全国各大书局代售。每册定价：第一卷国币一角，第二卷第二期起国币一角五分。

● 相关链接 ●

抗战时期的《中国妇女》的贡献②（节选）
李九伟

一　《中国妇女》创刊的背景及宗旨

《中国妇女》创刊于抗日民族自卫战争的两周年之际。抗战过程中，妇女在慰劳救护、努力生产、战地服务、救济难民、保育儿童等工作中做出重要贡献，妇女本身也开始走上全国性的团结和组织，并开始部分获得参政的权利（全国参政会 5％，陕甘宁边区 20％）。然而，妇女工作——抗战的妇女运动的工作，仍是整个抗战中比较薄弱的一个环节。而抗战的最后胜利，必须二万万二千五百万女同胞能够

---

① 韩湘景：《〈中国妇女〉见证了大批中国"第一"》，人民网 http//news. com 20090704/n264980830. shtml，2009 年 07 月 04 日。

② 李九伟：《抗战时期的〈中国妇女〉的贡献》，《出版发行研究》2005 年第 3 期，第 77—79 页。

与同等数量的男同胞并驾齐驱地奋斗。

为了动员广大妇女参加抗战建国事业，积累与交换妇女工作经验，指导与帮助各地妇女工作，提高妇女文化水平，组织广大妇女与男子并肩制敌，中共中央妇女运动委员会在延安创办了《中国妇女》月刊，并在发刊词中开宗明义："《中国妇女》的发刊，就是企图对于动员和组织二万万二千五百万妇女大众积极参加抗战建国大业工作尽一份绵薄的力量"，"希望《中国妇女》能成为全国妇女同胞的喉舌"。

二　抗战时期《中国妇女》的主要内容及作用

作为妇女刊物，《中国妇女》在第一卷第一期的"本刊征稿条例"中，写明该刊所需稿件的主要内容包括：指导妇女运动工作、研究妇女问题之论文；各地妇女运动、妇女生活等之通讯；外国妇女运动、妇女生活之介绍；模范妇女之记述与介绍；妇女医药卫生，日常切身工作之常识；文艺；木刻漫画等。

抗战时期，《中国妇女》在宣传中国共产党的路线、方针、政策，鼓舞人民群众的斗志；培养优秀的妇女干部，提高妇女的政治觉悟和文化水平；把广大妇女动员组织起来，服务于民族解放和革命斗争等方面做出了重要贡献。

1. 宣传中国共产党的路线、方针、政策，鼓舞人民群众的斗志

《中国妇女》是中国共产党在抗战时期的重要舆论阵地，宣传党的路线、方针、政策，鼓舞人民群众的斗志，是《中国妇女》的首要任务。该刊发表有中国共产党中央委员会关于抗战的重要宣言，如《中国共产党中央委员会为抗战两周年纪念对时局宣言》《中国共产党中央委员会为抗战三周年纪念对时局宣言》等。中共中央领导人毛泽东同志在《中国妇女》上发表了《当前时局的最大危险》《团结到底》等重要文章。这些重要文章表明了中国共产党坚持抗战到底的决心，坚定了中华民族必会夺得抗战最后胜利的信念。

《中国共产党中央委员会为抗战两周年纪念对时局宣言》中写道："两年抗战的结果，已经最鲜明地揭示了：只要坚持抗战到底，巩固

团结统一，不畏困难，不惧险阻，力求进步，奋斗勿懈，那么，最后胜利一定属于中华民族的，而最后胜利的时机，也一天天地更加接近了。"针对抗战中"战与不战的问题"的争论，毛泽东在《当前时局的最大危险》中说："战下去，团结下去——中国必存。和下去，分裂下去——中国必亡"，"我们共产党员是一定要战下去、团结下去的。全国一切爱国学派，一切爱国同胞，也是一定要战下去、团结下去的"。这些文章的刊发为中国人民在生死存亡的紧要关头，指明了前进的方向，起到了鼓舞士气、振奋人心、指导方向的伟大作用，为夺得抗日民族自卫战争的伟大胜利奠定了重要的思想基础。

2. 倡导妇女教育、妇女解放、妇女参政，培养优秀的妇女干部

《中国妇女》的一个重要内容是倡导妇女的教育工作。为了提高妇女的政治觉悟和文化水平，中共中央在延安成立了女子大学，开设了中国革命问题、政治经济学、中共问题、医药卫生常识、马列主义、三民主义、哲学、妇女问题、世界革命史等课程，"使她们时刻体念到学习革命理论不只是为了将来吃饭找职业，不是盲目地跟着时代跑，而是学习着做中国的人，做世界的人，为历史斗争和改造历史。"《中国妇女》很重视培养妇女干部，发表了一些讨论妇女干部培养的文章，并介绍优秀妇女干部的事迹，如《一个女布尔塞维克模范党员的回忆》等。为提高边区广大农村妇女的文化水平，培养乡村女干部，各地妇女组织还开展了针对广大农村妇女大众的教育活动，如《陕甘宁边区突飞猛进的女子教育》从几个方面分析了该边区妇女大众教育突飞猛进的原因。

提倡妇女解放和男女平等也是《中国妇女》的一个重要特点，它发表了大量文章，揭示妇女受压迫的根源，探讨妇女解放的途径，如《论妇女解放问题》一文，鼓励妇女"争取在政治上、经济上、社会生活上与男子平等的权利，争取废除贱视和虐待妇女的一切法令和习惯"。《中国妇女》第一卷第9期出了《"三八"与宪政特辑》，并刊登了《苏联宪法草案第十章公民之基本权利及义务第122条》："凡苏联妇女，在经济、国政、文化、社会及政治生活各方面，皆与男子享受平等权利。"文章以苏联妇女为借鉴，号召中国妇女为争取自身的

各项权利而努力。

3. 把广大妇女动员组织起来，开展妇女参战、生产运动，做好儿童保育工作

毛泽东在女子大学开学的贺词里说，"中国妇女起来之日，即抗战胜利之时"，强调妇女运动任务的重大。邓颖超在《抗日民族统一战线中的妇女运动》一文中说，妇女运动应是整个革命运动的一部分。在这篇文章里，她介绍了中国妇女运动的环境、最近妇女运动的概况，并指出今后妇女运动的方向。文章为妇女运动的蓬勃发展起了重要的指导作用。

《中国妇女》发表了大量通讯文章，介绍全国各地妇女运动开展情况，鼓舞广大妇女的斗志。如《抗战二年来的华北妇女工作》《赣江东西的妇女工作》《抗战中的内蒙妇女工作》《晋察冀边区妇女群众武装》等。同时该刊还刊登大量译文，介绍国外妇女运动和妇女生活情况，如《西班牙妇女》一文介绍了西班牙妇女鼓励丈夫、儿子参加战斗，并且自身积极参与到革命斗争中，组织经济性质的大罢工和妇女大众的示威活动等，在西班牙人民反法西斯的斗争中起了重要作用。这种大无畏的牺牲精神很值得中国妇女学习。

抗战中，男子大都奔赴抗战前线，广大农村妇女为支持前方并获得家庭生活的基本物质保障，积极开展战地生产运动。她们开荒、养鸡、纺织、种树、养蜂等，积极参加边区的经济建设，为抗战作出了重要的贡献。《晋东南妇女春耕运动空前收获》《一年来抗日根据地的妇女生产运动》等文章，都反映了妇女生产运动的开展情况。

抗战时期，妇女还担负着保育儿童的重任。为了帮助妇女做好这项工作，《中国妇女》发表了李开诗的《儿童保育法》系列文章，从第二卷第2期至第7期还开设"和母亲们谈谈心"栏目，介绍了小儿的饮食、卫生、营养等育儿方面的常识，还发表了如《怎样开展边区保育工作》《女大托儿所》等文章，介绍战时各地儿童保育工作的开展情况，交流这方面的经验。

《中国妇女》作为妇女的刊物，很关心妇女的婚姻家庭及卫生健康问题，发表了《杂谈恋爱、婚姻和家庭》《论新女性恋爱观》《医药问答》等一系列文章，给予广大妇女以深切的关怀和真诚的帮助。

三　抗战时期《中国妇女》的编辑特色

抗战时期的《中国妇女》月刊为 16 开本（自第二卷第 9 期改为 32 开本）杂志，设有通讯、专载、翻译、本刊特写、和母亲们谈谈心、学习与研究、诊疗室、小信箱等栏目；该刊采用民国纪年，文字由右至左竖排版，每期页数 20 页至 40 页不等；零售每册国币一角到一角五分；延安新华书店发行，全国各大书局代售。

《中国妇女》注重图文并茂，几乎每期封面都有图片，如"五小时：开地六分""七七二周年纪念""女自卫军检阅""送郎杀敌""宪政运动""全世界妇女团结起来！""不让敌人杀我们的孩子""抗属春耕""毛纺""纪念'三八'节，反对世界帝国主义大战！反对投降分裂！保护妇女切身利益！"等，这些图片把抗战中妇女参加生产劳动、支持丈夫参加抗战、保育儿童、积极参政参战等方面所做的贡献形象地描绘了出来。

抗战时期的《中国妇女》是在中共中央高度重视下创刊的，党的领导人毛泽东、朱德以及中共中央妇女工作委员会领导人邓颖超、康克清、蔡畅等都是该刊的撰稿人。此外，该刊的主要撰稿人还有琴秋、孟庆树、魏巍、朱仲丽、沙平、洛甫、凌莎、李开诗等。该刊虽然只坚持了不到两年，但对动员和组织全国妇女参加抗战建国事业起到了不可低估的作用，是抗战时期重要的舆论阵地之一，也是中国妇女运动、妇女生活的一面镜子。

第三节　女性期刊史话：两个女人和一份妇女杂志

一　作者梅娘其人

"梅娘，一个陌生的名字，一个对于今人略显神秘的作家。这位

成名于 20 世纪 30 年代末 40 年代初中国沦陷区的文坛才女，当年曾拥有'南玲（张爱玲）北梅（梅娘）'之誉。"①

梅娘，原名孙嘉瑞。梅娘早年丧母，笔名即谐"没娘"之音。但因从小家境富裕，接受了良好的教育，16 岁就出版了习作《小姐集》，随后赴日本留学。20 世纪 40 年代初期，先后出版了小说集《鱼》、《蚌》、《蟹》等。并受聘北平《妇女》杂志做编辑记者。当时北平马德增书店和上海宇宙风书店联合发起了"读者喜爱的女作家"的调查活动，梅娘和张爱玲被读者评为最受欢迎的青年女作家。

二　红色间谍——关露

青年与晚年时期的关露

她是民国期间的"人造美女"，做过鼻子的垫高手术，被苏青讽刺为"人造美女"；她是和张爱玲齐名的才女，电影《十字街头》中那首脍炙人口的"春天里来百花香，郎里格朗里格朗里格朗，和暖的太阳在天空照，照到了我的破衣裳……"就来自于她的手笔；她是女

① 宋广辉：《梅娘：八十五年的坚韧歌唱》，《中国青年报》2005 年 9 月 19 日。

特工，深入虎穴，成功策反 76 号特务头子李士群；"文革"期间，她是"汉奸"，在监狱两进两出，几近精神崩溃。在最近热播的电影《风声》里，她是顾晓梦，作家麦家说，她也许就是那个老鬼……关露是才女，是诗人，她写了大量的进步诗歌，出过诗集《太平洋的歌声》，诗句里带着火样的热情，她还写过长篇小说《仲夏梦之夜》《新旧时代》，本来她是一个写字的文人，依靠写文也能过上小康的生活，可是，她却成为了一名特工，她就是我国著名的红色间谍——关露。①

三　《女声》月刊

　　　　　　《女声》月刊是一份中文妇女杂志，读者对象是日寇占领区的广大妇女，每期必有一篇"大东亚和平"之类的时事评论，其他的文章都是家庭生活，男女婚恋。关露利用编辑的工作之便，刊登了很多暗含反战爱国色彩的文章，培养和发掘了大批进步的文学青年。由于《女声》杂志是由日本驻华海军报道部和日本大使馆资助出版，所以，一直以来它都被贴上了一个"汉奸"杂志的标签。

　　附梅娘"两个女人和一份妇女杂志"（节选）②

　　两个女人：一个是中国的关露，一个是日本的田村俊子；一份妇女杂志，是 1942 年 5 月在上海创刊、1945 年 7 月终刊的《女声》杂志。

　　关露和田村俊子，分别是当时的中国文坛和日本文坛受到瞩目的女作家，又是演艺界的活跃分子。两个人的遭遇同样是毁誉交错、悲

---

　　①　红色玫瑰：《关露："人造美女"当间谍（1）》《上一站民国：民国娘儿们》，新星出版社，2011 年 5 月。

　　②　梅娘：《两个女人和一份妇女杂志》，《新文学史料》2001 年第 1 期，第 175—179 页。

喜相叠，道不尽的风光和说不清的烦恼。如果定要挖掘两个人的共通之处的话：应该说，支撑她俩面对纷纭世事而能自立自决的是一种信念——那种为实现理想而付出的坚韧。

民国初年，生在做县官父亲家里的关露，随着父亲官场上的失意，目睹的是父亲日甚一日对母亲的作践。小小的心灵里，铭刻的是母亲遭受的凌辱，是封建家庭中的多种残暴，是坚韧的母亲庇护了她，想方设法为她谋划了受教育的机会。当她有机会进入大学，接触了马克思主义之后，明白了中国要铲除封建，只有在共产党掌握的政权中才能实现，那些和母亲同样受欺凌的女人才能以一个独立的人生活在社会中，便一心一意地投靠了共产党，一心一意冒着各种危险为共产党夺取政权进行各种斗争。在卅年代的上海，她和她的"左联"同志们，到工人夜校教书、参加纱厂女工的集会、参加要求全面抗日的群众示威游行。她以她特有的机智，在险象环生的境况中，一次次完成了党交付的任务，她生活得很实在、很愉快。

一次，由上海去南京，碰巧遇上下关车站临时大搜查。她的手提箱中有份党的秘密文件，隐藏是来不及了，逃更不可能。关露急中生智，打开手提箱，把文件掖进大衣的敞口衣袋，像掖进一份看过的画报那样从容自然。随即把箱子推向宪警主动配合搜查，搜查者对这位落落大方的女士没有产生半点怀疑，看了看，箱中是女人用的小物件、化妆品和换洗衣衫，便顺利放行了。可关露是把心提到了嗓子眼上，思谋着如遇不测，怎样消灭文件。

日帝占领上海之后，文化人纷纷出走。"左联"的成员更以投笔从戎为荣，相继秘密奔赴延安。关露接到了地下党的指令，不但令她留在上海，而且要她打入《女声》去做编辑。党说：这是另一条非常重要的抗日战线，她是党的一双伶俐的眼睛，可以窥见汉奸的内幕。

理解关露的"左联"人，为关露惋惜。说她不该踏上《女声》这片烂泥塘污了手脚。不甚了解关露的人，说她原本就是只精致的花瓶，正可以摆在汉奸的厅堂里，作为点缀。对这些来自各方的议论，关露以一个共产党员的责任感，默默承受。因为她胸中汹涌的是为新中国催生的激情。进入《女声》，整日忙碌之余，回到自己的小巢，用来排遣孤独的是"左联"好友林楚君送给她的海涅的诗:"我来到莱茵河畔,我歌唱。我歌唱爱,我歌唱爱中的恨,我歌唱着牺牲。"

关露也不时写下自己的诗:

是谁织就了江山的锦绣;谁就该占有锦绣的江山!

黑暗的夜,我们不向你哀号,也不惧怕你的凄厉!

我们的明日要来,夜将要逝去。

生于1884年的俊子,在27岁的1911年发表小说《鲜血》、1912年发表小说《誓言》、1913年发表小说《木乃伊的口红》……以每年一部名篇的惊人速度跃登日本文坛。同时,这位女作家还以佐藤露英、花房露子的艺名活跃在演艺舞台上……但1916年,俊子却从人们的视野中消失了。

席卷廿世纪初叶的马克思主义涌到了日本,俊子被强烈地吸引着了。在当时的日本,这是桩不合时宜的信仰,俊子由此和丈夫田村松鱼产生龃龉并导致婚姻破裂,苦恋起献身工人运动的铃木悦来。1918年追踪铃木悦到了加拿大,在温哥华一住就是一十八载。铃木悦来突然急疾谢世,痛定之余,俊子也就告别了冲动的青春年华。但是已融入血液的妇女解放思想反更炽烈,环顾亚洲,特别是祖国日本,男性中心的社会形态并未改善,姐妹们时时受到欺凌。归去吧!去为妇女的合理地位拼搏一番,能做几件实事最好。

1938年12月,俊子以日本权威杂志《中央公论》特派记者的身份到了上海。原计划只停留三两个月,却直到1945年4月再没踏上归国之途,在上海住了7年又半。……从一踏上文坛就以咄咄逼人的女权主义者姿态问世的俊子,七弯八折,萦记心头的仍是受男人欺凌的女性。既然在故乡有那么多的生活尴尬,作为社会主义者,就为中国姐妹拼搏一番吧!……她努力学习汉语,改穿中国旗袍,住进中国人杂居的公寓,以左俊芝的中国姓名出入于上海的文化圈内。

俊子对中国女性的这份泛爱,是因为那个特殊时期为她提供了方便条件才得以转化为现实。当时的上海,和其他几个被日帝占领的中国大城市一样:战事已然掀过,相对稳定的社会生活运转着,物质生活和精神生活都在呼唤延续。君临者的日本当局,表面上战功赫赫,实际上被神州大地此伏彼起的抗日游击战争搞得捉襟见肘，因此很愿意有人出面来缓和缓和中国人的抗日情绪。伴随战争衍生的吹鼓手，已经明显地遭到了中国人的唾弃，需要的是"朋友"。

应运出现的田村俊子就是这样一位合适的"朋友"，她准备为中国妇女创办的妇女杂志，有三条创刊宗旨：一、妇女呼声；二、为妇女而声；三、由妇女发声。一派家长里短的家园派的温馨。于是军事当局批给命名为《女声》的妇女杂志平价报纸，驻沪日本使馆给予相应的补贴，早已在上海开设多年的日资的太平洋印刷公司承担了印制。《女声》具备了问世的条件，这些条件在当时的中国人是很难得到的。首先汪伪政权不敢批准这样一份不以颂扬为主的杂志，更要紧的是：没有平价纸，你休想印杂志。

为《女声》奠定物质基础的这几项，是《女声》胎带来的缺陷。这个不三不四的出身，使中国人侧目相看敬而远之。这不仅是日后左派人士判定《女声》为汉奸杂志的有力依据，更是《女声》获取读者的疑点。为《女声》问世跑来奔去使尽浑身解数的田村俊子明白不明白这个"死结"，没有资料可查。能够确认的是，《女声》一直贯穿着她的办刊宗旨，始终沿着家长里短为妇女而声的轨迹前进，每期都有探讨妇女问题的文章刊出，如创刊号的《妇女职业问题的再检讨》、一卷四期的《中国的家庭制度与妇女》、三卷十期的《新女性中心改进说》。《女声》的其他栏目也都是围绕妇女而设：儿童栏、家政栏、卫生栏、所见所闻栏。最能体现主编俊子衷情的是编后记，俊子在编后记里以日本女性特有的温存与作者谈心、与读者谈心；回答咨询、剖析妇女窘境。这位日本朋友踏踏实实真心诚意地在和中国广大妇女交朋友。

关露进入《女声》后，协助左俊芝——田村俊子，把握着《女声》一直沿着为妇女的轨道前进。俊子十分满意这个得力助手。1943年，当第二届"大东亚文学工作者大会"在日本东京召开之际，俊子为关露搞到了一个代表名额。俊子说："你是搞文学的，去日本看看增加些感性知识吧！你可以从日本本土来看看日本。"大会指派给关露的发言题目是"东亚共荣"，关露强调自己是搞妇女问题的，只想谈谈日中妇女间的交流体会，如此闪过了这个难关。……

1945 年 4 月 15 日，《女声》三卷四期的清样出厂，俊子像往常一样去工厂看校清样。路上突发脑溢血，昏迷中，从乘坐的黄包车上跌下，倒在了北四川路和昆山路的交叉路口。

被中国老百姓从马路上救起送进医院的俊子一直没有苏醒，关露守护着她。望着这位朝夕相处穿着中国衣衫的日本朋友，幕幕往事清晰闪过。仿佛俊子又在温情絮语："关露，你屋子冷吗？从我这里夹几块炭去吧？""关露，你有开水吗？从我这里拎一壶去吧！"……

连续剧《潘汉年》的播出，为潘汉年洗冤正名的同时，也在世人面前点染了关露。遗憾的是关露只是潘剧中的一个配角，一个淡出的过客，剧作者和导演不可能给予她充分的展现。她真的像一只精致的花瓶，摆在画面中，娉娉婷婷，一派文人的雅致形象。完全看不出她为经典电影《十字街头》所作歌词中那种昂首奋进的情怀！更看不出她为《女声》杂志所作论文中高呼妇女必须自求解放的苦心。俊子去世后，她继续主持《女声》，直到日帝投降《女声》终刊，完成了党交给她的另一只眼睛的任务。

这项功德圆满的任务，进入新中国后，却误假为真。关露戴着"汉奸"的帽子住进了自家的监狱。《十字街头》中赵丹唱的那首主题歌："贫富不是从天降，生铁久炼也成钢。只要努力向前进，哪怕高山把路挡！"多么情溢歌外的坚韧情怀！人们记住了赵丹高歌时那热嘲尘世的倜傥形象，却不知道写歌词的诗人关露。关露就是怀着这种坚韧不拔的意志，无怨无悔地走上了党指给的艰难旅程。在旅程的终点，压垮她的却是自家人布下的高山路障，关露冤噎难伸，她的心碎了。

政治平反后的关露，已是沉疴缠身。过去的一切像是烟、像是雾，或者是云。她丧失了情思的心曲，已经无从分辨什么是喜、什么是悲。她孤独地走了，没有亲人。因为她把青春献给了革命，没来得及锁住爱情、构筑家庭。不知道是否有位知音守护着她的弥留，像当年她守护俊子的弥留一样。生活就是这样不容铺排，为你留下各式各样的遗憾，有的甚至遗恨终生。

中国老百姓最倾心的神仙是那位救苦救难的观世音菩萨。这位总是被描绘为女性宝相的神仙，据说她手中的净瓶盛的是惩恶扬善的圣水甘露。是不是可以这样说：每个平凡的女人捧给世界的真诚都是一滴圣水甘露，虽然不过是一滴。

第四节　中国近现代女性期刊概况

[延伸阅读]

中国近现代女性期刊述略①
——序《中国近现代女性期刊汇编》（节选）
初国卿

——辛亥革命以后，女权问题列入政治议题，但受几千年来的传统观念影响，实行妇女解放的话题，说起来容易，做起来却是极为困难的一件事，莫说许多男性思想不通，就连女性自身都感到不知所措。在这种情势下，一批有识之士纷纷筹备创办女性期刊，以呼唤中国女性的觉醒，形成中国期刊史上第一次女性期刊的繁荣期。据《全国中文期刊联合目录》收集，从20世纪30年代开始到1949年，中国共创办了140余种女性期刊，这可能还不是全部，因为这些都是全国各大图书馆收藏的，还应有一部分未收藏的女性期刊没有包括进来，所以，实际上中国近现代所创办的女性期刊应不会少于150种。

这些女性期刊以地域分，主要创刊在上海、北京、重庆、广州、南京等地，其他各省也均有分布，像开封、苏州、桂林、金华这样的中等城市也创办有女性杂志。中国近现代时期的女性期刊以上海最为活跃，许多社团组织和妇女界人士纷纷创办女性期刊，最多时候同时存在有十几种女性期刊。女性期刊一时成为大众争相阅读的媒体。某种程度上说，上海占了中国近现代女性期刊的半壁江山。在众多的上

---

① 见"浅绛轩"的博客 2012 年 12 月 13 日，http://blog.sina.com.cn/s/blog_48590acc0101gns9.html

海女性期刊中，重要的有如下诸种：

《女权》，1912 年 5 月创刊，月刊。同盟会女会员发起女子参政运动中出现的刊物，以争取女权为宗旨，刊载有关女子参政的文章和女英雄的事迹。设有论说、事业、文苑、传记、小说等栏目。

《妇女声》，1921 年 12 月 31 日创刊，半月刊。为中国共产党以上海中华女界联合会的名义创办的，王剑虹、王会悟等人编辑。以解救被压迫阶级妇女、促醒妇女参加解放运动为宗旨，倡导知识妇女和劳动妇女相结合，共同推翻现行剥削制度，曾集中讨论过妇女参政问题、废娼问题和节制生育问题，报道国内外妇女运动的情况和女工的斗争事迹。设有评论、译述、诗歌、通讯、杂感等栏目。次年 6 月停刊，共出 10 期。

《新女性》，1926 年 1 月 1 日创刊。上海妇女问题研究所主办，章锡琛主编，新女性出版社发行。内容除讨论学术理论外，着重批判现实问题，介绍海外新的学说，创刊号载有鲁迅的《坚壁清野主义》和周建人的《二重道德》。1929 年 12 月出至第 4 卷第 12 期后停刊。

《女子月刊》，1933 年 3 月创刊。创办人为女子书店的姚名达、黄心勉夫妇，两人分别任社长与主编，后来凤子、高雪辉等也出任过主编。1936 年出第 4 卷时，《女子月刊》改由上海大光书局总发行。

《妇女生活》，1935 年 7 月 1 日创刊，月刊，次年 7 月 16 日改为半月刊。生活书店出版发行。先后由沈兹九、曹孟君主编，编委有史良、刘清扬、胡子婴等 14 人。该刊声称做妇女的朋友，让妇女认识自己，认识别人，认识社会，认识一切丑恶，认识怎样做人，怎样携手走向光明大道。设有短评、论著、妇女常识、讲座、世界妇女生活等栏目。后迁汉口、重庆出版。1941 年停刊。

《战时妇女》，1937 年 9 月 5 日创刊，五日刊。抗战初期妇女救亡团体主办，发行人陈艾蕴，编委会由胡兰畦等 6 人组成。内容主要报道上海和各地妇女抗日团体的活动，介绍世界各国妇女反法西斯斗争的情况，反映侵略者铁蹄下的妇女悲惨生活。设有时事评述、战地通讯、战争知识讲座等栏目。撰稿人有郭沫若、史良、胡子婴、许广平等。上海沦为"孤岛"后迁往汉口出版。1938 年元旦出第 11 期后停刊。

《女声》，1942年5月创刊，月刊。左俊芝（田村俊子）主编，主要撰稿人有李蕴水、芳君、方媚、余牧等。设有评论、妇女职业、世界知识、卫生、家政、文艺、漫画等栏目。1945年7月终刊。这本杂志关联着两个女人的命运，一个是中国的关露，一个是日本的田村俊子。关露和田村俊子分别是当时的中国文坛和日本文坛受到瞩目的女作家。两个人的遭遇同样是毁誉交错、悲喜相叠，道不尽的风光和说不清的烦恼，但支撑她俩面对纷纭世事而能自立自决的是一种信念——为实现理想而付出的坚韧……在上海的这些女性杂志中，尤以《妇女杂志》和《玲珑》最为有名。

《妇女杂志》1915年由上海商务印书馆创刊，是一份面向女性发行的综合性大型杂志。该刊的主编胡彬夏也是一位女性。《妇女杂志》因1932年1月28日商务印书馆被日军炸毁而停刊，前后长达17年（1915年1月第1卷第1期至1931年12月第17卷第12期）。其发行地区包括国内各大城市及海外的新加坡等地。在近代中国，无论发行时间、发行区域、发行量，或是读者群及社会影响，都是其他女性刊物难以比拟的。

《妇女杂志》经历了从民初女权运动低落时期直至"五四"及以后妇女运动活跃时期。它前期（五卷）主要撰稿人有王蕴章、梅梦、恽代英、胡愈之、胡寄尘、瑟庐、沈芳、蒋维乔、瞿宣颖、魏寿镛等，以后一些女性化的笔名出现在该杂志中，如飘萍女史之类，然而事实上这些编者几乎全部都是男性，这显然体现了当时女学开展仍未深入，女子可能已识大量文字，但是其从事案牍工作则仍有难度。而这种特征在某种程度上也能表现男权社会中，男子眼中女性的真实生活和必须接受的由男子灌输的正统思想的现实。所以它从一开始就表现了它不仅是不超越女性当时生活的真实情况，并且也鲜见有激烈的言论的传统杂志。五卷以前的《妇女杂志》内容以文言居多，总是刊登一些家庭新婚照片，似乎表现出一种对于"家庭"的格外关照，同时也暗寓着妇女首先应该是家庭的人这样一种观念。

《妇女杂志》从七卷一号开始进行了大改革，由章锡琛任主编。改革主要是为了适应"五四"运动之后整个社会的普遍风尚，致力于塑造理想中完美、新型的女性。改革后的《妇女杂志》使用白话文，内容上也大大拓展和加深，读者对象更趋于广大的知识阶层。

《妇女杂志》刊行期间，历经"五四"酝酿、高潮、退潮期，以及国民革命期等重要历史时期，因此《妇女杂志》不仅为妇女研究，也为中国近代史研究提供了具体而微的一次性史料。《妇女杂志》的重要性为世人所知，并由一本杂志专门成立了一个研究会。2000年，在日本东京大学的村田雄二郎教授主持下，专门成立了"《妇女杂志》研究会"。研究会主要成员由日本、中国内地和中国台湾的学者组成。研究会成立后刊载了《妇女杂志》全17卷的总目录，征集各地学者对《妇女杂志》的研究成果，出版了论文集《〈妇女杂志〉与近代中国女性》。

上海是中国现代时尚生活的发源地，同时也是中国摩登女人和追求生活质量之女人的演出场。当年上海曾有杂志戏说时代标准之女性："如胡蝶之名闻四海，如哈同夫人之富有巨万，如宋太夫人之福寿全归，有宋美龄之相夫贤德，有何香凝之艺术手腕，有林鹏侠之冒险精神，如胡木兰之侍父尽孝，有丁玲之文学天才；如杨秀琼之入水能游，如郑丽霞之舞艺超群。"这样的标准当年确实体现在了一批上海的摩登女性身上。

《玲珑》创刊于1931年，原名《玲珑图画杂志》，后期易名为《玲珑妇女杂志》，简称《玲珑》。《玲珑》的主旨是鼓励妇女通过社会的高尚娱乐来追求美好生活。杂志主要刊登时装、室内装饰、大众心理学等方面的文章，也有关于爱情、性与婚姻的专栏和时装美容等

**1931 年，《妇女杂志》停刊，但摩登的大上海不能
没有一本引领女性时尚的权威性杂志，于是《玲珑》应运而生。**

内容。例如漫画家叶浅予就经常为《玲珑》绘画各类妇女时装，包括
各季新款时装，以及晨、昏、晚、交际装乃至学生装、各运动装等。
在如何修饰身体方面，如《摩登的脚》就教女性如何做脚部运动和按
摩，使脚部优美，不致变形或生鸡眼，以便能穿上当时妇女最摩登的
高跟鞋；再如《怎样使手美观》指出女性在修甲后要在指甲软皮上涂
美容膏，而勤于工作的女性亦须涂滋润手部的化妆品。更细致的，就
连指甲修饰也有提及——把指甲磨短，再涂上美指油，最后涂上甲膜
膏或指甲油。另外还经常报道好莱坞及上海电影明星的新闻及形象，
读者从中可以了解明星的最新潮流时尚装扮。连杂志刊登的广告也多
数为妇女用品，成为 30 年代上海摩登女性展现其公共空间的理想
园地。

　　除了文字以外，《玲珑》利用大量图片来开拓女性的公共空间。
这在中国近代史上是一大突破。一直以来，女性在中国社会都是不出
闺阁的，只有风尘女性的照片才会在报刊中出现。据说当年张允和于
上海光华大学读书时，在王开照相馆拍了照片，照相馆后来将之放大
置于橱窗里作招牌，其后更被杂志拿去当封面，使她感到很不光彩，
于是与照相馆老板大吵一顿。《玲珑》之所以刊登大量女性照片，可
能也是为了吸引读者。如果从女性主义的角度来看，杂志的这种做法

是将女性的身体作为一种欣赏对象，有"物化"之嫌，但从历史的角度观察，女性的身体挣脱深宅大院的桎梏，走出闺阁并见诸大众媒体，展现了一幅幅全新的摩登女性形象，这无疑是对女性公共空间的开拓。同时也丰富了公众阅读，丰富了当时摩登大上海的都市文化，很有时代与进步意义。而大上海这种有别于传统妇女的摩登女性，有着穿高跟鞋及卷发的这种异国情调，以及学生装和运动装等全新的形象，也反过来增加了都市媒体的内容和都市阅读的新颖与愉悦。这就不难理解为什么当年《玲珑》在上海那样受欢迎，具有那样广泛的影响，所以张爱玲说 30 年代的上海女学生手上总有一册《玲珑》，并不是夸张。

　　如果说《妇女杂志》在整个 20 年代是以一种典型的新女性刊物出现的，它更多的是对于理想化新女性的追求，它的直接作用在于以矛盾的形态为构建都市新女性直至摩登女性奠定基础；那么《玲珑》则是 30 年代摩登女性的代表刊物，它更多的是对于现实中女性真实生态的描摹，它的意义在于直接而直观地构建都市摩登女性。

　　在上海风起云涌般创办女性期刊的时候，中国其他地方也不示弱，各地的女性期刊有如雨后春笋般破土而生。如北京的《妇女月刊》《妇女月报》《妇女周刊》《妇女》《妇女之友》《妇女杂志》《妇女青年》；南京的《妇女月刊》《妇女导报》；重庆的《妇女与家庭》《妇女文化》《妇女共鸣》《妇女新运》；天津的《妇女旬刊》《妇女园地》；广州的《妇女世界》《妇声》《女青年》《新妇女》；成都的《妇女工作》《妇女呼声》《妇女界》；昆明、杭州、兰州的《妇女旬刊》；汉口的《妇女文化》；香港的《妇女文粹》；苏州的《妇女医学杂志》《妇女评论》；福州的《妇女与国货》；长春的《妇女战线》等。这些杂志虽然没有像上海的《妇女杂志》和《玲珑》那样有影响，但在各地也风头很盛，颇引人注目。

附　近现代妇女报刊集锦①

《女学报》　　1898 年 6 月 1 日，中国近代第一所自办女子学堂——女学会书塾在上海桂墅里诞生。一个半月后，由谭嗣同的夫人李闰、康广仁的夫人黄谨娱倡办，中国近代第一份妇女报刊《女学报》，以该校校刊的形式问世。

《女子世界》　　1904 年 1 月，《女子世界》杂志在上海创刊。其出版发行时间跨越 3 年，成为辛亥革命时期生命周期最长的一家妇女报刊。

《中国女报》　　1907 年 1 月 14 日在上海由秋瑾创办。以宣传民主革命和妇女解放为宗旨，是中国第一份面向全国发行的妇女报刊。

《北京女报》　　1905 年 8 月，《北京女报》在北京创刊。该报作为大众传媒，承时代洪流，热情宣扬改良思潮，积极介入社会公益事业，对推动北京地区的妇女活动尤其热心。

《妇女声》　　1921 年 12 月 13 日创刊于上海，是中国共产党以上海中华妇女界联合会名义编辑出版的革命刊物，是我党最早创办的妇女刊物。

《妇女日报》　　1924 年元旦，全国第一份专门讨论妇女问题的《妇女日报》，由刘清扬、邓颖超、李崎山、周毅创办。该报追求爱国进步、支持女权运动，受到进步青年的欢迎，被誉为"中国沉沉女界报晓的第一声"，开辟了"中国妇女宣传运动的新纪元"。

《中国妇女》　　1939 年 6 月 1 日，中共中央妇女运动委员会创办的第一本全国妇女刊物《中国妇女》在革命圣地延安诞生。毛泽东同志多次为杂志题词、两次亲笔题写刊名，周恩来、朱德、吴玉章、蔡畅、邓颖超、康克清、陈慕华、彭珮云、顾秀莲等都为杂志题词或撰写文章。

《中国妇女报》　　1984 年 10 月 3 日，由邓小平同志亲题报头，全国妇联主办的《中国妇女报》创办发行。以"向社会宣传妇女、向妇

---

① 平度政务网，http：//www.pingdu.gov.cn/html/2011 - 03/11030718262405483. html。

女宣传社会"为办报方针，始终把宣传马克思主义妇女观、宣传男女平等基本国策、维护妇女儿童的合法权益、培养妇女的"四自"精神（自尊、自信、自立、自强）视为自己的使命，成为倡导男女平等，推动妇女进步的一面高扬的旗帜。

　　●相关链接●

民国时期创刊的上海妇女报刊一览表

1898—1918 年创刊的上海妇女报刊一览表①（一）

报刊名称	刊行时间	创办者或主编
女学报（旬刊）	1898.8—1899.10	李闰、黄谨娱、李蕙仙、康同薇、沈静英、裘毓芳等
女报（女学报）（月刊）	1902.12—1903.2	陈撷芬
女子世界（月刊）	1904.2—1907.12	丁初我、秋瑾等
女岳花	1904	王妙如
女界月刊	1906.7	曾孟朴
中国女报（月刊）	1907.2—1907.4	秋瑾
神州女报（月刊）	1907.12—1908.12	陈以益
天足会报（季刊）	1907.12—1908	沈仲礼
女报（月刊）	1909.1—1909.12	陈以益、谢震
女学生杂志（月刊）	1909	杨白民
女学生（年刊）	1910.3—1912.3	尹锐志，城东女学社编行
妇女时报	1911.6—1917.5	狄平子、包天笑等
女铎（月刊）	1912.4—1951.2	［美］乐亮月、李冠芳、刘美丽
女权	1912.5	张亚昭
中华女报（周刊）	1912.9	汤云秋
神州女报（周报）	1912.11—1913.7	张汉昭、汤国梨、谈社英、杨季威
民国女报（半月刊）	1912.12	刘舜英，上海女子参政会编行
女权月报	1912.12	文典、乐勤、滋生、冷亚
万国女子参政会月刊	1913.3—1913.6	上海万国女子参政会编
万国女子参政会旬报	1913.4—1913.6	张汉英、陈德晖
眉语（月刊）	1914—1916.3	高剑华
女子世界（月刊）	1914.2－1915.7	天虚我生（陈蝶仙）
妇女杂志（月刊）	1915.1—1931.12	王蕴章、胡彬夏、章锡琛
中华妇女界（月刊）	1915.1—1916.6	中华书局

---

　　① 巾帼园的博客：《上海妇女报刊（一）早期妇女报刊（1898—1918 年）》，http：// blog.sina.com.cn/u/3255654870。

1919—1927 年创刊的上海妇女报刊一览表①（二）

报刊名称	刊行年月	创办者或主编
妇女周刊（时报副刊）	1919.3—1921.6	张默君
振坤女子日报	1919.9	黄振坤
上海女界妇女联合会旬报	1910.10—1912.2	上海女界联合会
新妇女（半月刊）	1920.1—1921.5	上海新妇女杂志社
解放画报	1920.5—1921.10	解放画报社
妇女趣闻丛报	1921.4	上海华文图书馆
妇女声（半月刊）	1921.12—1922.6	李达
妇女评论（民国日报副刊）	1921.8—1923.5	陈望道、沈雁冰、邵力子、杨之华
女青年（月刊）	1922.1—1937.7	上海基督教女青年会全国协会、张采苹、蔡葵
女子家事教育（教育与职业杂志专刊）	1922.1	上海中华职业教育社
女子职业教育（教育与职业杂志专刊）	1922.1	上海中华职业教育社
妇女与家庭（中华新报副刊）	1922.8—1926.1	谈社英
现代妇女（时事新报副刊）	1922.9—1923.9	妇女问题研究会和中华节育研究社
妇女与家庭（中华新报副刊）	1922.9—1926.1	中华新报社
女国民（月刊）	1923.2	上海女子参政会
节制（季刊、月刊）	1922.2—1931.1	上海中华妇女节制协会、刘王立明
妇女周报（民国日报副刊）	1923.8—1926.1	邵力子、向警予
爱国女校年刊	1924.2	爱国女校
妇女合作专号	1924.1	复旦大学平民社
红玫瑰（月刊、旬刊）	1924.8—1932.1	严独鹤、赵苕狂
女子日报	1925.8	梁孟
女人周报	1925.11—1926.12	王鸿义、叶国英等
中国妇女（旬刊）	1925.12—1926.12	杨之华、贺敬挥
新女性（月刊）	1926.1—1929.12	上海妇女问题研究会、章锡琛

---

① 巾帼园的博客：《上海妇女报刊（二）五四运动和第一次国内革命战争时期妇女报刊（1919—1927 年）》，http://blog.sina.com.cn/u/3255654870。

报刊名称	刊行年月	创办者或主编
民星（月刊，原名女星）	1926.3	上海广学会，薄玉珍
女人（半月刊）	1926.5—1926.9	上海小型出版社编行
光明（半月刊）	1926.6—1926.8	中国济难会
女子日报	1926.9	刘王立明
女伴（半月刊）	1926.10—1927.4	女伴半月刊社
闺友（周刊）	1926.10—	闺友周刊社
婚姻（半月刊）	1926.12—1927.1	婚姻半月刊社

1927—1937 年创刊的上海妇女报刊一览表①（三）

报刊名称	刊行年月	创办者或主编
花木兰	1927	花木兰杂志社
新女权（三日刊）	1927	沈玠良、蒋墨娱、高晴云
现代妇女（月刊）	1927.10	现代妇女社
妇女运动（旬刊）	1927.7	国民革命军第二路军总指挥部妇委会，谈社英
女光（周刊）	1928.1—1930	黄一鹤
妇女战线（月刊）	1928.3—1928.5	上海妇女战线月刊社
今代妇女（图画月刊）	1928.6—1931.7	今代妇女社
现代女性	1928.7	上海现代书局
上海妇女（月刊）	1928.8	上海特别市妇女协会
青年妇女（国庆增刊）	1928.10	青年妇女杂志社
女朋友们	1929.1	女朋友杂志社
妇女共鸣（半月刊、月刊）	1929.3—1944.12	陈逸云、谈社英、王孝英
女作家杂志（季刊）	1929.9	张若谷
中华基督教女青年会会务鸟瞰（月刊）	1930.5—1937.3	中华基督教女青年会
玲珑（图画月刊）	1931.3	玲珑图画月刊社
女学生（月刊）	1931.10—1931.11	上海女学生社

---

① 巾帼园的博客：《上海妇女报刊（三）第二次国内革命战争时期妇女报刊（1927—1937 年 7 月）》，http：//blog. sina. com. cn/u/3255654870。

报刊名称	刊行年月	创办者或主编
上海女子中学校刊（月刊）	1931.10—1933	上海女子中学
妇女与家庭（大晚报副刊）	1932	大晚报社
女星（月刊）	1932.1—1941.5	上海广学会
德音	1932.4	上海私立崇德女子中学
妇女生活与甜心（三月刊）	1932.6—1933.6	陆浩荡、胡考
妇女之光（周刊）	1932.2	上海妇女之光社
新妇女（中华日报副刊）		中华日报社
妇女与家庭（东方杂志专栏）	1932.10—1936.6	上海东方杂志社
女声（半月刊、月刊）	1932.10—1948.1	刘王立明、王伊蔚
妇女月报	1932.10—1932.11	上海妇女月报社
女朋友（画刊）	1932.11—1933	胡考
摩登周报（画报）	1933.1	胡憨珠、郎静山
女子月刊	1933.3—1937.7	黄心勉、封禾子（凤子）、高雪辉
现代妇女（月刊）	1933.4	上海现代妇女社
妇人画报（半月刊月刊）	1933.4—1937.7	上海妇人画报社
妇女专刊（新闻夜报副刊）	1933.11—1936.11	胡叔异
妇女园地（申报副刊、周刊）	1934.2—1935.10	沈兹九、杜君慧
上海女子书画会会刊（年刊）	1934—1936	上海女子书画会
现代女性（月刊）	1934.7	上海今日学艺社
中华妇女节制会年刊	1935.1	凌集熙
妇女月报	1935.3—1936.6	上海妇女教育馆
上海女中校刊	1935.4—1936.4	江苏省立上海女子中学
新女性（半年刊）	1935.5—1937.5	上海民立女子中学学生自治会
女神（图画月刊）	1935.5	严次平
妇女与家庭（东方杂志专栏）	1935.5—1937.11	东方杂志社

报刊名称	刊行年月	创办者或主编
妇女生活（月刊半月刊）	1935.7—1941.1	沈兹九、曹孟君
妇女大众	1935.11	妇女大众社
妇女园地（民国日报副刊）	1935	民国日报社
妇女专刊（申报副刊）	1936.1—1937.11	周瘦鹃、黄寄萍
上海妇女教育馆专刊	1936.4	上海妇女教育馆
伊斯兰妇女杂志	1936.5	伊斯兰妇女杂志
女性特写（月刊）	1936.5—1936.7	中国图书杂志公司特写出版社
舞园	1936.7—1937.7	舞园杂志社
妇女文化（月刊）	1936.8	上海妇女文化社
新妇性（半月刊）	1936.9	上海友安舞市联合出版社
现代家庭（大公报副刊）	1936.10—1937.4	上海大公报社
电影与妇女（图文周刊）	1936.11	电影与妇女周刊社
妇女与儿童（时代日报副刊）	1936—1937	时代日报社
妇女与家庭（华美晚报副刊）	1936	华美晚报社
妇女与家庭（星夜报副刊）	1936	星夜报社
妇女知识（半月刊、月刊）	1937.1—1937.5	妇女知识杂志社
女学生	1937.1	上海女学生杂志社
时代家庭（时事新报副刊）	1937.3—1937.7	徐百益，时事新报社
妇女与家庭（大公报副刊）	1937	大公报社
主妇之友（月刊）	1937.4—1937.8	上海主妇之友社

1937—1945 年创刊的上海妇女报刊一览表① （四）

报刊名称	刊行年月	创办者或主编
战时妇女（周刊）	1937.9—1937.11	上海战时妇女社
妇女生活（妇女生活、世界知识等联合旬刊）	1937.9—1937.10	上海战时联合旬刊社
女兵（旬刊）	1937.10	复旦大学
妇女家庭（半月刊）	1938.1	妇女与家庭杂志社
上海妇女（半月刊、月刊）	1938.4—1940.6	蒋逸霄、姜平
妇女界（大美报副刊）	1938.4—1938.6	上海妇女界社
妇女半月刊	1938.5—1938.9	妇女半月刊社
孤岛妇女（双月刊）	1938.6—1939.2	孤岛妇女社
上海女子大中小学校刊	1938.8—1939.1	
海关妇联年刊	1938	海关妇联
舞场特写	1939.1	舞场特写杂志社
中国妇女（月刊）	1939.2—1941.12	朱素萼、濮大江
职业妇女	1939.3	杜君慧
妇女文献	1939.4	上海文献社
舞声电	1939.6	龚月雯
家庭与妇女（半月刊）	1939.9—1941.1	王培真、龚月雯、丁禾菲
慈俭妇女（月刊）	1940.1—1942.2	中国妇女慈俭会
上海女青年（月刊）	1940.3—1940.5	上海基督教女青年会
妇女界（神州日报副刊）	1940	神州日报社
妇女与儿童（中华日报副刊）	1940	中华日报社
妇女界（半月刊）	1940.3—1941.12	上海五洲市报社
大地女儿（月刊）	1940.7—1940.12	王丹
妇女（大美周报副刊）	1940.10—1940.12	大美周报社
新女性（月刊）	1940.11—1941.1	上海新女性杂志社
中国女医	1941	中国女医杂志社
妇女周报	1941.7	妇女周报社

---

① 巾帼园的博客：《上海妇女报刊（四）抗日战争时期妇女报刊（1937—1945 年)》，http://blog.sina.com.cn/u/3255654870。

报刊名称	刊行年月	创办者或主编
妇婴卫生	1941.11	妇婴卫生杂志社
女声（月刊）	1942.5—1946.1	〔日〕佐藤俊子、关露
时代妇女（月刊）	1942.12	中国图书杂志公司
紫罗兰（月刊）	1943.4—1944	周瘦鹃

1945—1949 年创刊的上海妇女报刊一览表① （五）

报刊名称	刊行年月	创办者或主编
家（月刊）	1945—1949.12	黄嘉音，家杂志社
上海妇女（月刊）	1945.10—1945.11	上海妇女月刊社
现代妇女（月刊）	1945.10 上海复刊~1949.3	曹孟君、胡绣枫
前进妇女（月刊）	1945.10	前进妇女月刊社
妇女（月刊）	1945.10—1949.7	徐学海
中国妇女（年刊）	1945.11	中国妇女社
妇婴卫生	1945.12	妇婴卫生杂志社
小姐（半月刊）	1945	黄嘉音
今日妇女（月刊）	1946.3—1946.7	俞昭明，今日妇女社
新声（青年与妇女月刊）	1946.3—1948.12	《新声》编委会
新女性（月刊）	1946.5	新女性月刊社
新女型（月刊）	1946.5 试刊	新妇女型图画杂志社
少女（月刊）	1946.6—1946.7	诸葛夫人、陈蝶衣
伉俪（月刊）	1946.6—1947	李浩然、吴好好
妇讯（联合晚报副刊）	1946	联合晚报社
妇女生活（时事新报副刊）	1946	时事新报社
妇友（文汇报副刊）	1946.5	文汇报社
妇女与家庭（申报副刊）	1946.6—1947.2	申报社
绿讯（季刊）	1947.11—1948.9	上海中华全国邮务总工会

---

① 巾帼园的博客：《上海妇女报刊（五）解放战争时期妇女报刊（1945—1949 年）》，http://blog.sina.com.cn/u/3255654870。

报刊名称	刊行年月	创办者或主编
女青（月刊）	1948.1—1948.8	上海基督教女青年会
女人（月刊）	1948.7	二十世纪出版公司
女光（双月刊）	1948.11	马之俊、赵虞慧芬
民星（原名女星）（月刊）	1948.3	上海基督教女青年会

中　篇

改革开放后中国女性期刊的
蓬勃发展

第四章

中国女性期刊的初始阶段

如果从真正意义上说，中国女性期刊的正式起步，抑或是掀起了新一轮的高潮，是 20 世纪 80 年代初，也就是说我国女性期刊崛起于十一届三中全会以后。当时，社会的宏观环境为妇女期刊的创办准备了充分的条件。全国各省、市妇联组织相继得到恢复和发展，广大妇女更为自觉地汇入时代洪流，广泛参与社会政治、经济和文化生活，其社会地位得到了提高。女人的命运掌握在女人自己手里，由此产生了对信息交流和表达愿望的迫切需求，从而为女性期刊的迅速发展提供了良好的契机。

当然，这时的女性期刊还停留在初始阶段，大多为全国各省、市妇联主办。此时，虽然人们的思想和精神获得空前的解放，但还没有完全从"文革"中政治统帅一切的阴影中走出来，从而导致杂志内容单一、意识陈旧、观念保守。这首先表现在刊名上，基本是延续了《中国妇女》的模式：在某某省后面加个妇女二字，如《家庭》杂志最早的名字就叫《广东妇女》；其次，在封面设计上，也一律在"妇女"二字前冠以某某省为刊名，然后配以女先进或女劳模的照片，这几乎是当时所有全国妇联系统妇女期刊的统一模式。如全国妇联主办的《中国妇女》、辽宁省妇联主办的《妇女》、甘肃省妇联主办的《现代妇女》、河南省妇联主办的《妇女生活》等。

例如：1. 黑龙江省妇联主办的《妇女之友》杂志：

创刊于 1982 年 3 月，由黑龙江省妇联主办的《妇女之友》杂志，是面向妇女的大型综合期刊。《妇女之友》创刊 30 年来，始终坚持"向社会宣传妇女，向妇女宣传社会"的办刊宗旨，坚持党的四项基本原则和改革开放精神。在全面宣传贯彻党的方针政策的同时，积极

《妇女之友》
1982 年试刊号

引导妇女群众投身于社会主义建设，建立文明、健康、科学的生活方式。与此同时，坚定地执行"离妇女近些再近些"的报道方针，坚持为妇女群众服务，为家庭服务，为生活服务，收到了良好的效果，真正成为妇女群众的良师益友，家庭和生活的顾问。①

2. 甘肃省妇联主办的《现代妇女》杂志：

创刊于 1985 年 1 月，由甘肃省妇联主办的《现代妇女》

《现代妇女》
创刊号 1985 - 1

杂志，为女性综合类杂志。自创刊以来，始终坚持正确的办刊方向，为繁荣甘肃妇女文化事业、维护妇女儿童合法权益、救助贫困女童和贫困母亲、帮助下岗妇女再就业等方面做出了突出的贡献，受到省内外广大妇女的欢迎和关注，在全国妇女报刊中产生了很大影响。

如今，30 多年过去了，这些传统女性期刊依然牢牢地占据着女性期刊的半壁江山，在女性期刊这个百花园中绽放着，散发着它独特的芳香与异彩。

第一节　复刊后的《中国妇女》杂志

《中国妇女》杂志复刊背景：

在第二章里，我们曾介绍过《中国妇女》杂志于 1939 年 6 月 1 日诞生于延安窑洞中，是中共中央妇女运动委员会在延安创办的第一本全国性的妇女刊物。由于当时战争环境险恶、交通不畅和财政困难

---

① 见《妇女之友》杂志网，http：//qkzz. net/magazine/1002 - 4005/。

等原因，《中国妇女》杂志仅出了 22 期，便于 1941 年 3 月停刊了。

值得庆贺的是，在相隔了八年之后的 1949 年 7 月 20 日，《中国妇女》杂志又与广大读者见面了。因为新中国即将诞生，为了鲜明地区别于旧中国，所以暂时称为《新中国妇女》。毛泽东主席再次为《新中国妇女》创刊号题词："团结起来，参加生产和政治活动，改善妇女的经济地位和政治地位。"朱德总司令也为本刊题词："为建设新中国而奋斗。"该创刊号 16 开，50 页，封面为石家庄大兴纱厂女工欢庆解放的大幅照片；封底、封内及目录页天头有女工、农妇慰问解放军、参加生产劳动图影多幅；扉页是即将就任新中国国家主席的毛泽东、副主席的朱德为该刊的手书题词，开国领袖的关怀指导，更为本刊添色增辉。

《新中国妇女》的办刊宗旨正如《见面话》所言，是"运用马列主义毛泽东思想分析当前的妇女问题及妇女解放途径"，"了解妇女生活问题和妇女工作情况，交流妇女工作经验，供给妇女工作材料，指导妇女运动的发展。"该期主要文章资料有：斯大林《论劳动妇女》、全国妇代会《中国妇女运动当前任务的决议》、罗琼《妇女被压迫的社会根源》等 30 余篇。幸运的是，这本以妇女问题为中心的综合性月刊，从复刊之日起就一直在党中央的亲切关怀下，在何香凝、宋庆龄、蔡畅、邓颖超、康克清等妇女运动的杰出领袖的直接领导下进行工作，为妇女解放和新中国建设做出了贡献。

1956 年 1 月起，《新中国妇女》改为《中国妇女》。1966 年 8 月 18 日，毛泽东同志在天安门城楼接见百万群众时，蔡畅大姐请毛泽东同志为《中国妇女》题了字。一直沿用至今的《中国妇女》的刊名就是毛泽东同志的手写体。"文革"中，《中国妇女》于 1967 年元月被迫停刊。1978 年 7 月 15 日，《中国妇女》第二次复刊。

光阴荏苒，《中国妇女》从创刊至今，已经走过了 70 多年的光辉

1954 年的《新中国妇女》

历程，它忠实地记录着新中国女性为追求妇女解放、为建设一个美好
的社会主义新中国孜孜以求、勇往直前的奋斗精神；它一步步地引领
着中国女性与时代同行。

改刊号 1956 年版《中国妇女》，《新中国妇女》
从这一期改为《中国妇女》

　　新中国成立初期，《中国妇女》引导广大妇女走出家庭、投身新
中国建设，并大张旗鼓地推出了一大批新中国的妇女"第一"，如第
一个女火车司机田桂英、第一个女拖拉机手梁军等。

　　1960 年 3 月，全国妇联首次表彰的"三八红旗手"和"三八红
旗集体"，就是通过《中国妇女》传达给全国读者的。著名作家老舍
曾在其中发表了《最值得歌颂的事》一文："今天的青年姑娘们是中

国历史上没有过的。她们健壮、美丽、勇敢，什么也不怕。不论在什么地方都能听到她们的笑声。在千古积雪的天山下，在人迹罕至的森林里，我们都能遇到她们，或骑着骆驼去勘探地下的宝藏，或短袖轻装搜集动植物标本。在北京的大街上，女警察在扶老携幼穿过马路、指挥交通……我们今天的妇女的确不但什么都能干，而且什么也都能干得好！"①

1956 年第 12 期封面

1964 年第 10 期封面

1966 年第 13 期封面是毛主席第 6 次检阅文化革命大军

《中国妇女》还一直关注着女人的命运，宣传女性自立自强的精神，经常刊登杰出女性的故事，描述妇女在时代变迁中的生活和感受，在广大妇女中深入人心。20 世纪 80 至 90 年代，《中国妇女》曾经发起了"女人的出路"的大讨论，倡导其妇女的解放思想，一步步地引领着中国女性与时代同行。同时大力宣传新《婚姻法》，举办妇女知识竞赛等活动，因受读者欢迎，发行量上升至 100 多万份。不仅如此，《中国妇女》还是一个人才荟萃的杂志，一些妇女运动的前

① 韩湘景：《〈中国妇女〉见证了大批中国"第一"》，人民网 http：//news. sohu. com/20090704/n264980830. shtml。

辈，如沈滋九、董边①等都曾担任过这本杂志的总编。在70多年的漫长岁月里，几代人的交替中，杂志社也吸引了许多非凡的女性为之工作。

《中国妇女》1978年第1期封面
（复刊号）

1983年第8期封面　　1981年第7期封面

如今，肩负着神圣历史使命的《中国妇女》已经走过了70多年的光辉历程，在漫长的岁月中，尤其是在当今期刊市场竞争越来越激烈的情况下，她们是如何与时俱进，使自己立于不败之地的呢？在《中国新闻出版报》2008年1月22日发表的《老刊社的新发展　老媒体的新转型——访谈〈中国妇女〉杂志社社长韩湘景》一文中有很好的诠释：

走进《中国妇女》杂志社办公楼，迎面是一道玻璃封面墙，一幅幅《中国妇女》杂志社所办的《中国妇女》《好主妇》《悦己》《爱女生》等杂志的封面，在灯光映衬下放出光彩，它提醒你进入了一个美丽的文化世界。转身拾级而上，又会看到铁艺的扶手和绿叶壁画墙，使你仿佛又回到温馨、舒适的家中。

中国妇女杂志社是个有着悠久历史的"国"字头的老刊社，这样的老刊社往往背负的东西很多，在近年激烈的市场竞争中，处于被动

---

① 董边：曾先后入延安陕北公学、中央党校、中国女子大学、中央马列学院学习。后任中央政治研究室研究员、中共中央宣传部干事、中共遵化县区委书记、冀东区党委妇委委员。1948年参加筹备全国第一次妇女代表大会。新中国成立后，历任《中国妇女》杂志社副社长、社长，全国妇联第三、四届书记处书记。是中共十二大代表，第二、三届全国人大代表，第六届全国政协常委。

和无奈的境地。可在中国妇女杂志社，近 10 年来，正像这里的环境和氛围给人的感觉一样，杂志社经历了脱胎换骨的改变，实现了老刊社有新发展，老媒体有了新转型，打造出了一支活跃的工作团队，并为女性读者营造出一个富有朝气、清新体贴的精神家园。

这个老刊社是怎样发展的？这个老媒体是怎样转型的呢？带着这些疑问，记者采访了《中国妇女》杂志社社长兼总编辑韩湘景。

其一：反思直面危机 寻求出路

**《中国妇女》杂志社
社长兼总编辑韩湘景**

1996 年，韩湘景作为《中国妇女》杂志社新一届领导班子成员来到《中国妇女》杂志社的时候，《中国妇女》杂志社这个早从 1955 年起就已开始自负盈亏、在计划经济时代为国有资产增值做出过巨大贡献的国家事业单位，正面临着前所未有的危机和挑战。《中国妇女》曾经以 180 万之众的月发行量独步中国女性期刊市场的天下，此时发行量已经失去大半。面对几乎是一夜成林的竞争对手，面对触目所及的中外美女人头攒动，面对读者势不可当的故事阅读，《中国妇女》的发行量急剧下降，危机带来的焦虑和不安弥漫在史家胡同甲 24 号院。当时的社领导班子带领不甘于在市场中沉沦的《中国妇女》杂志社全体人员进行着深刻而又痛苦的反思：

为什么《中国妇女》的危机会发生在中国期刊业繁荣发展的春天里？

为什么曾经那么热爱和依恋《中国妇女》的读者会渐行渐远地离开我们？

为什么《知音》《家庭》等姐妹杂志在期刊市场上如鱼得水、发行量一路飙升，而《中国妇女》高一脚低一脚的调整和人云亦云的不断改刊却不能力挽发行量大幅下降的局面？

为什么我们总是带着高高在上的自恋，有那么多自我开脱的说法和不愿面对现实的固执己见？

为什么我们不能承认读者选择阅读的合理，敬畏市场规律、研究市场需求、心悦诚服地承认在公平交易的市场份额面前刊刊平等？

　　直面市场，应对危机，即使在今天，韩湘景谈起当时的情况依然十分激动。她说，《中国妇女》真的不是一本普通的杂志！它承载着光荣的革命历史，它承载着引导教育女性的使命，甚至它本身就是中国女性解放的标志和见证！毛泽东主席曾两次为它题写刊名，"文革"后它第一个复刊。《中国妇女》绝不仅仅属于为它工作的人们，它的命运，它的历史，也绝不是市场中可生可死那样简单！"我们必须接受挑战，发挥自身优势，学习国内外有益经验，在期刊产业化的进程中和舞台上，争取自己的发展空间和机会。我们初步确定了以期刊为主业，以《中国妇女》为旗舰，以本土女性文化原创力为核心竞争力，以出版资源多媒体化为主要发散经营方式，形成女性生活品牌杂志期刊群和广告链的发展思路。

其二：变革"调整收益模式"　改变单一市场

　　韩湘景表示，说《中国妇女》是旗舰，不是指它级别高、身份显赫，而是指它的功能和作用、市场份额和盈利水平。……韩湘景认为，即使在今天中国社会呈现出多种利益格局、多元价值取向和多样人生选择的状况下，中国女性不仅需要会穿衣打扮，更希望自己有事业、有价值、有贡献，希望自己和家人健康、快乐，今天的中国女性有这样的阅读需求。……经过几年的努力，《中国妇女》在转型中实现了两个转变，主流读者换代和收益模式的转型……

　　在大发行量时期，《中国妇女》的收入模式是发行收入主导型。当杂志发行量下降时，单一市场几乎没有防范风险的能力。2003 年《中国妇女》改为彩版，全面改善广告环境，在高端上突出自己的特色。即使是在报道明星，也要做热点，注重突出名人公益和社会贡献，坚持两性和谐的性别观点，营造主流女性大刊的影响力和市场形象，不仅得到许多读者的认可，也得到女性相关产品广告商的认可。《中国妇女》的广告收入从不足 100 万出发到 2007 年已经达到 800 万。

其三：开拓创办系列杂志　突破单一品种

　　如今，《中国妇女》杂志社拥有《中国妇女》《好主妇》《爱女生》《悦己》四本杂志。

有了《中国妇女》的办刊经验，再办新杂志时，韩湘景要求新的杂志完全按照细分读者市场、广告市场等市场规律办刊……

如今，《中国妇女》这个有着 70 多年发展历史的"国"字型女性期刊，在锐意进取，开拓发展的进程中，已逐渐形成自己的期刊群，旗下目前的《中国妇女》杂志、《好主妇》杂志、《悦己》杂志、《爱女生》杂志，以各自的鲜明定位服务于中国各层次女性，在与新媒体的合作中，它迅猛地发展着……

与此同时，《中国妇女》杂志社还从 2001 年开始，每年评选一届海内外有影响力的"《中国妇女》时代人物"，其评选标准为：1. 对社会、民族有突出贡献；2. 具有鲜明的时代特征；3. 年度内在其领域做出显著成绩；4. 为公众关注并产生广泛社会影响。

评选活动由杂志社资深编辑组成年度评委会，从国内数十家有影响的媒体报道过的女性人物中初步选出候选人，通过《中国妇女》杂志社主办的《中国妇女》上半月刊和下半月"法律帮助专刊"及《世界妇女博览》《好主妇》四本杂志由读者投票评选，最终由评委会参照读者投票结果，对各位候选人进行深入评议后，于"三八"节前夕隆重揭晓 10 位年度海内外有影响力的"《中国妇女》时代人物"。这一评选活动迄今已成功举办五届，共有吴仪等 50 位杰出女性获此殊荣。[①]

此举在社会上引起了极大的反响。不仅如此，《中国妇女》还经常策划、编发一些在我国有着重大影响的名人家事以回馈读者，比如《中国妇女》在 2012 年第 12 期（上）的"名人之家"栏目发表苏容写的：《钱永刚：父母留给我的"财富"一生受用》就是一个非常典型的例子。现附全文：

---

① 《连方瑀、高金素梅等当选 2005 中国妇女时代人物》，中新网，http://www.southcn.com/news/hktwma/liangan/200602240480.htm，2006 年 2 月 24 日。

钱永刚：父母留给我的"财富"一生受用

　　不久前，中国科协原副主席、著名科学家刘恕同志，给我们打来电话，说我国"两弹一星之父"钱学森的儿子钱永刚，在他母亲蒋英的追思会上的发言非常感人，希望《中国妇女》报道蒋英这位杰出女性。几经周折，记者找到钱永刚先生，听他追忆在父母身边的点点滴滴。

　　钱永刚、钱永真一双儿女，给钱学森夫妇的生活带来无限快乐和情趣。摄于 20 世纪 50 年代初，美国

他们过自己选择的人生

　　我 38 岁那年，到美国加州理工学院计算机科学系读研究生。在学院的图书馆前，我看到奠基石碑上刻着图书馆建立的时间：1966年。注视着这个年份，我心里顿生感慨：我来晚了！如果爸爸不回国，我可能 18 岁就进入这个图书馆的大门了，早 20 年入学，我是不

是会比现在优秀一点呢？

只是人生没有如果。30 岁上大学的时候，老师看着我考试时感慨，如果再有半小时时间，钱永刚就是 100 分。我紧赶慢赶，还是有一道题来不及做，而做出来的几乎全对。我只能苦笑，脑子没年轻时那么快了，大好年华都给了那个"内乱"的年代。

从那时起，我就一直在紧赶慢赶。一直很努力。

我从未对父母说起过自已那一闪而过的感慨，因为我知道，爸爸妈妈对于回国的决定从未有过一丝一毫的后悔。而且，之后爸爸再也没有踏上过那片土地，因为当年回国前，美国当局曾以钱学森行李中携有同美国国防有关的"绝密"文件为由，将他拘留，并软禁了整整五年。我爸爸说，美国人不跟我道歉，我再也不登上美国的国土。

1955 年 9 月 17 日，我爸爸带着全家登上了"克利夫兰总统号"邮轮回国。那一年，我 6 岁，妹妹 5 岁。对孩子来说，爸爸妈妈走哪儿我们就跟到哪儿，后面的意义和曲折都是长大懂事了才知道的。其实对我妈妈来说，也是丈夫走到哪儿，她跟到哪儿。

我外公蒋百里三十多岁就是少将，和我祖父钱均夫是至交。早年两家关系就很好，爸爸妈妈小时候一起玩耍时，曾共唱过一曲《燕双飞》，两人的缘分早已注定。

他们俩走到一起的时候，一个已经是世界知名的科学家，一个是世界女高音比赛的第一名。我妈妈当时在欧洲求学 10 年刚回国，我爸爸一句话，跟我去美国吧，她就把命运交给了他。

他们的结合被称为"科学和艺术的完美联姻"。

多年后，我妈妈回忆起在美国的往事曾说："那个时候，我们都喜欢哲理性强的音乐作品。学森还喜欢美术，水彩画也画得相当出色。因此，我们常常一起去听音乐，看美展。我们的业余生活始终充满着艺术气息。不知为什么，我喜欢的他也喜欢……"

而我爸爸则一直感谢妈妈带他认识了"最深刻的德国古典艺术歌曲"，其中所包含的诗情画意和对人生的深刻理解，丰富了他对世界的认识，学会了艺术的思维方法，"才能够避免死心眼，避免机械唯物论，想问题能更宽一点、活一点"。

　　有人说我妈妈为我爸爸做出了牺牲，我知道她不是的，她做的就是一件他喜欢，她也喜欢的事。

　　她当妻子，丈夫爱她；她当母亲，孩子们热爱她；她的事业也做得很漂亮。懂行的都知道，一个声乐教育家，培养一个声部的学生获奖已经不易，但她从男高音、男中音到女高音、女中音，四个声部都有学生在国际上获奖。

　　2009 年 10 月 31 日，爸爸走了，享年 98 岁。妈妈是一个节制的人，从不会大哭，但吊唁那段时间，她的耳朵听不见了，腿摇摇晃晃站不住——他们共度了 62 年，他们的生命早已水乳交融。2012 年 2 月 5 日，不到三年的时间，妈妈也随爸爸而去。他们的离去都在社会上引起很大震动，我觉得他们这辈子挺值的，他们过自己选择的人生，他们的快乐是那样真实。

20 世纪 40 年代的蒋英

20 世纪 50 年代初，钱学森、蒋英夫妇与一双儿女在美国家中花园

两人有一种不被金钱约束的默契

　　人们评价我妈妈，最常用的词是：才华横溢，美貌绝伦。她的学生形容她说：大街上行走着一万个人，一眼就能认出哪个是蒋英。美籍华人作家张纯如在钱学森传记中则这样描述："她见多识广、美丽大方，加上一副好歌喉，加州理工学院优秀的男性全对她着迷不已，他们甚至说，我们全都爱上了钱太太！"

　　作为孩子，我对妈妈的漂亮并没什么概念，但我知道妈妈对着装非常注意，穿衣服很注意搭配，普通衣服经她一配，穿出来就是比别人好看。我成年后，她还总数落我，你这衬衫颜色不对，瞧你这身都不配。我赶紧说，那请指教。于是她会告诉我，什么上衣配什么裤子，什么衬衣搭什么外套。

她和爸爸都出身名门，两人有一种不被金钱约束的默契。即使在最困难的时候，我妈妈要么不花钱，只要花钱，还是带着大户人家的做派——买东西从来不会讨价还价，人家要多少她给多少；所有东西一定要买最好的，无论是给我们买糖果还是买衣服。

她教学生一辈子没收过钱，对此，爸爸的说法是：学生哪有钱啊，向学生要钱的老师，我看不是好老师！

有了爸爸的支持，妈妈给学生"倒贴钱"更没有顾虑。

1979 年，妈妈的学生傅海静到英国参加一个声乐比赛，我妈妈给了他 300 元，说，你拿着，去置一身西服，买双鞋。歌要唱得好，形象也要注意嘛！

20 世纪 80 年代，内蒙古自治区一个无伴奏合唱团到北京演出，因为演出效果不理想，住宿费都付不起，最后连返程的路费都成了问题。我妈妈不知道怎么听说了，把我叫去，说，你今天给我办个事，去银行取 1200 元钱送到学校。那个年代，1200 元是多大一笔数目啊！当时还没有 100 元的钞票，最大面额就是 10 元。我从来没有在身上揣过这么多钱，骑车在路上那个提心吊胆啊，生怕碰见歹徒把钱给抢了。记得走到一个路口，我停下来等红灯，突然有人从背后拍了我肩膀一下，我吓得魂飞魄散，回头一看，还好，是我初中一个同学。总算把钱送到音乐学院交给我妈妈，我心里才踏实下来。

这样的事太多太多了。每次妈妈跟爸爸说起，这个月的钱都花给哪个学生哪个学生了，我爸爸就说，好！你做得对！

后来，我去美国读书，她拼尽全力也只给我攒了 200 美元，去机场送走我，她赶紧给她美国的学生打电话：永刚去了，帮一帮他。

他们不在乎金钱不在乎名利，对组织上给的任何好处，他们的反应都是"拿走拿走"。我妈妈在音乐学院退休的时候，还只是四级教授。之前学校要给她升级，她都是说，别给我，给别人吧。

　　他们俩还有一个共同点，就是都很有分寸，喜怒不形于色。再高兴妈妈都不会哈哈大笑，再大的事情也只是淡淡一说，从不会絮絮叨叨。那时候，毛泽东、周恩来经常把我爸爸叫去，对他的工作表示肯定。这在很多人看来是多大的事啊，我爸爸却几乎不提，他从心底里觉得这没什么可骄傲的。

　　我一再说，我很佩服他们，我经常反思，自己能不能做到宠辱不惊？我后来去外地当兵，因为知识分子的家庭背景，入党一拖再拖，当时非常郁闷，但回家见到妈妈，立刻被她的淡定感染，也就简单说了两句。

　　我从美国加州理工学院毕业后，几年后回国，看到爹妈老了，家中墙皮掉落，已显破败。而从事音乐教育的妹妹已经定居美国，我知道我必须回来照顾父母，因为他们有任何困难都不会向组织提要求。

　　很多了解他们的人说，你的父母简直是圣人。我说不只是他们，他们那一代人都这样，都很爱国，淡泊名利，一旦国家有需要，自己的一切全能放下。

1987 年 4 月，钱学森、蒋英夫妇访问德意志联邦共和国期间留影

读书是我们家的家风

　　在今年 4 月中央音乐学院组织的我妈妈的追思会上，我曾说，爸爸妈妈走到一起后，发现彼此认同的地方就更多了：都有对文化的爱；都有对科学技术对今天社会发展重要性的认识；而且，对于教育、教育子女都有非常一致的做法。

　　他们自己非常优秀，但对孩子的分数从不苛求。我小时候的成绩单并不漂亮，总有几个 4 分，他们看了，只是笑笑，从来不说，你再努把力，考个满分。他们知道丢个一分半分很正常，硬让孩子吭哧出个满分来，太累。他们也没有教育过我要多读书，但我爸爸有空就念书，夏天没空调，他一边打着扇子一边看。这一切我从小看在眼里，小学二年级就认识几百个汉字，天天抱着大部头小说看，看不懂也硬看。妈妈去开家长会，老师说，如果家庭经济条件允许，可以多买一些孩子愿意看的书。妈妈回来高兴地说，老师夸你爱读书。后来我每次问她要零花钱，她都给得很痛快，有时候甚至还多给一些。她知道我不会乱花，所有的钱都拿来买书了。

我记得上初一那年，班主任老师把我叫到办公室问，看看你的成绩单，有什么问题？我看了半天没看出来。老师说，这就是你的问题，对自己要求不高，像你这个条件，应该消灭 4 分，全拿 5 分。

吃晚饭的时候，我跟爸爸说起这个事，他一句话没说，呵呵一乐，走了。

尽管那年期末考试我真的全拿了 5 分，但觉得自己亏大发了，少读多少课外书啊。

《十万个为什么》刚出版的时候，有一年暑假，爸爸说话了：一天看 70 页，有不明白的就攒着，我有空你问我。

平时他们工作忙，没有太多精力管孩子，难得这么明确地提出要求，我像得了令一样天天埋头苦读。头一天看 70 页还挺紧张，因为毕竟不是小说，一天要读十几、二十几个问题，看懂还真不容易。但我硬着头皮往下看。爸爸也不检查，到周末难得有点时间，他会问，有什么问题吗？我赶紧把做了标记的问题提出来。

那时候读书，不像今天这么功利，既不是为了达到什么目的，也不是为学习写作方法，一切凭兴趣，读就读了，天晓得有什么用。爸爸妈妈都认为学问是一种积累，要持之以恒，不能功利不能着急，积累到一定份儿上，你不想让它起作用都不成。我爸爸自己就是这么学成的，他不是天才，从没有跳过级。一年一年的书读下来，直到念博士，所有的积累终于将他的创造性彻底打开。

最近 10 年，我一直参与建设"钱学森图书馆"。我从小喜欢理工科，大学学的是工科。但是图书馆建设会用到很多文科方面的知识，包括外形设计，陈列大纲的拟定，解说员的解说词，各种活动的发言稿……大家认为我还能胜任，而且很多跟我聊天的人也觉得我知道的比较多，这都是缘于当年读课外书潜移默化的积累。

所以我对书始终有着很特别的感情。"文革"中停课闹革命，很多同学一听不念书了，烧的烧，撕的撕，把课本全毁了。我却找了个旅行袋，把所有的书、作业、笔记装了一大包，骑着自行车驮回了家。后来我还为此受到了同学们的批判，说我对书的感情这么深，是受修正主义的毒害。

尽管我没有当成大科学家，没有当成像我妈妈那样有名的教授，但父母给我的影响让我一生受用！

第二节　中国第一本省级女性期刊《妇女》

创刊于 1980 年，由辽宁省妇联主办的《妇女》杂志，是继《中国妇女》复刊后的第一本省级女性期刊。它历经三十年创业，在国内外广有影响，宣传过邓颖超、康克清等老一辈无产阶级革命家和各行各业的女界精英，其倡导的紧跟时代步伐的婚姻观、幸福观和现代生活方式，深受广大读者喜爱，曾获"读者最喜爱期刊""国家双效期刊""辽宁省一级期刊"等荣誉。

30 年来，《妇女》杂志坚持"弘扬社会主义主旋律，向妇女宣传社会，向社会宣传妇女"的办刊宗旨，以其积极的主题、健康的格调、独特的视角和丰富多彩的艺术表现形式，向读者展示了改革开放30 年来，妇女群体和婚姻家庭领域感天动地的人间大爱，艰苦卓绝的创业道路，催人泪下的亲情故事，还有普通百姓的喜、怒、哀、乐。紧扣社会主义核心价值体系这个大主题，《妇女》宣传党对妇女事业的关怀和重视，宣传妇女在老工业基地振兴中的"半边天"作用，宣传各条战线的妇女先进人物，融思想性、知识性、实用性、可读性于一体，充分发挥了对广大妇女的宣传教化作用和娱乐审美功

《妇女》1982 年　　　　　《妇女》1985 年第 5 期创刊

第 3 期封面　　　　　　　　5 周年封面

能，为全省妇女开辟了一块具有鲜明时代特色的思想文化阵地，提供了一份广受欢迎的精神产品，为辽宁妇女事业发展做出了应有的贡献。(参见《妇女》杂志网)

《妇女》杂志的办刊宗旨和编辑特色可以在它的栏目设置和编辑的约稿函中得到具体体现：

附《妇女》杂志的栏目设置和约稿函 ①

🌹 本期话题：纪实，与妇女、儿童、婚姻家庭有关的热点话题，

_____

① 节选自《妇女》小编倪萌的博客，http：//blog. sina. com. cn/s/blog_ 5b3404320100mu5h. html。

有深度挖掘、多层次展开的必要，可以是社会问题，也可以是软话题。本栏目将成为体现本刊特色的选题。由编辑部集体策划，多种形式，讲述故事为主，评点简明扼要，强调思想性、可读性。《三至六页》

🌹魅力女人：纪实，重大题材的女性典型人物，有国家级荣誉称号，如全国劳动模范、全国三八红旗手、全国最受欢迎的警察、在国内外有知名度的人物等等，强调人物本身的高度。忌"高、大、全"，忌成长史，忌拔高和说教，忌编造。要用平实的叙述方式，简练的文字写出光环人物人性、人情的一面——她们生活中感人至深的一个个瞬间。（5000字内）

🌹维权报告：纪实，提高读者法律意识，维护公民正当权益。可从如下三方面做起：一、政府有新的法律、法规出现，原来有些模糊的事情，没有理的事情，一下变得有理有法可依，读了让人长见识。二、案件本身或维权过程有看点。三、发挥媒体监督作用，体现媒体责任意识，干预生活，对无助百姓多年维权、明显有理的案件伸出援手，事件要真实。（5000字内）

🌹风雨人生：纪实，有大起大落生活经历的人，勇敢乐观地面对生活的故事。写风雨不是目的，要让人看到阳光，让人读后不能有沉重、沉闷、压抑的感觉。要让人在流泪的同时更加珍惜眼前的生活，获得向上的力量。（5000字内）

🌹人间真情：纪实，总有一些真情让人动容——爱情、亲情、友情、邻里之情、陌生人之间的情谊。通过真实的人物、事件，抒发感动。本栏目旨在弘扬人情美、人性美，彰显人性中最平凡而珍贵的品德，如无私、宽容、善良、隐忍……（5000字内）

🌹 名人明星：纪实，大众感兴趣的、当红的、有故事的明星。可以是焦点人物，热播影视剧中的新星；也可以是观众热情不减的"大腕"，有了新的切入点。可以写人物的爱情、亲情、友情，也可以写他们的失败、失落、个性生活。有点娱乐，有点八卦，有点感悟。忌生涩语言，如网络语言、港台媒体娱乐版语言；忌内容低俗，如以丑为美。（3300 字内）

🌹 岁月留痕：历史长河里久为人们遗忘的人物故事，有再现的价值（有切入点）。而再现的目的，不仅带给人们可供消遣的传奇，它更是将一种理想、追求 、信心或信仰带给这个有点麻木的世界。有点像历史小说，有点像文化随笔。不是文摘，而是一种"情景演绎"，一种再创作。要求有发散性思维，不是平面故事，更不是旧事文摘。（3300 字内）

🌹 围城内外：创作，围城内故事为主：破译婚姻密码。可以是夫妻之间因性别不同、思维方式不同而导致的冲突、误解，用智慧化解矛盾；可以是婚姻经历波折后挽救的过程等等。为婚姻诊断、治疗，修补婚姻，温暖围城。此栏目另一部分内容是爱情故事，故事要纯净，发人深思，可读性强。（3300 字内）

附：苦力妈妈做榜样，自闭女孩勇夺高考状元（节选）

赵豫周

狠心父亲逼出自闭女儿

2001 年腊月十六这天，贺清芳正在家里清理余粮，女儿宁宁兴奋地飞奔进来："妈妈，我今年又考了第一名！""是吗？"贺清芳脸上笑开了花，一丝甜蜜迅速涌上她的心头。

贺清芳 1970 年出生于陕西宁强县。1993 年正月，她嫁给勉县青羊镇板庙村十二组的李强。来年 1 月，他们的女儿李宁宁出生，随后李强到长春一建筑工地打工，并凭着勤劳肯干不久升为班长。生活有了奔头，在家务农的贺清芳也感到满足幸福。

"好，等你爸回来给你买新衣服穿。"贺清芳说。

"太好了。"宁宁高兴得手舞足蹈。

然而，谁也不会想到，就在母女两个对未来充满憧憬时，李强却决心要抛弃她们了。原来，他和当地一个做生意的离异女人好上了。

贺清芳怎么也接受不了这个现实，可李强去意已决，并在长春公然和那个离异女人同居了。这个消息很快被一块工作的老乡带了回来，并在村子里传得沸沸扬扬。看丈夫死不悔改，贺清芳只好同意离婚。然而，让她没有想到的是，生活对她的折磨远没有结束。

2003 年的一天，放学回家的宁宁哭着问贺清芳："妈妈，我爸是不是不要我们了？"贺清芳愣了一下，赶紧说："没有呀，你爸只是出去打工了。"宁宁却喊叫着："你别骗我了，外边的人都说我是没人要的野孩子……"原来，不仅有小伙伴拿这事取笑宁宁，村里人的议论也让宁宁听到了。

泪水挂满了贺清芳的脸庞，她不得不把实话告诉了女儿。

从此，宁宁一下子变了个人，一天天地沉默不语。更糟糕的是，不久后她开始厌食，身体越发消瘦，一天竟昏倒在放学的路上。老师也开始找贺清芳，说宁宁的成绩直线下降，提问她时，她几乎没有反应。贺清芳想一定是父母离异影响到孩子，于是她毅然带着女儿回了娘家，并将其转到娘家附近的学校，她想通过改变环境让女儿彻底摆脱父亲抛弃她的阴影。

可让贺清芳失望的是，这一做法非但没有一点效果，反而让宁宁的病情更加严重。一天，老师找到她说："你家孩子是不是智力不够呀？上课怎么总发呆？我教了十多年的书了，还没见过哪家孩子这样的！"贺清芳非常气愤，用笤帚抽宁宁，可是宁宁不仅不喊疼，躲都不躲。

贺清芳的妈妈吓住了，让她赶紧带孩子到医院去看看。医生问诊后，告诉贺清芳宁宁患上了轻度自闭症。……"孩子现在的病情是初期，及时治疗的话有希望痊愈，不过主要看你这个做妈妈的了。"……

医生见贺清芳可怜，详细询问了贺清芳的家庭情况，然后指出："孩子被父亲抛弃后，对生活产生了严重的失望和厌烦心理，你得从这一方面想办法补救。比方你自己得先坚强，学会自立，想办法多挣钱，让孩子看到希望。你还要乐观，要给人一种离开谁自己都能活的开朗形象。"贺清芳终于明白了，并且在心里暗暗发誓，为了孩子，她一定要活出个人样来。

从此为了多挣钱，贺清芳经常一天跑一百多里地，跑得脚腕生疼。农村人谁都钱紧，自己只要能干的活儿，一般不雇人。贺清芳就对人家说："我干活儿有力气着呢，我先给你干，等活儿干完了，你看着给钱。"……

挣到钱后，贺清芳会高兴地将钱全部摆放在女儿的面前，骄傲地对她说："你看这全是妈妈挣的，你看挣了多少？这些钱要给你买好多好多好看的衣服。"宁宁虽然没多大反应，但是贺清芳相信女儿有一天一定会明白的。

秋收时，贺清芳带上女儿去掰玉米。因为山上没法用运输工具，她一捆一捆地朝家里背，手被磨破了，脸上也被玉米叶子划出了一道道血口子，可她坚持着。不知道过了多久，宁宁忽然说："妈，你歇一会儿吧！"女儿的话仿佛天籁之音，贺清芳激动得一下子抱住女儿痛哭："孩子，你心里有妈妈了！"

苦力妈妈做女儿榜样

贺清芳将这个好消息告诉给医生，医生听了也非常高兴，说："好，你应该再加把劲儿！"这时，医生建议贺清芳，如果条件允许可以将孩子带到一个学习环境好，又没有人向孩子提起往事的地方，"这样我估计孩子会康复得更快。"

贺清芳想了很久，决定在距离家乡几百里地的汉中市找工作，然后将孩子转到市里上学去。可是她一个农村妇女，没有读过多少书，想在城里找份工作谈何容易？……

2004年3月的一天，贺清芳看到汉中市汉台区老君砖窑厂招聘员工，她赶紧去应聘，没想到厂长看了她一眼说："砖窑厂都是男人干的活儿，你又瘦又小，没这力气，不行。"贺清芳愣了一下，随即哀求老板说："我白给你做两天行吗？你看我行你就留下，你看我不行，到时候你再让我走人！"看着贺清芳企盼的眼神，老板同意了。

厂长给贺清芳安排了摞砖坯的活儿，就是在几十秒内将砖机刚生产的60块砖全部搬到架子车上，然后拉到目的地，再用几十秒把砖卸下车，整齐地摆放好。每块砖八斤多重，一手两提。……

一天干下来，贺清芳的胳膊抬不动了，双腿像灌了铅，浑身酸痛，痛苦极了。但是一想到女儿，一想到心中的那口气，她就咬牙坚持下来。三天后，厂长被她的韧劲儿深深感动，破例留下了她。这时候，贺清芳却向厂长提出了额外要求——帮忙将她的女儿转到这里上学……

2004年4月1号，宁宁转到汉中市汉台区的老君镇中心小学就读。考虑到女儿的情况，贺清芳决定向厂长请了一天假，去给女儿当陪读，让女儿赶紧适应新环境。

小学班上的"大"学生着实不容易，贺清芳陪着女儿坐在位子上，怕挡住后面的孩子，只好买个矮小的塑料凳，半蹲姿势蜷缩在狭小的位子上，一节课下来比干活儿还腰酸背痛。但她是最专注的学生，一眼不眨盯着老师听课，做笔记，举手回答问题，做得一丝不苟，因为女儿在旁边学着她呢！

下课了，她是最活跃的大顽童，玩老鹰捉小鸡、跳皮筋……她带着女儿和孩子们玩得满头大汗，真是比干活儿还折腾人啊！可看到女儿重回到小朋友中间，她甭提有多高兴！渐渐，宁宁度过了新环境的适应期，和同学们融入到一块了，贺清芳脸上流露出欣慰的笑容。

平时在砖厂打工，贺清芳能挣三四百元，但是这些钱，开销下来几乎没有剩余。为了多挣钱，晚上有砖车来拉烧制好的熟砖时，贺清芳便抢着去装车，因为装一车砖有十块钱的收入。但是熟砖刺手，几个手指头很快被磨破了，第二天搬运生砖再接触到上面的废机油，贺清芳常常感到钻心地疼。……

看到妈妈这么辛苦，宁宁提出双休日去帮忙。贺清芳却说："妈把妈的事情干好，你把你的事情干好。妈向你保证，从现在起一直到你大学毕业，妈不向任何人借一分钱，一定挣够你的学费。你呢，将来一定给妈考一所名牌大学，为妈争气！"

宁宁扑在妈妈的怀里哭了，她坚定地说："妈妈就是我的榜样，我知道怎样做好自己了！"

"迷途羔羊"勇夺状元

宁宁说到做到，2008 年，完全告别自闭困扰的宁宁以优异成绩考进了汉中名校——勉县一中。

这时，为了应付女儿日益高涨的学费，贺清芳转到另一家工资稍高一点的勉县新型砖瓦厂工作。工资高，意味着工作量加大。但是，贺清芳不考虑工作时间长短，她只考虑工资的多少。

妈妈不懈地拼命干活儿，无疑给宁宁又增添了一份动力，她在日记里写道："现在，妈妈每搬一块砖，我就有了一份奋斗动力，妈妈搬了多少块砖，我就有多少份奋斗动力。"

勉县一中是一所全日制寄宿学校，周六日学生可以不回去。但是每到周六日如果没有别的事情，宁宁都要回到妈妈身边，因为妈妈教会了她怎么做人，应该树立什么样的人生观和价值观。她待在妈妈身边才觉得踏实，不仅仅有亲情，更有了主心骨。

高一高二，宁宁走得顺顺当当，但是到了高三上半学期，宁宁的考试成绩出现了波动。以前总离不开全年级前两名的她这时却下降到了第四名、第五名。

这还不算要紧的，要紧的是到了高考前的三个月，宁宁忽然出现失眠症状，晚上总爱胡思乱想——如果考不上好大学，她将来的生活会是什么样？让妈妈为自己失望痛苦一生吗？

班主任谢明福经同学反映，了解了宁宁的情况，并第一时间告诉贺清芳。贺清芳赶到学校后，对宁宁说："妈对你没有要求，你尽力发挥就行。说实话，当初你自闭，妈想着只要你能好起来，妈就知足了。现在，你学习成绩如此优异，你已经创造奇迹了。相信自己，不管前边的道路如何，有勇气就能战胜一切！"宁宁心里瞬间明亮了许多。……

高考结束后，宁宁为自己估了 680 分，但是高考成绩出来后，宁宁却以 709 分的成绩高居陕西省理科类第一名。猛然看到这一成绩，她简直不敢相信自己的眼睛，立刻给班主任谢明福打了一个电话。谢明福也有点怀疑，又给他们的校长打了一个电话，校长直接到陕西省招生办查询，其答案是肯定的！

平静下来后，宁宁立刻想起给妈妈报喜："妈，我考了个全省第一！"宁宁和妈妈都流泪了，过去的磕磕绊绊瞬间烟消云散。

6月25日，也就是陕西省高考成绩公布的当天晚上，北京大学的两位招生老师专程从西安赶到勉县一中，代表北京大学邀请宁宁填报该校。最终北京大学在与宁宁、何校长、谢明福老师以及贺清芳一起协商近两个小时后，签署入学协议并填报志愿。协议约定，宁宁进入北京大学元培学院（理科试验班）就读，四年学习期间的学费全免，学校还将提供奖学金和助学金。

在得知曾经的"自闭女孩"宁宁考取陕西省理科状元后，汉中市人民感动之余，纷纷以自己的方式向宁宁表示了祝贺，先后为其捐款高达30多万元，用作以后的求学和发展用。

2011年9月，贺清芳陪着女儿去北京大学报名，母女俩特意去观赏天安门城楼，还在广场留下合影。

宁宁对贺清芳说："妈妈，天安门广场好宽广、好宏伟！我觉得妈妈的胸膛就像这广场一样宽广，妈妈的爱就像脚下的大地一样深厚。今后，我要离开妈妈的怀抱，一个人在外求学，以后还要独立地工作和生活。我会牢记着妈妈给我的爱，无论将来遇到什么困难，都不轻言放弃！努力奋斗，做好自己！"

（编辑/倪萌　见《妇女》2012年第3期）

第三节　从《中国杂志十年风云（1995—2005）人物档案》① 看女性期刊的位置

2008年2月1日，《中国图书商报》曾发表了一篇题为"中国杂

----

① 《中国杂志十年风云（1995—2005）人物档案》，《中国图书商报》2008年2月1日。

志十年风云（1995—2005）人物档案"的文章，在这篇文章中，详细概括了 1995—2005 这十年间，中国期刊"风起云涌，大浪淘沙"的概况："这十年，杂志业各个领域发生着巨大的变化。杂志业早已改变了过去以发行为主的单一收入模式，早已淘汰了以邮局为主的单一发行手段。4A 媒介购买公司兴盛，民营经销商崛起，第三方发行机构初露端倪，似乎一切都在为中国杂志屹立世界做好准备……"

"十年的发展经验足以让我们有勇气展望中国杂志业的未来。相信，今后的杂志业将努力发挥本土化优势，打造我们自己的杂志品牌。时代精神是杂志与读者分享的核心价值，更是杂志持续的核心竞争力，未来的杂志发展势必要紧密切合时代精神的变化。可以断言，中国杂志产业正在迅速崛起。"

而在这《中国杂志十年风云（1995—2005）人物档案》中，作者共选取了 11 位中国期刊市场的风云人物，其中驰骋在女性期刊的就占有六位，这足以说明女性期刊在中国期刊界的地位弥足珍贵，不容忽视。如：

十年风云人物榜（一）曹伟明（成名杂志：《世界时装之苑——ELLE》——女性时尚期刊 3 甲之一）

人物档案：

1981 年考入武汉大学法语系；1985 年，毕业留校担任管理学院的讲师；1987 年，就读法国高登经济商业大学 MBA 课程。1999 年，就任法国桦榭·菲力柏契出版公司中国区董事总经理，主管中国大陆事务。

上榜理由：提起《世界时装之苑——ELLE》《健康之友》《嘉人 Marie Claire》这三本杂志，许多读者都知道，但是对于隐藏在这三本时尚杂志背后的一个人物——曹伟明，知道的人或许并不多。

1990 年，曹伟明与世界六大审计师事务所之一的 KPMG 签下合同，起始年薪 20 万法郎，一切看起来都是非常圆满。1995 年，曹伟明将所有的财产装进两只旅行包，登上了飞往香港的班机，他选择了

ELLE 杂志香港公司——HFM。1998 年，对于曹伟明来讲，是事业发生重大转机的时刻，总公司要让曹伟明负责中国内地、中国香港地区所有的业务，1999 年，曹伟明担任中国区董事总经理。

见到曹伟明的第一印象就是高大、健壮，第二印象就是一口流利的法语。再见他时你会发现他很儒雅，很温柔，不得不和法语、法国文化联系起来。作为一个 20 世纪 80 年代初走出国门、最终以法国高登经济商业大学 MBA 毕业生结束自己学生生涯的曹伟明信奉着"MBA = Me Before Anyone"的说法。回顾他的求学、求业经历，他走过的路是对这种说法最好的诠释。

十年风云人物榜（三）刘江（成名杂志：《时尚》——女性时尚期刊 3 甲之一）

人物档案：

1956 年 11 月生，汉族，北京人，1982 年毕业于北京师范学院中文系，先后在北京门头沟区大台中学任教 5 年，1985 年调入《中国旅游报》。1993 年同吴泓携手创办《时尚》杂志。

上榜理由：和吴泓一样，中国杂志界前三甲必然也有他。他和吴泓一起锻造了这艘中国本土的时尚传媒巨舰。虽然吴刘各执半壁，但珠联璧合便成就了《时尚》的宏丽气象。表面看来，吴泓是理性的，刘江是感性的，吴泓内敛而沉默，刘江爽朗而善谈，但他们在一起，就代表着《时尚》，代表着中国本土市场中现代杂志运营的最高水平。即便如此，他们依然显得很低调，奉行着多年来"高调做事，低调做人"的原则。

刘江说话快而坦率，作风明快。他中文专业出身，更富书卷气，常常为下辖杂志贡献创意，也乐此不疲，积十年之功到如今已挥洒自如。即便如此，对他与吴泓来说，善于学习与总结，并把从实践中悟到的规律加以知识化、制度化，仍是不二法宝。他们如此，面对这样一个竞争炽烈的市场，他们的团队也是如此。当诸多外来的优秀出版资源试图进入中国市场时，他们也不由得对《时尚》两位掌门建立的杂志王国心生敬意。

十年风云人物榜（五）徐春莲（成名杂志：《家庭》——传统类女性期刊三甲之一）

人物档案：

1980 年在广东省妇联工作。1981年调《家庭》杂志社，历任编辑、总编室副主任、编委兼一编室主任、副总编辑兼《中外家庭文摘》主编、总编辑、社长。

上榜理由：作为全国第一个期刊集团的掌门人，《家庭》杂志的创刊人之一，徐春莲为《家庭》早期的创业和品牌建设立下了汗马功劳。作为杂志人，徐春莲笔耕不辍，已先后出版多部个人专著，作品多次获奖并在社会上产生广泛影响。

出得厅堂、进得厨房是男人们审视女人的标准，但女人们却不需要照此苛求自己。徐春莲最大的魅力不在于她把工作、生活处理得皆为完美，而是她懂得生命的负荷是有限的，应该学会善待自己。

十年风云人物榜（七）胡勋璧（成名杂志：《知音》——传统类女性期刊三甲之一）

人物档案：

1976—1983 年任《湖北青年》杂志社记者、编辑部主任；1984 年至今任《知音》杂志社总编、社长。

上榜理由：有人曾预言，像《知音》这样的传统文化综合类杂志，最多再撑三五年，就该被淘汰出局了，取而代之的是《时尚》《财经》等高端市场的杂志。胡勋璧对此不屑一顾："今天的情况又是怎样的呢？《知音》的发行量近两年增长了七十万份。"

胡勋璧的眼光一直很独到，《知音》创刊伊始，他便提出了"人情美、人性美"的办刊原则，要求文章内容"深入生活、深入家庭、深入人心"，引起了读者的共鸣，创刊号即发行了 40 万份，当年月发行量突破 100 万份，如今月发行量达到 450 万份，一时引得众多刊物纷纷效仿其特色和风格。现在，《知音》已经从最初的一本杂志发展到一个拥有八刊一报以及一所民办学校的集团化企业。

在《湖北青年》杂志社任职时，仅有高中学历的胡勋璧通过自学获得了大专文凭，"我的最高学历是大专"。没有值得炫耀的教育背景的胡勋璧，从 1985 年创办《知音》开始，20 年的时间里建立起庞大的"知音王国"，胡勋璧靠的是实干。在杂志出版、广告经营、书刊发行、照排印刷、物业发展、网络开发等各个领域均有涉足并表现不错的他，俨然一派杂志界"实业家"的风范。

十年风云人物榜（十）吴泓（成名杂志：《时尚》——女性时尚期刊 3 甲之一）

人物档案：

1963 年 7 月生，汉族，江苏人，1983 年毕业于南京大学中文系，毕业后被分配到《中国旅游报》工作。1993 年创办《时尚》并担任总编辑。

上榜理由：在这十年内，中国最成功的杂志经营者，则非吴泓莫属。对于时尚圈来说，吴泓是中国时尚生活方式的传播者和推动者；对于中国杂志业来说，吴泓和他的《时尚》系列则是消费类杂志市场的开拓者和翘楚，是本土化高档时尚杂志首屈一指的品牌；对于传媒投资者来说，吴泓和他的《时尚》系列则代表着成功，代表着关于中国传媒市场的传奇和梦想……当年吴泓和他的搭档刘江携手创办《时尚》时，大概也没有想到自己和一手创办的《时尚》在中国杂志界会有今天这样的尊荣。"媒体的利润来自于想象力"在吴泓他们身上得到了最好的体现。曾有多少后生小子不服气地声称要超越吴泓和《时尚》，但大浪淘沙，至今傲立于潮头的依然还是吴泓他们以及另外数得出的几家而已。

十年风云人物榜（十一）赵济清（成名杂志：《瑞丽》——女性时尚期刊 3 甲之一）

人物档案：

1978 年 7 月至 1990 年 7 月，历任国家轻工业部北京家用电器研究所副所长、所长；1991 年 1 月至 1994 年 10 月任国家轻工业部科技发展司副司长；1996 年 7 月至今，任中国轻工业出版社社长、党委书记；1998 年至今，任北京《瑞丽》杂志社社长。2000 年，兼任《都市主妇》杂志社社长。

上榜理由：有很多人知道《瑞丽》，但知道赵济清的人不多。熟悉赵济清的人，都为她的出版经营眼光和市场化策略折服。她为《瑞丽》确立了实用、时尚的媒体模式及创新团队奋斗领先的企业精神与现代企业制度，实现了《瑞丽》以"同心圆"方式全面发展。操作的活动包括全国封面女孩大赛、开通《瑞丽》网站、《瑞丽》出版世界上最大的巨刊并成功载入吉尼斯世界纪录、与电视台合作举办"超级模特"大赛、举办"中日期刊品牌经营研习会"、向天津 SOS 儿童村捐助《瑞丽》图书室、《瑞丽》校园活动、瑞丽博士伦爱眼校园时尚活动等。

在她的领导下，《瑞丽》从无到有，从弱到强，从单一媒体到立体传媒，铸就中国杂志业一块响当当的品牌。《都市主妇》也在快速上升中。

她的思想和决策影响着《瑞丽》，而《瑞丽》又影响着数十万读者的生活。她好像并不喜欢抛头露面，曝光率也比其他成功的媒体人要少得多。然而，她的低调、务实和《瑞丽》的星光四射一样令业界尊重，不可忽略。[①]

纵观 20 世纪 80 年代至 21 世纪初"中国期刊 20 年发展的三次浪潮"，我们不难发现，走在第一次、第二次浪潮前面，充当领头军作用的都是女

---

① 注：其他几位分别是（二）何承伟，成名杂志：《故事会》；（四）孙刚，成名杂志：《汽车族》；（六）封新城，成名杂志：《新周刊》；（八）洪晃，成名杂志：《iLOOK 世界都市》；（九）彭长城，成名杂志：《读者》。

性期刊。如：第一次浪潮中的大众浪潮。也就是 20 世纪 80 年代初到 90 年代初，即 20 年中的前十年。在这次浪潮中，涌现了《读者》《知音》《家庭》这样一批大众品牌期刊。这三大品牌期刊的发行量都在几百万份，年营业收入都在几千万元之间。

而在第二次浪潮中的时尚浪潮，时间大致是从 20 世纪 90 年代初到 21 世纪初，也就是 20 年中的后 10 年。在这次浪潮中，时尚期刊崛起，涌现了《时尚》《瑞丽》《世界时装之苑》等一批时尚品牌期刊。尤其这 3 本时尚期刊又全部都是引领女性时尚潮流的女性时尚期刊。据有关资料统计：2002 年 9 月在时尚类杂志广告刊登额最高的前 10 名中，有 8 家都是女性时尚杂志。《时尚》《瑞丽》《世界时装之苑》三大时尚品牌年收入都已过亿。[①] 从而再次印证了"在西方，期刊业把女性期刊称作期刊中的'摇钱树'，也就是说不管是在中国还是世界，无论是过去还是现在，女性期刊都在期刊领域中占有着非常重要的地位"[②]。

[①] 孙燕君等：《期刊中国》，中国社会科学出版社 2003 年版，目录第 1 页。

[②] 韩湘景：《女性期刊：世界期刊界角逐的热土》，《中国新闻出版报》2002 年 10 月 18 日。

第五章

改革开放后中国女性期刊的
"三足鼎立"形成

第一节 家庭主旋律在广州《家庭》唱响

一 《家庭》杂志的前世今生

《家庭》杂志简介

《家庭》杂志原名《广东妇女》，1982年创刊，1983年1月起更名为《家庭》，是国内第一家以恋爱、婚姻、家庭为报道和研究对象的综合月刊。《家庭》杂志是当今中国最具影响力的品牌杂志，在世界上亦颇具知名度。《家庭》杂志以人生两大主题之一的家庭为主题，内容从婚恋情感、命运悲欢、心灵鸡汤到家庭教育、家庭指南等无所不包，刊物的口号也从20世纪80年代的"温馨的港湾，实用生活的指南"变为如今的"最精彩耐读的婚恋故事，最权威实用的家庭百科"。① 格调健康、积极，内容独特新奇，以刊发独家大稿而著称，与一般刊物绝不雷同。其文章体裁以纪实类为主，具有强烈的现实性和社会意义，一直以来深受读者厚爱。

《家庭》曾先后获得"首届中国优秀社会科学期刊"奖等多项国家级大奖，是中国最畅销的杂志之一，创刊30年来，一直是国内同类刊物中的翘楚。2001年第33届国际期刊联盟大会公布，中国《家庭》杂志位居"世界同类期刊发行量排行榜第8位"，跻身世界名刊行列。2002年1月25日，经中宣部和国家新闻出版总署批准，中国首家期刊集团——家庭

---

① 孙燕君等:《期刊中国》，中国社会科学出版社2003年版，第36页。

期刊集团挂牌成立。家庭期刊集团麾下现有《家庭》杂志（上半月版、下半月版、月末版）、《孩子》《赢未来》《财讯》《尚流》杂志等涵盖多种层面的期刊。①

《家庭》作为广东省家庭期刊集团旗下的核心期刊，它是伴随着我国改革开放的发展进程成长起来的中国期刊代表。自 1982 年 4 月创刊以来，这本最及时、最真实反映中国婚姻家庭与爱情历史变迁和现实生态的通俗杂志，从创刊时的 2 万份到目前的 300 多万份，整整影响了一代人，充分展现了它独特的生命力。2011 年，《家庭》杂志从内容到版式进行了全新改版。改版后的《家庭》，内容更丰富，故事更精彩，设计更精美，感觉更温暖。它既秉承"贴近时代、贴近生活、贴近读者"的传统办刊方针，同时又彰显"传递温暖、弘扬亲情、守护家庭"的办刊新理念。

（二）在改革与挫折中前行的《家庭》杂志

任何一本期刊的诞生与发展都是在不断地改革与挫折中前行的，更何况是《家庭》这样一本在国内外享有着极高声誉、已经有着 30 多年历史的名牌杂志。为此我们特选取了广州图书馆网刊载的"［第 051 期—文化工厂之出版篇］《家庭》杂志以情攻占千家万户"一文，以示读者，从中我们可以看出好杂志是这样"炼"出来的。

诞生："懵懂"人创办家庭读物

20 世纪 80 年代，中国大地处处吹拂着改革开放的春风。得改革开放风气之先的广东，很多方面都走在其他地区的前面，期刊亦不例外。1980 年 11 月从辽宁调任广东省委第一书记的任仲夷，提到辽宁有本《妇女》杂志，广东也可以办一本。当时，全国只有《中国妇女》《内蒙古妇女》和《妇女》3 家妇女期刊。任仲夷的提议，使省妇联大受启发和鼓舞。1981 年 6 月，《广东妇女》杂志社正式开始筹备。

筹备小组由当时妇联宣传部的几个人组成，包括徐春莲。不仅办公条

---

① 参见杂志网，http://www.bianjibu.net/maker/life/28504.html。

件非常艰苦，就是几张破旧的办公桌。而且，最
让她们感到"致命打击"的是：这几个人，除了
拥有满腔热情，根本没有任何办刊经验……所谓
"初生牛犊不怕虎"就是这几个"懵懂"人，开
始了办刊的所有工作，包括采编。1982 年 1 月，
《广东妇女》试刊号和同年 4 月的创刊号诞生。原
先参与筹备工作的人，除了徐春莲，其余都抽回
了宣传部。于是，徐春莲成为《家庭》内唯一的
"元老"。

　　然而，《广东妇女》从内容到读者群都非常狭窄。有些男人，为了看
《广东妇女》不至于遭人取笑，甚至偷偷地把封面撕掉；年轻姑娘也不订
阅，因为妙龄少女认为"妇女"应当是那种生了孩子的女人。于是，刊
物应该改革，刊名也必须改变。1983 年，《广东妇女》"变身"为《家
庭》。《家庭》由此诞生，并一直沿用刊名至今。

发展：创造若干"NO. 1"

　　《家庭》的发展历程，也就是它创造"NO. 1"的过程。《家庭》自诞
生以来，一直处在"变"的状态之中。1984 年 5 月，《家庭》组织召开
了国内第一次专题讨论家庭问题的全国性学术会议，与会的海内外学者近
百名，收到论文 190 篇，并在会后出版了国内第一本家庭问题论文专
集——《婚姻家庭探索》，同时发表了第一个"家庭宣言"。对此，《人民
日报》等媒体都进行过报道。之后，这种学术研讨会每 3 年便召开一次。
此外，《家庭》还成立了国内第一个"家庭研究中心"，与国内有关机构
合作，进行过许多方面的调查。

　　1992 年，《家庭》抓住时机，大胆涉足股份制，由它发起，联合省内
外十几家企业，把"家庭实业公司"发展成为"广东省大家庭实业股份
有限公司"。这是全国第一家横跨数省的股份公司，也是全国第一家由新
闻单位牵头的规范化股份制企业。1996 年 2 月，广东省物价局价格事务
所对"家庭"商标的价值做了评估，结果表明，"家庭"商标价值人民币
1. 4 亿元。此举开创了国内期刊界的评估先河，体现了杂志社文化经营的
现代商标意识。

强大：成立家庭期刊集团

2002 年 1 月 25 日，经中宣部和新闻出版总署批准，家庭期刊集团挂牌。这标志着国内期刊业开始走向规模竞争。家庭人明白，《家庭》虽然在中国期刊界算得上著名品牌，但较之国外刊业巨头，仍显得势单力薄，竞争能力与抗风险能力都相对较弱，所以，必须依靠规模化、集团化经营，大力深度挖掘品牌资源，实现跨越式发展。

《家庭》杂志社是在 1 月 22 日通过电传将新闻出版总署批准组建家庭期刊集团的批复件拿到手的。于是，家庭人便夜以继日地进行各项准备工作，于 1 月 25 日如期举行了隆重的挂牌仪式。办事效率之高，令人惊讶。

作为改革开放之先驱的广东省，为《家庭》的诞生及发展提供了营养丰富的土壤。《家庭》称得上是改革的骄傲成果。它所创造的"第一"单从"表面"而言，至少有两个：全国第一家以恋爱、婚姻、家庭为报道和研究对象的综合性月刊；全国第一家期刊集团。然而这两项"NO.1"显然不能掩盖它的其他业绩。在面对市场、面对竞争的过程中，《家庭》承担了一份杂志所能承担的最大值，让人看到一座高山是如何直冲云霄的。

30 多年来，《家庭》一直是受人尊敬的。《家庭》在读者嘴里建立的"口碑"，足以支撑其在市场竞争日益激烈的年代继续占据自己的一方"地盘"。《家庭》不但没有老，反而以不断"年轻"的激情澎湃到市场洪流中。①

二〔编读往来〕我和《家庭》的故事

鲁　克（作家，诗人，编剧）

2012 年，是广东省妇联主办的《家庭》杂志创刊 30 周年，摄制组冒着寒风专程飞北京采访我和我的女儿，让我很感动。

十余年来，我跟《家庭》杂志一直保持着良好的合作关系。我辞去

---

① 广州图书馆网〔第 051 期·文化工厂之出版篇〕《家庭》杂志　以情攻占千家万户，ht-tp：//www. gzlib. gov. cn/shequ_ info/ndgz/NDGZDetail. doid = 20782。

银行工作，南下北漂，能从一个文学爱好者，成长为一名纪实作家，这与《家庭》对我的支持和砥砺是绝对分不开的。

十余年来，我深入一线，采访、撰写的纪实作品有200多篇，大部分是由《家庭》发表的，许多稿件在读者中和社会上产生了广泛而积极的影响，如《泣血的良知："黑哨"龚建平忏悔而抑郁的最后时光》《感动中国的父亲啊！你是下岗女儿撕心的痛》……经过我的采访宣传，有不少主人公还成了"感动中国"年度人物。

长期的合作与交流，使我深切感受到，《家庭》是一本有血性、有良知、有社会责任感，敢于干预、勇于担当的杂志，《家庭》的办刊宗旨与我主张并长期坚持的"暖性写作"不谋而合。我一向固执地认为：没有疼痛、没有泪水的写作是苍白而贫血的。对这个纷繁世界，我一向坚持"善意"的体察与"有温度"的书写——即便笔下的主人公是一个罪人，我也祈望自己能从他的罪过之外捕捉到其灵魂闪光的另一面，我认为这样的写作才是有着人文精神与社会责任感的写作。

有鉴于此，我给自己的纪实写作定了"三不写"守则：一、不引人向上的不写；二、没有善意与暖意的不写；三、不能首先感动或震动自己的不写。实践告诉我：一篇优秀纪实作品的魅力及能量，远远高过一些贫血而软骨的所谓"纯文学"产品。我的采访报道，在帮助了很多家庭、改变了很多人命运的同时，也帮助了自己的家庭、改变了自己的命运。可以这样说：是《家庭》杂志和纪实写作，丰富、充实并改变了我的人生。从南京租住的八九平米的蜗居，到北京180平米的自购楼房，我和家人的物质生活一年比一年富足，精神生活也日益丰富多彩。

2006年，鉴于本人的突出成绩，经读者评鉴，《家庭》杂志还奖励了我一辆轿车。在我看来，《家庭》不单单是一本"杂志"，更是一位"老朋友"——她朴素，温暖，满怀真诚；她贴近读者，心怀百姓，深入一线最真实地反映民生。创刊三十年，经过几代"家庭人"的不懈努力，

《家庭》能跻身世界期刊前列，数次荣获国家期刊类大奖，难能可贵，当之无愧。可以这样说：我以作者兼读者的身份，见证着《家庭》杂志一步步的发展与完善，而《家庭》杂志，也真真切切地见证着我和我的家庭的不断成长与进步。

十余年间，《家庭》杂志曾多次刊发我和我家庭的故事，其中《那八九个平方，印着我的心痛》和《穷有多痛爱有多深：一个北漂作家的纪实人生》，饱含着我的血和泪，也充盈着我的爱与情……爱，需要传播，也需要传承。在与《家庭》合作的这十余年里，我的女儿鲁姜楠也一天天长大，耳濡目染地，她也爱上了写作。如今，在我的指导和帮助下，女儿已经成了《家庭》杂志的新作者。2012年2月上半月刊，《家庭》杂志发表的《爸妈：慢点老行么》就是女儿的用心之作，不仅感动了我和妻子，也感动了全国各地的广大读者。

感谢《家庭》，祝福《家庭》三十岁——三十而立——祝愿你越发成熟、稳健，永远保持向善、向上！

我们都有家庭，我们都爱《家庭》！

《家庭》——三十岁——生日快乐！

2011年12月31日，北京居竹轩（为《家庭》杂志创刊30周年所写，发2012年4月上半月刊）

附鲁克作品：

泣血的良知，"黑哨"龚建平忏悔而抑郁的最后时光

有些过错注定要用一辈子偿还……冤吗？恨吗？悔吗？当龚建平独自一人踽踽过活时，当他拖着残病之躯每场不落地观看欧洲杯，当他对人解释为何还如此酷爱足球，当他强壮的体格被病魔折磨得枯瘦无比，他已为自己的灵魂得到了救赎。……龚建平是个'实诚'的人，默默无闻的老师、父亲、丈夫，他扮演的那么多种角色都坦荡磊落，只有这个裁判角色，三十几万，累赘了一生……

——知名足球记者孟丽

新闻背景：2001年12月，浙江体育局和绿城俱乐部收到了一位署名"还有良知的裁判"的《一个执法过杭州比赛裁判的自白》和4万元钱；2002年3月，前国际级足球裁判龚建平被北京警方带走，29日被刑拘，

原因是涉嫌"企业人员受贿",2003 年 1 月 29 日,北京市宣武区人民法院一审以受贿罪判处被告人龚建平有期徒刑 10 年。龚建平成了中国历史上第一位、也是迄今唯一因收受俱乐部钱财被判刑的足球裁判,也是世界足球裁判界因受贿被判刑最重的裁判。2004 年 7 月 11 日,龚建平在解放军 304 医院离开人世,此时距他的 44 岁生日只差一天。

龚建平的过世引起了全国媒体的巨大震荡。对于这个悲剧人物的死因,无论医生说死于血癌还是白血病,但知情者都说,他真正的死因是忏悔与抑郁。从被捕到去世,在这一年多的灰色时间里,龚建平究竟有着怎样的心路历程?2004 年 7 月 20 日,本刊特约记者在北京专访了龚建平的妻子索玉华。

血泪忏悔:亡父苍天见证失足男儿那沉重一跪

2003 年 7 月 17 日晚,龚建平的父亲在北京积水潭医院永远地闭上了眼睛。从老人扭曲的脸上可以看出,他走得并不安详。而此刻,由原国际级足球裁判沦为囚犯、一段时期以来已成了中国足球"黑哨"代名词的龚建平,正在北京另一家医院里保外就医,饱受疾病之苦与忏悔之痛的他,还没有听到一直为他提心吊胆的慈父过世的噩耗;他正躺在病床上,吃力地看着当天的足球报纸———一直以来,他就是以这样的方式继续着与他的至爱———足球相濡以沫、不离不弃。又是一阵剧烈的咳嗽,龚建平眼冒金星,他微微闭上眼,待睁开以后,他看到报纸上,一片血花把他正看着的那篇球迷的文章《我为中国足球哭泣》染得血红……

八宝山殡仪馆,老人的遗体告别仪式正在举行。遗像里,老父眼神中的微微笑意在龚建平看来竟如刀子一般尖锐,直剜着他那颗悔恨交加的心。龚建平在妻子索玉华的搀扶下给父亲烧纸钱。明明灭灭的火光里,想着父亲是带着对不孝之子的牵挂与遗憾离开人世的,龚建平悔泪不绝……年迈的父亲一直被心脏病缠绕着,两年来,老人的时光完全是在医院度过的。2002 年 3 月 15 日,龚建平被北京警方拘捕的当日,父亲刚刚又经历了一次抢救。没有人把这个坏消息告诉老人,但是从昏迷中醒来以后,老人的第一句话就是:"是不是平儿出事了?"龚建平是个孝子,工作再忙也会常常抽出时间看望病重的父亲,给他喂药、接尿、擦身。而这一次父亲侥幸闯过鬼门关,却从此再没有见到过他亲爱的儿子,直到咽下最后一口气……

　　父亲就这样走了吗？父子俩那最后一次见面还恍若昨日，龚建平依然清晰地记得自己转身离开病房时父亲低声的叮嘱："别老往这跑，工作要紧，你能干出今天这模样不易，要好好干啊……"从一个中学体育老师到国家级足球裁判再到国际级裁判，龚建平的足球之路看似平坦却充满艰辛，勤勉向上的他一直是全家人尤其是父亲的骄傲。然而，2001 年 12 月，当浙江体育局和绿城俱乐部收到一封署名为"还有良知的裁判"的《一个执法过杭州比赛裁判的自白》和 4 万元钱之后，他的命运滑向了深渊。

　　"作为一名足球裁判，看到当下足坛的种种歪风，我很愤慨，无奈的是，我身陷其中却不能自拔。但足坛需要净化，比赛需要公正，足球整风刻不容缓啊！作为一个还有良知的裁判，为了足球事业，我决定从自身做起，抵制歪风……"当警察给他戴上手铐的时候，他感到恍惚：我就这样成了"犯人"了吗？但在心底的某个角落，龚建平又感到了一丝解脱：做了错事，付出相应的代价是应该的，只要能保住自己所热爱的"裁判"这个饭碗，他愿意坦白交代并认识自己的问题。被捕以后，龚建平心里承受的压力是可以想象的，但他难以想象的是，亲人们为自己的犯罪承受了多少压力啊！而可怜的父亲，直到临终还呼唤着他的名字："平儿，你在哪里？你怎么还不回来啊……""爸爸——对不起……"极度悲伤的龚建平突然昏倒在地，几个亲人连忙把他扶起，妻子索玉华哭着劝他："建平，你得坚强点啊！爸爸走了，可还有妈妈呢……"

　　此时此刻，龚建平的八旬老母正在医院里输液，年迈多病的母亲再经受不起任何打击了呀！一想起母亲，龚建平更如万箭穿心。2002 年 3 月 23 日，龚建平被警方带走后一周，《北京晚报》发了通讯，同时配有龚建平的大幅照片。忍着悲痛、一直奔波于学校和医院之间的索玉华，此前一直对两位老人隐瞒着消息。这一天，母亲正在医院里照顾父亲，忽然，一个正在看报的病友长叹一声："唉！作孽哟——这腐败都'腐'到足球圈了……"正闭目养神的父亲听了这话连忙睁开眼睛，母亲把那报纸借来一看，天啊——这不是平儿吗？……

人生冰点：命运沉浮中有多少爱无法重来

　　龚建平，1960 年生于北京，作为恢复高考的第一批大学生，1981 年从首都体育师范大学毕业，最初在怀柔县某中学任教，1982 年开始从事足球裁判工作。1983 年 9 月底，龚建平和相爱多年的同学索玉华结婚了。那时候他们的经济条件很差，住得也很窘迫——从龚建平父母的老屋接出一间 12 平方米的小屋，就算是新房了。1984 年 9 月 18 日，他们的宝贝女儿龚佳出生了。女儿是龚建平的掌上明珠，上了幼儿园以后，不论风里雨里，龚建平都骑车接送。

　　直到 1989 年，龚建平夫妇调到石油附中，才分到了一套建筑面积为 56 平方米的房子。因为是从困境中一起走过来的，所以生性善良、看电视常会掉眼泪的龚建平，与性格刚毅、吃苦耐劳的索玉华恩爱有加，在周围人眼里是典型的"模范夫妻"。艰苦的环境也磨炼了龚建平的意志。1991 年，龚建平获国家一级教练员证；1994 年，龚建平作为助理裁判与陆俊、黄刚共同执法了第一场甲 A 足球赛；2001 年，龚建平被中国足协推选为国际级裁判（这个级别的足球裁判，我国目前仅有 7 人），并随后调入母校——首都体育师范大学任教。这一年是龚建平事业的顶点，但也在这一年，就在女儿高考前夕，他却遭遇了人生和事业的冰点……

　　2002 年 1 月 23 日，也就是龚建平被拘前，时任中国足协某高官说："这次调查组确立一个基本调查原则是：只要据实举报、有报必查、一查到底，不管涉及什么人，涉及多少人，包括中国足协的工作人员，决不包庇祖护。"但据《天府早报》报道，交回足协内部调查组的钱款累计高达千万元，而值得质疑的是，这些受贿的"黑哨"们和那些在法庭上被认定为行贿的人，最终却没有被提起公诉。

　　服刑中的龚建平于 2002 年 6 月开始出现连续发烧现象，每天的高烧都达到 39 到 40 摄氏度。从 2002 年 8 月 8 日开始，龚建平住院治疗。2003 年 5 月 14 日，龚建平因病危被批准暂予监外执行。当时正值"非典"时期，索玉华找熟人帮忙，6 月 12 日，终于让龚建平住进了协和医院感染科。但直到 2004 年春节，龚建平的病情都没有好转而且每况愈下，3 月 2 日，他不得已决定出院，这时的龚建平已经只能靠轮椅代步了。而为了治病，他们几乎花光了家里的全部积蓄。5 月 28 日，索玉华慕名找到在血液病方面有专长的马健医生。经专家会诊，龚建平的病是典型的"复发性发热性非化脓性脂膜炎"，而这个病属于免疫风湿病，应该是和他的血液骨髓增生异常综合征有关，病情的一个最重要特征就是容易引起感染……

虽然病痛缠身，但龚建平依然关心足球。一到出足球类报纸的日子，他就会叫妻子买一大堆来到床上看。住院期间，他还用从家里带的小电视看足球比赛。他关心国内的联赛、世界杯、欧洲杯……一切和足球有关的消息他都关心。有一次，马健问他为什么还这样热爱足球？他的回答让在场的所有医护人员动容。他说："那是我的事业。"……

抑郁而终：无言大雨敲醒人世间多少生命追问

尽管院方使用高档抗菌素治疗，但龚建平的病情却急转直下。2004年7月9日凌晨3点，龚建平突然喘不过气来。他抓住妻子的手，吃力念叨着自己未了的心愿：再过几天就是父亲去世一周年了，他打算等身体稍好去参加父亲下葬的仪式；而7月12是他的44岁生日，他希望还能像过去那样吃到老母亲为自己煮的面条……

7月9日晚，龚建平病情继续加重，马健为了能让龚建平呼吸顺畅些，打算给他施行气管插管术，以赢得治疗时间。在征求他的意见时，尚还清醒的龚建平回答："由我爱人决定吧。"在生命危机时刻，他依然毫不犹豫地把决定权交给了与他共同见证苦难的结发妻子。索玉华和亲属们考虑再三，同意了这一治疗方案。插管之前，龚建平虚弱地拉了拉妻子的手，无力地说："你别出去了，陪我……"7月11日上午，龚建平的血压急剧下降。满怀悲哀的索玉华决定出去亲自给丈夫买几件新衣服。临出门的时候，她抚摸着龚建平的额头，轻声地说："建平，我去去就来，你等着我。"龚建平无法睁开眼，但索玉华感觉到，他下意识抓着自己衣角的手在用力，仿佛跟她说："别离开我……"买了几件崭新的衣服，索玉华急忙往医院赶，可刚走出商场，大雨竟倾盆而下，事后索玉华才知道，那是北京城10年来最大的一场暴雨，她当时就有个不祥的预感：她亲爱的丈夫已经走了。"建平！建平——"暴雨如注，人们都在躲雨，没有谁注意到，暴雨里正奔跑着一个憔悴的、哀绝的、哭泣的女人……龚建平走了，走得很突然，甚至没有合上眼睛。

7月12日，石油大院，龚建平家，简易的灵堂就设在窄小的客厅里。

龚建平生前的学生们来了，不是来送行，是为他庆贺生日，这是他们几天前就约好了的。然而，长明灯代替了生日的烛火，哀乐代替了生日快乐歌。"爸爸，来，我帮你切蛋糕……"当龚佳颤抖着双手把第一块蛋糕供上灵台的时候，面对着龚建平遗像中浅浅的微笑，所有人都失声痛哭……

龚建平走了，带着他的忏悔与抑郁，带着他对中国足球事业的歉疚与热望。然而值得一提又发人深省的是，中国足协在 2002 年之后进行了大范围的裁判换班，大批的年轻人被拔了上来，而大批的正当年的裁判则悄悄地失去了踪影。"扫黑风暴"就这样轻轻地"刮"了过去，但是，球场上对"黑哨"的痛骂声却没有消失，球迷们对仍然处于低谷的中国足球怨声载道……（原载《家庭》杂志 2004 年 10 月上半月刊）

第二节　"人情美、人性美"在武汉《知音》驻足

一　关于《知音》的故事

《知音》杂志简介

由湖北省妇联主办、创刊于 1985 年的《知音》杂志，近 30 年来，一直高举"人情美，人性美"的旗帜，坚持"篇篇可读、期期精彩"的精品办刊意识。锐意求新，开拓进取，始终把握着时代的脉搏，把最精彩、最真实、最动人的人生故事奉献给广大读者，将平凡生活中折射出的生活哲理和人生真谛展示给读者，用真情和爱心拨动读者的心弦。因其多层次、多方位、多视角地展示社会生活中真实与广阔的精彩画面，而赢得了读者厚爱，连续四届被评为全国百种

重点社科期刊之一、当代最受欢迎的中国期刊之一，并荣列世界综合性期刊最新排名第五位。《知音》杂志创刊近 30 年来，多次受到中宣部、国

家新闻出版局的表扬和嘉奖，被评为历届全国优秀期刊，并荣获国家期刊奖，入列"全国百种社科期刊"和"中国期刊方阵"。

"如今，《知音》已经成为一个高效运转的传媒集团，总资产7.94亿元、净资产6.32亿元，下属9刊2报、7个子公司、2个网站及1所学院，涉及广告、发行、印务、网络、影视、动漫、文化等领域"。①

二　来自《知音》幕后的故事：《知音》的文章是如何出炉的

"在中国大众文化类期刊四巨头中，《知音》的特色很鲜明，《知音》是一本纪实性新闻故事杂志，追求人情美和人性美……以纪实手法讲述社会上发生的新闻事件、重大案例、名人明星信息；它的特色是关注社会、关注焦点、关注潮流、关注普通人的精神世界。《知音》的拳头产品就是感人的新闻故事，用感人的新闻故事打动读者，感染读者，从而在社会上引起极大反响，产生轰动效应。"② 经常给《知音》投稿的作者都知道，在《知音》发稿是最难的，一方面是千字千元高稿酬及出国旅游的诱惑，另一方面是稿件重重审查过关的折磨。或许你读了下面这篇文章，就会对此有所感悟：哦，原来《知音》的美文是这样"磨"成的！

你可能不知道的《知音》③

很多人读了《知音》文章，都会发问："这是真的吗？"

而知音传媒集团总编辑胡勋璧有句名言："生活的精彩远远超出你的想象。"

《知音》的文章是如何出炉的？线索是如何挖掘的？采访是怎么进行的？其真实性如何保证？在这个百万大刊的背后，编辑部里发生了哪些故事？

"真实、独家、有影响力"

胡勋璧很早就提出了"篇篇可读，期期精彩"的质量标准，从40

---

① 《〈知音〉杂志：一本刊物成就亿元产业巨头》，http：//www. sxgov. cn/黄河新闻网2011－08－20。

② 孙燕君等：《期刊中国》，中国社会科学出版社2003年版，第24页。

③ 《中国青年报》2012－8－27。http：//legal. people. com. cn/n/2012/0827/c188502－18843862－3. html。

万份到 636 万份，可以说《知音》月发行量的每次攀升都和它休戚相关。而且，"篇篇可读，期期精彩"这一标准是动态的，在《知音》月发行量 300 万份、400 万份、500 万份等各个关口，胡勋璧都要随着"水涨船高"提出新的要求。

具体体现这一质量标准的是"真实、独家、有影响力"。知音集团副总编雷一大这样诠释这八个字："真实，就是人物、故事必须完全真实，不能掺假，不能仅靠妙笔生花，要反映生活的原生态；独家，就是强调首发，或有新的视角，而不是被其他媒体炒烂了的东西；有影响力，就是作品发出后，对读者有视觉冲击，心灵震撼，在社会上能引起较强烈反响。"

胡勋璧说："我有一个深刻体会，作为一个期刊人、一本刊物，一定要有自己的灵魂。《知音》的灵魂是什么？就是'人性美、人情美'，它的作用就是帮助读者充实人生、完善人生。"而要达到这个目标，"其中一个最重要、最根本的因素就是坚持真实性原则不动摇"。

他回忆说，在 1998 年之前，《知音》受假稿子的困扰还比较少。但随着生活纪实类报道的需求大增，加之《知音》实行高额稿酬，在激烈的竞争和利益驱动下，假稿件开始出现。这些年来，每发现一起虚假报道，知音集团相应的管理水平就提高一次，内部制度就不断完善一次……

为了做到"独家"，《知音》在全国各大城市发展了近两百名签约作者，可以最快的速度发表最近发生的故事；每一篇纪实稿件发稿前作者必须承诺为首发，并以协议的形式加以明确；兄弟媒体已经报道过的人物和事件，再发时必须有新的角度和深度，并由编务部、法务部认定；一些即使是无意中"题材撞车"的作者、编辑，不仅"白忙活"，还要受罚……

《知音》每期的十八九个纪实故事，几乎篇篇都有媒体转载，都有媒体跟进报道，它是当今中国媒体转载最多、跟进报道最多、改编成电视剧和电影剧本最多的杂志，这就是"有影响力"。为了改变典型报道大而空、远离平民生活、读者反感的局面，胡勋璧曾用一个春节的时间到湖北宜城一个农家采访，那个地方不通公共汽车，他就搭乘拖拉机去，写出了励志长篇《一个单身女子的奋斗史》；雷一大深入鄂西五峰大山，在遭遇大雾封山的日子里，采写出体现人情美的故事《大山里，那户人家那种真情》，他们的作品为编辑、记者提供了范例……

铁面无私的法务部和充满赞誉的读者反馈

法务部在讨论核稿情况

"《老总幼子溺死之谜：那曾经的'小三妈妈'在颤栗》一文，经核，汕尾市电视台、汕尾市检方均表示没有发生过类似事件，作者最后承认是将不相关联的两案合编成此稿。此稿作为假稿撤下。按规定，对责任编辑处罚 1000 元，执行主编得知是假稿时积极主动撤稿，连带处罚 300 元。"

"《冰上飞人突破女性运动极限：父爱与 37 秒速度齐飞》一文，法务部核实时，主人公父亲对文章中很多情节不认可，明确提出不要发表。此稿撤下。决定对编辑处罚 500 元（其中综合版编辑承担 100 元）。"……这样的核稿通报，每期必发。

在知音集团，法务部是一个特殊而关键的部门，发现稿件有问题可以向总编建议撤稿或换稿。"核查一篇稿件的真实性一般需要半天，有些核查难度大的稿件需要两三天，甚至一个星期。"……按照编辑部的要求，给《知音》写稿的作者，寄发稿件时必须提供能够佐证其真实性的材料。而在案例报道中，刑事判决书是很重要的证明材料要件。一般来说，有了判决书，就基本可以判断此稿所报道的案件确有其事。但在实际核稿中，法务部副主任陈霜青和同事却发现，有的作者为了证明自己的稿件真实，不惜提供虚假的判决书。有的在复印、传真时做手脚，文头、文尾是真，正文却偷梁换柱；有的甚至是作者或作者联合某些部门炮制出来的……

[编读往来]

王恒绩：男作者与女性期刊的不解之缘
不是给女性期刊写稿，就是在参加女性期刊笔会的路上

王恒绩，男，祖籍湖北省红安县，现居武汉。先后做过建筑小工，守过书摊，卖过菜，最长的是当了 12 年厨师。1997 年底，为《爱情婚姻家庭》杂志社编辑、记者。2008 年 8 月辞职做自由撰稿人至今。他 1985 年来武汉打工，1995 年，经女作家池莉介绍加入武汉市作协，成为武汉首位打工作家；1996 年 11 月，荣获武汉市第六届优秀职工自学成才奖；1999 年 6 月 15 日荣获武汉市首届十大杰出务工青年，全家获赠武汉户口；2006 年 8 月当选武汉市直青联委员；2008 年 2 月 20 日，荣获第二届湖北省期刊十大优秀编辑；2008 年 6 月，荣获武汉市改革开放三十年风云人物；2008 年 10 月，湖北省改革开放三十年"影响湖北 100 人"。近二十年内，中央电视台《东方时空》《焦点访谈》《纪录片之窗》等栏目都曾到武汉对其进行专访。

王恒绩共发表作品 400 余万字，著有中篇作品《伟大的母亲》《血泪惊天》等。短篇小说《疯娘》引起轰动，海内外 71 家影视公司抢购影视剧及舞台剧版权，并被收入大学课本。他有两部作品在北京人民大会堂和广州评奖活动中获得全国一等奖和三等奖，并共获省市奖 80 项。①

在《〈知音〉稿酬最高达到五万　一个选题努力了两年②》一文中，非常形象地描写了王恒绩在《知音》杂志发稿一波三折的经历，读来不由令人感慨万千：

拿着刚刚出炉的 2012 年第 22 期《知音》杂志，王恒绩快速翻到了《将"关公"丈夫拉下神坛，人间烟火共驰骋》这篇文章，看到努力了两年的选题终于变成了"白纸黑字"，心里踏实了下来。

这篇文章讲述了因出演电视剧《三国演义》中的关公而红遍海内外

① 参见王恒绩的 BLOG，http：//blog. sina. com. cn/s/indexlist_ 1196865043_ 2. html.

② 甘丽华：《〈知音〉稿酬最高达到五万　一个选题努力了两年》，《中国青年报》2012 年 8 月 27 日。

的演员陆树铭和第二任妻子之间的爱情故事。《三国演义》播出后，陆树铭名气大增，被誉为最像关公的"关公"。但陆树铭也因此受"关公"所累，受义气所累，一度跌入人生的谷底，连房贷都还不起。最后是妻子将丈夫拽下"神坛"，重新出发，接拍电视剧，最终找回了成功和自信。

初次采访陆树铭，还是两年前的夏天，王恒绩和《知音》编辑阚娟一起来到北京陆树铭的家中。当时，他们将关注点放在陆树铭和"刘备""张飞"扮演者戏里戏外的兄弟情上。但当时"张飞"的饰演者因各种考虑，不愿意过多公开自己的家事。成稿后，因"张飞"的故事显得弱了一些，被认定为"跛脚题材"，八九千字的稿子直接被毙掉了。

想起"关公"陆树铭的义气和期待，王恒绩和编辑都不好意思给陆树铭打电话了。但陆树铭却把他们当成了朋友，接拍了新戏、参加了电视台节目总会发短信告诉他们。每看一次陆树铭的短信，王恒绩就心里"咯噔"一下，想起没有发出来的稿子。

今年5月，老版《三国演义》重播，一下子让他又想起了这个选题。在多次沟通中，王恒绩和编辑碰撞出了新的想法——放下兄弟情，就做陪伴着"关公"走出人生低谷的爱情。题目报上去，雷一大发问："这个题材不是已经做过了吗？"选题没有通过。他们第二轮报题，详细说明这次选题的新角度和新内容。这个带有新的亮点和立意的选题终于得以通过。王恒绩把当年的录音重新翻出来倾听和整理，并补充采访了最新的情况，再次成稿。稿件经过"数审"，通过了编务部和法务部的核查，顺利付印。

杂志印出来后，他赶紧要来陆树铭的地址，寄去了5本杂志。在王恒绩看来，给《知音》写稿最大的不同就是其严格的审核制度："编辑说稿子通过了，我们一点儿都不激动，心里还在打鼓。只有法务部说稿子通过了，才可以真正去喝一杯了。"

作为资深作者，王恒绩已经在《知音》刊发稿件100多篇，《知音》的高稿酬使得他有底气辞去原来在一家杂志社的编辑工作，成了《知音》的专业作者。在《知音》发稿，如果连续被评为月度好稿及年度好稿，最高可拿到5万元的稿酬。而在"中国生活期刊的第一大刊"发表文章也让他很有成就感。

附王恒绩作品

将"关公"丈夫拉下神坛,人间烟火共驰骋

作者/ 树儿

三十集古装传奇电视剧《大香山奇缘》后期制作全部完成,将于今年下半年登陆全国各大电视台,引人注目的是,担任总制片人的就是在经典老版《三国演义》中扮演关羽的陆树铭。

陆树铭经历坎坷。他与前妻因故分手后,认识了现在的妻子高岚,并因出演《三国演义》中的关羽,被称为史上最像关公的关公而红遍海内外。后来,他沉寂长达十年之久,以致房贷都交不起,心脏又安了支架……妻子高岚毅然放弃西安的工作来到他的身边,并助他的事业重新红红火火……2012 年 5 月 29 日,本刊记者在北京陆树铭的家中畅谈时,他风趣地说:"我有今天,要感谢小我 11 岁的孩子他妈……"

"卧蚕眉"男人出征妻叮咛:饰演关公百年难遇

1986 年 4 月的一天,陕西话剧院演员陆树铭到新疆出差的火车上,与坐在对面的一位中年女人聊天,得知陆树铭在陕话工作,她便说自己的女儿是陕歌的独唱演员。陆树铭问她女儿叫什么名字,她说叫高岚。

回西安不久,陆树铭到陕歌办事,忽然想起高岚,就问朋友哪个是她?朋友指了指一个长辫子的女孩。陆树铭大声喊:"高岚!"高岚闻声回头,然后向他走来,陆树铭看呆了,好漂亮啊,双眼皮,大眼睛,白里透红的脸,皮肤吹弹即破似的。高岚走过来,笑盈盈地问他有何事,陆树铭就将与她母亲在火车上相遇的事说了,高岚一笑,说妈妈真能聊,什么都往外说。得知陆树铭是陕话的演员,高岚礼貌地说以后多交流,便走了。

1989 年陆树铭与前妻友好分手,女儿随母。这一年,陆树铭扮演了《古今大战秦俑情》中的秦始皇,处于空档期的陆树铭忽然想起了高岚,她有男友没有?差人去打听,发现高岚名花有主。其实高岚心里很苦,男友从不提结婚之事,原来男友想在仕途上有更大发展,个人问题暂丢一旁,于是陆树铭找到了高岚。时年 30 多岁的陆树铭身

高一米八六，外形俊朗，玉树临风，且浑身都是幽默细胞，笑起来就像海边的浪花，汹涌地扑进高岚的心窝。陆树铭大声对高岚说："我找他去。"说完，径直找到她的男友："你若近期与高岚结婚，我祝福你们。如果你没有这个打算，建议你放弃，我要追她。"对方瞠目结舌，说考虑两天。两天后，对方与高岚分手。

陆树铭成功地牵起了高岚的手，但高妈誓死反对女儿嫁给陆树铭，理由有二："一、陆树铭二婚，有个女儿；二、陆树铭比高岚大11岁。"陆树铭与高岚的感情已进入了热恋，他想出欲擒故纵的一招，便拿出话剧演员的煽情才能，提笔给高岚写了一封信："高岚，我比你大11岁，今天，特意给你写一封长达11页纸的信。在这个收获的秋天，我却要失去你了，老人说的是对的，我的确配不上你，那就含泪分吧，下辈子我们早点相会。至于你腹中的孩子，打掉吧……"高岚看信后哭得不行。高妈见女儿拿着信反复看，一把抢过来，读着读着，高妈也哭了："同意同意，快结快结吧……"

1991年春天，陆树铭借了3000元钱，在西安36平方米的小房里迎娶了高岚，连结婚照都没钱拍。5月5日那天，陆树铭正在咸阳拍电影饰演一个警察。那天暴风雨交加，扯天扯地地席卷着大地。由于妻子到外地演出去了，陆树铭仿佛记起家中窗户没关，他连忙请求剧组的警车送他回西安，到家后，却发现家里的窗户关得好好的，但门上有个纸条："陆树铭，我们是央视三国演义剧组，到西安找关公这个角色，有人介绍你，请你见条后到胜利饭店202房间洽谈。"天啊，名著《三国演义》，关公，陆树铭既兴奋又焦急。因为纸条上的落款是3天前的。他跨上自行车，直奔胜利饭店。

当淋成落汤鸡似的陆树铭敲开门后，发现制片人和摄影师正打包准备去成都寻"貂蝉"，制片人见了他，眼睛立刻亮了，连忙操起宾馆电话，向王扶林总导演报告："王导，王导，人来了，找到了，哈哈，太像了。我告诉你，如果这个关公还不行，全国再也找不着关公了。"陆树铭这才知道，他是第36个关公，制片人激动地给了陆树铭一个熊抱，问他能不能演关公，年轻气盛的陆树铭说："能演啊，我秦始皇都演了，关公算什么。"对方愣了一下，然后说："你有这股自信劲儿，也好。"

陆树铭赶到北京定妆后，与罗贯中笔下"身长九尺，髯长二尺，面若重枣，丹凤眼、卧蚕眉"的关公形象无限吻合，现场所有人都惊呆了，定了！高岚也替丈夫高兴，她叮嘱："关公这个角色，是古今爱戴的英雄人物，你不要辱没了他。"

"神坛"高处不胜寒，蒙羞的"关公"困如笼中兽

《三国演义》开拍了，当陆树铭以关公的扮相出场时，无锡当地的群众都围过来合影，有些老人甚至跪在他面前磕头长拜，陆树铭被深深震撼了，他想起妻子的叮咛，关公深入人心，真的要好好演出关公的精、气、神！

由于剧组需要一个长镜头，刘关张策马奔跑在布满鹅卵石的干涸河滩上，岂料关公乘坐的赤兔马在鹅卵石上崴了，将陆树铭摔在一块石头上。他当即摔昏，被送到无锡一家部队医院。医生发现他的腰部有篮球大的一块淤紫，需要抽出瘀血，为了效果，还不能打麻药。军医找来一根竹棍，让他含在口里，防止疼得咬断舌头，又叫了六名战士，分头按住陆树铭，然后用超大的管子插进患处的骨缝里，共抽出了 800 毫升瘀血，陆树铭疼得拼命挣扎。军医训他："你是关羽，刮骨疗毒都不怕，这点疼算什么？"陆树铭吐出口里的竹棍："我不是关羽，我是演员陆树铭，我疼，我疼啊！"

有身孕的高岚是在丈夫康复后才知道这个消息的，她心疼至极，来到剧组探班，并带来了亲手做的一大袋饺子。长期吃盒饭的陆树铭，乍一吃圆鼓鼓的肉馅饺，热泪直滚："老婆，你送来的不是饺子，是一疙瘩一疙瘩的黄金啊！"那几天，有娇妻跟班，关公手舞青龙偃月刀，在战场上虎虎生风。当他拍完过五关、斩六将后，妻子为他生下了小关公陆维伦，陆树铭美死了。

1994 年年底，84 集宏大的《三国演义》在央视一套播出，海内外引起巨大反响，六大主角，尤其是刘关张，将那一份不求同年同月同日生，但求同年同月同日死的兄弟情，演绎得淋漓尽致，个个都红得发紫，片子也畅销海外。陆树铭被誉为史上最像关公的关公，关羽的家乡山西运城干脆以陆树铭的扮相直接给关公塑像。北京一名房地

产商非常崇拜陆树铭饰演的关公，以最优惠的价钱卖给他一套商品房，陆树铭交了首付，余款按揭。

陆树铭以关公为楷模，要求角色一定要"高大全"。后来香港导演刘镇伟邀他在《大话西游》中出演牛魔王，他磨不开面子签了，定妆照出来后，他吓了一大跳，这个牛魔王比鬼都吓人，我是关公啊。由于有合同在身，他还是演了，但死活不让字幕打出自己的名字。后来，大哥"刘皇叔"（孙彦军）要去广东东莞开办亚视学院并邀他当助手时，陆树铭放下如日中天的演艺事业答应了。

高岚表示忧虑："大陆，你的辉煌在舞台啊！"陆树铭说："我们哥仨桃园三结义，大哥召唤，我能不去吗？"高岚怕损害他们兄弟的情义，便惴惴不安地送丈夫出征广东。没想到，这一送，陆树铭彻底跌入了人生的低谷。书卷气十足的"刘皇叔"遇到了投资人资金断链，学院难以为继。投资商可以一走了之，可"刘皇叔"和"铁关羽"不行，学院关门，他俩就是最大的骗子。哥俩生怕辱没了"刘关张"形象，只好凭借个人的社会关系硬撑。

1995 年，有老板带着大笔资金请陆树铭演男一号，因拍戏需要数月，学院又处在最艰难中，他怕大哥有想法，手一挥便推了。于是，所有影视老板都知道陆树铭办学去了，不再接戏了。结果，他在长达十年的学院煎熬中寂寂无闻，除了数千元月薪，再没收入。而他的战友"诸葛亮"唐国强、"曹操"鲍国安等人，随便走个穴的收入都比陆树铭几年的工资高。随着学院渐渐走上正轨，陆树铭请假回到北京的家中，他渴望有人前来敲门问一声："大陆，有个角色，你去吗？"然而，他失望了……慢慢地，每月按揭已还不上了，银行工作人员多次上门，很客气地叫着陆老师，然后催债，陆树铭总说再缓缓。直到某一天，一名打着黑领带的律师找上了门，口气严厉："陆树铭，你若再不还款，我们不得不起诉你。"……

拽夫下"神坛"，方觉凡间处处春满园

惊悉丈夫变故的高岚从西安星夜进京，陆树铭像个做错了题的小学生，乖乖地站在高老师面前。他声音沉痛："毛毛（高岚乳名），我打算卖掉房子，还清贷款后，剩点余款我们回西安吧，这辈子饿不死

也撑不着，就这么着吧。"

高岚又气又心痛："大陆，你是两个孩子的爸爸了，怎么还像不懂事的顽童，你比我年长十多岁，本轮不上我训你，可你不能自甘沉沦啊！关公是圣人，他还刚愎自用导致走了麦城哩，何况你本就是凡人陆树铭！"高岚不停自责："我在西安一心扑在儿子身上，却忽略了你，你一个人在外漂泊，吃了不少苦，从现在起，我一刻也不让你离开我的视线，我俩，既要能一起晒太阳，也要能一块淋暴雨。"陆树铭高大憔悴的身影在家里急促地走来走去，终于，他一跺脚："老婆，我决定出发了！"

陆树铭的第一个电话是打给女导演胡玫，胡玫大笑着说："哎呀大陆，你从哪儿冒出来了，快来吧，我正在你的家乡西安筹拍《汉武大帝》。"陆树铭急忙回到西安，见到了胡玫。胡玫将剧本往他面前一推："看看，想演哪个角色，尽管说。这么多年，憋坏了吧！"陆树铭还没看上三分钟，就脱口而出："我想演飞将军李广。"胡玫笑了："到底是演关公的，英雄情结不减，好吧，李广就是你了。"

当晚，开心的陆树铭开怀畅饮，与胡玫一行多人在钟楼下饮酒至凌晨两点才散席，送走胡导后，他忽觉心脏有异动，绞痛，一直有心脏病的陆树铭暗叫大事不好，他踉踉跄跄地拦了一辆出租车到医院后，被紧急地送进了抢救室，高岚赶到医院，医生说心脏要安两个支架。陆树铭有兄弟姐妹六个，高岚与兄妹们共同筹措为陆树铭做了手术。病房里，除了妻子没别人，陆树铭说："别让胡导知道我生病，我很快就能出院，没事的，我倒不了。"高岚落泪，我的关公丈夫啊！

2003 年，47 岁的陆树铭重新跨上了战马，他就像安徒生童话里那朵被冻僵的玫瑰花，可以因为一个以为被彻底遗忘的渐渐清晰的名字，立刻枝叶复苏，藤缠蔓绕起来，他驰骋在汉朝广袤的大地上冲杀胡虏，引得胡玫不停地赞道："昔日的关二爷又回来了！"陆树铭扮演的李广，得到了观众的一致认可，这让他很欣慰。圈内同行得知他出山，片约不断，他一口气拍了《你从草原来》《谷穗黄了》等作品，房款一下就续上了，借朋友的债也全部还清了。"刘备"和"张飞"也打来电话道贺。

……2010 年 6 月，儿子陆维伦以优异成绩考上了北京电影学院导演系，让陆树铭夫妇非常高兴，接着到来的 8 月 15 日，是陆树铭的生日。高岚知道丈夫酷爱汽车，就鼓动丈夫将现在的雷克萨斯换一辆更好的车作为自己的生日礼物。陆树铭试探似地问："毛毛，我要是买保时捷呢？"高岚欢呼："老头儿，我支持你，买吧！"在高岚的首肯下，他花了七位数以上的大价钱买了一辆黑色保时捷越野车。

2011 年夏天，由陆树铭担任总制片人的大型传奇古装电视剧《大香山奇缘》在陕西铜川开机，他邀来"刘备"演国师，邀来"张飞"当大将军，还邀来斯琴高娃饰师太，还有"孙权"……剧中有大量年轻演员，陆树铭发挥嬉笑搞怪的本事，让这些年轻人全都放开了演。其中一个演员说："陆老师，你塑造的关公形象太经典了，而你一点架子也没有，让我们很意外。"陆树铭指了指妻子高岚："我曾经脚踏祥云到达过顶点，却发现高处不胜寒，不好玩，我还硬挺着，是我老婆一瞪眼，说你下来吧，一把将我拽了下来。现在，我脚踏实地，重新做回一个凡人，才发现，做凡人真好。"高岚听了，抿嘴浅笑，心疼的目光始终追随着她的关公丈夫。

世上许多男男女女爱过了，会把爱爱成陌路，而他俩却把手心和手背爱成十指连心的患难，把患难爱成岿然不动的相互仰慕……（原载《知音》杂志 2012 年第 22 期）

第三节　从传统出版时代向全媒体时代
转型的《女友》杂志

一　《女友》杂志简介

由陕西省妇联主办、创刊于 1988 年 7 月的《女友》杂志，是一本侧重于反映女性生活及精神面貌的综合类刊物。它一向以"做男子的知音、女子的知己、做所有读者的良朋益友"为办刊宗旨，力求深内涵、高品位、新视角。《女友》以鲜明的特色，较高的文化含量和文化品位，以信息、知识、思想和审美的高要求、高标准，以精美的

装帧设计和印刷，并以突出而成功的广告质量和效应，造就了自己的品牌优势，并获得多次殊荣：1994年4月在中央电视台举办的"全国青少年影视文化兴趣问卷调查"中，被青少年评为最喜爱的杂志；两次被列入"全国百种重点社科期刊"；两次入选"全国读者最喜爱的十家杂志"；在国际期刊联盟2000—2001年世界期刊年鉴上，《女友》被列为世界期刊500强第一类（妇女类）中的第16名，并于2002年、2004年连续两次获得"国家期刊奖"。多年来，《女友》始终坚持不断地进行探索与追求，努力与国际接轨，在不断挑战自我的过程中逆风飞扬。如今，《女友》杂志社已经不是单纯地编发刊物的单位，而是一个经营媒体的实体，即"女友传媒集团"。

二　多媒体互动的经营格局

2011年7月6日，陕西女友传媒集团揭牌仪式在西安隆重举行。具有近23年历史的知名期刊品牌《女友》杂志社，顺利完成了整体改制，组建女友传媒集团的目标。在陕西省内率先完成事转企工作，新成立的女友传媒集团将成为今后"女友"的市场主体。女友传媒集团总部设于陕西西安，在北京、上海、广州、深圳等地设有十一家分公司和子公司，在澳大利亚悉尼、加拿大温哥华设有海外工作站。"女友"旗下拥有六本平面杂志和新媒体产品，迈出了从传统出版时代向综合性全媒体时代转型的坚实一步，构成了多媒体互动的经营格局。

目前，《女友》在国内已发展成为较强的传媒实力，形成《女友·校园》《女友·家园》《女友·花园》《女友·LOOK》、女友网站等系列媒体。对此，在姚丽静的《〈女友〉：始终先人一步》①一文中

---

① 姚丽静：《〈女友〉：始终先人一步》，龙源期刊网，（http://www.qikan.com.cn），2011年7月28日。

有着详细解读：

女友传媒集团董事长唐文华

　　有着 23 年媒体从业经历，10 年以上传媒管理和运营工作经验，3 年海外办刊工作经历，5 年《女友》杂志社社长工作经历。曾荣获"传媒融合领军人物"、"中国报刊品牌建设成就奖"、"金长城传媒奖·2010 中国传媒年度经营人物"、"中国期刊经营管理十大人物"等荣誉的女友传媒集团董事长唐文华在面对记者采访时这样说：

　　《女友》杂志 1988 年 7 月创刊，23 年来的不断发展，"女友"由小变大、由弱到强。从成立初期的几间简陋的办公室、七八个人的编辑部，发展到现在拥有 12 家成员单位的"女友传媒集团"；从创刊初的一本黑白《女友》杂志，发展到现在 6 本全彩纸质《女友》杂志与女友网、手机报、电子刊物等多媒体并存互动。

　　进入新世纪之后，"女友"在一如既往的提升纸质媒体质量的基础上，开始全力推动传统媒体与新媒体的媒介融合工作，我们要求集团所有采编人员必须要熟知并熟练运用网媒编采刊发技术，做全媒体人才，我们的每本杂志都有自己的论坛、博客、微博，与读者实时互动。平面媒体的编辑在策划稿件伊始，就与网络论坛、博客、微博充分互动，找选题、做调查，稿件成形后，网络会第一时间刊出稿件制作花絮。

　　……目前，"女友"正在尝试实施"三转型"，即：刊物转型、刊社转型和人员转型。所谓刊物转型，就是从单一的平面媒体到网络媒体、电视媒体、手机媒体等多媒体互动，全媒体经营；刊社转型，就是更进一步深化体制改革、机制创新，建立科学化、规范化、集团化的市场运营体制和机制，更好地适应未来传媒发展的需要；人员转型，就是通过提高编辑、经营、管理三支队伍的综合素质，培养和选拔一批"复合人才"，打造"复合媒体"，展开全方位、多层面的复合媒体经营。

　　与此同时，针对当前的女性期刊从风格到内容存在着的同质化问题,《女友》一直在探讨着:如何在"千人一面"的同质化竞争中寻求突破,脱颖而出,形成独具特色的"女友"风格,为此,她们根据女性读者不同年龄段的个性需求,将其品牌旗下的刊物进行了明确的市场定位和受众细分:

《女友》(校园版)的目标读者是16—21岁的校园一族和22—24岁的职场新鲜人。他们对未来有信心,对人生有想象,对爱情有期盼,需要一本贴心的读物陪伴和引领。这个年龄段是渴望提升自己、成就自己,并不断地认识自我的人生最关键时期。因此《女友》(校园版)致力于以"青春闺蜜"的身份关注年轻男女的心智成长,陪伴他们前行,给适龄读者带来活力、梦想、励志和时尚。

《女友》(家园版)的目标读者是24—28岁中乐于享受家庭生活的城市女性。她们感情稳定,生于物质丰富的年代,注重享受,渴望提高生活品质,喜爱新鲜事物,具有国际视野,乐于体验家庭生活细节和学习处理家庭关系。

《女友》(花园版)是中国第一本分享式职场女性时尚生活杂志,倡导职场轻盈、流行新鲜、生活盛放的生活理念。它的主体读者年龄在25—38岁之间,受过良好的高等教育,拥有稳定并自己深深喜爱的工作,经济独立,生活宽裕,追求生活品位,相信自己有能力追求更高品质的事业和生活,想成为美丽、成功、有品位的女人。

……女性作为媒介受众,更喜欢能看得见、摸得到、可能随时翻阅的有质感媒介,更习惯接受那些直观、简单、美好、实用,具有贴近性、观赏性、人文关怀感的媒介内容。从这方面来讲,"杂志"的媒介形式和传播手段在反映女性主题内容方面具有先天的优势,更容易被广大女性所接受。

〔编读往来〕

访《女友》杂志社有感 ①

2012 年 11 月 13 日，我来到了 1988 年在西安创刊的《女友》杂志社参观，现在叫做《女友》传媒集团。从没有想过有一天，我会来看望并且见到这位住在西安的我心中的老朋友——《女友》，我想我只是一名读者。

我从 1998 年开始阅读《女友》杂志，那个时候《女友》定价 5 元，是我每月必不可少的精神食粮。2000 年我大学毕业，互联网已经开始在内陆起步，我由于处在毕业时期，四处奔波，不能及时购买到《女友》杂志，所以我想有没有一种可能性，就是在互联网上找到《女友》电子版。抱着这样的想法，我试着到网上去看看，就这样走进了女友论坛，一晃 11 年过去了。

论坛的创始人是海天。直到上个月，我第一次见到海天。是的，我第一次见到在 11 年前认识但是从未谋面也从未想过要谋面的人，这本身，已经让我觉得很难得。过了一个月，我因为有去西安的行程，在没有特别安排的情况下，2012 年 11 月 13 日上午 10 点，我来到了早已在 14 年前心里默默认识的杂志社，这一切，是那么的自自然然。在我经历从学生到职场之后，我来到一个在我学生时代认识的杂志社，这种感受非常特别。

这是一场没有期待的期待。

在一个真实的环境里，我们并没有谈到很多和杂志、和论坛有关的事情，我就坐在编辑的座位旁边，静静的翻翻杂志，到走道里拍拍

---

① "女友社区"论坛〔杂志互动〕《访〈女友〉杂志社有感》http：//bbs. ny1988. com/thread - 1001504 - 1 - 1. html。

照片。但是，在那个环境里，我觉得有一样东西苏醒了，就是记忆。《女友》从月刊到半月刊，从一个产品到四个产品，历经23年，很多东西物是人非了，可是我却想起了袁倩的手绘插画，这是在那个年代的《女友》独有的魅力。当我回忆到这些时，编辑说，前两天在《女友·花园》里还看到有袁总编的插画呢。我听到了，甚是欢喜。

　　虽然没有见到袁倩，但是感谢她将那些美好的岁月画在了我的回忆里。忽然想起孟庭苇的一首民谣，这样唱道："你和我所有的回忆，全放在我心里面，到永远。"

下　篇

新时期女性期刊的变迁

第六章

女性时尚类期刊崛起

第一节　中国女性时尚类期刊的发展概述

一　女性时尚期刊的概念及含义

（一）时尚的概念及含义

关于时尚的概念说法很多，有意大利的时装设计师说过，"时尚就是街头人们中的最令人兴奋的东西"；也有美国时尚媒体的评论员说，"时尚就是把经常放在一起的东西不放在一起，把经常不放在一起的东西放在一起"。

在"时尚互动百科"中是这样解释的：简单地说，顾名思义，时尚就是"时间"与"崇尚"的相加。在这个极简化的意义上，时尚就是短时间里一些人所崇尚的生活。这种时尚涉及生活的各个方面，如衣着打扮、饮食、行为、居住甚至情感表达与思考方式等。很多人会把时尚与流行相提并论，其实并不如此。简单地说，时尚可以流行，但范围是十分有限的，如果广为流行，那还有时尚的感觉吗？其实，时尚并不是一个具体的概念，它并不存在却又真实地影响、反映着人们的生活状态，随着社会潮流、人们思想的变化，时尚的概念也会随之改变。1978 年版的《现代汉语词典》把"时尚"解释为"当时的风尚"，而"风尚"一词，又解释为"在一定时期中社会上流行的风气和习惯"。但是在 1999 年新版的《辞海》中已经有了内容更为丰富的解释："一种外表行为模式的流传现象。如在服饰、语言、文艺、宗教等方面的新奇事物往往迅速被人们采用、模仿和推广。表达人们对美的爱好和欣赏，或借此发泄个人内心被压抑的情绪。属于人类行为的文化模式的范畴。时尚可看作习俗的变动形态，习俗可看作时尚的固定形态。"

总之，时尚是个包罗万象的概念，它的触角深入生活的方方面面，带给人的是一种愉悦的心情和优雅、纯粹的品位与不凡感受，它赋予人们不同的气质和神韵，能体现其高雅的生活品位，并展露其个性。每个年代、每个年份都有自己的时尚，战争年代的时尚是军人与武器，和平年代的时尚是体育与女性；2005 年中国的时尚是超级女声，2006 年世界的时尚是世界杯，2008 年中国的时尚是奥运会，2012 年的时尚是诺贝尔文学奖得主中国作家莫言。

（二）女性时尚期刊的概念及含义

《中国时尚杂志的历史衍变》一书的作者赵云泽认为："目前学界并没有统一的时尚杂志的概念，在各种大辞典上也没有对其明确的解释，时尚杂志甚至不存在于期刊的分类当中。中国新闻出版总署将期刊分为综合类、哲学社会科学类、自然科学技术类、文化教育类、文学艺术类、少儿读物类、画刊类；美国将期刊分为消费类期刊（Consumer Magazine）和商业类期刊（Business Magazine），都没有将时尚杂志单独分类。但时尚杂志已经自成格局，在种类繁多的杂志中独树一帜，特点鲜明。业界和学界已经将一部分具有共同特征的杂志约定俗成地称为时尚杂志。"①

其实，"女性时尚杂志的产生并不是无根无源的，它从出现到成熟有着一段相当悠久的历史。在 17 世纪时，由于法兰西国王路易十四的大力倡导，法国的时尚产业迅速发展，奢侈华美的凡尔赛风格就是此时形成的。因此，巴黎在与荷兰、意大利的商业竞争中掌握优势，赢得先机，站在了世界时尚的顶峰，这种优势一直延续至 20 世纪中叶。与此同时，时尚杂志的雏形也在这个时期形成。那是一种传播流行时尚信息的小册子，流行在宫廷贵妇与纨绔子弟之间，用于介绍沙龙文艺、裁缝铺子及服装首饰的最新流行款式等。到了 19 世纪，由于书报业的蓬勃发展，时尚杂志也随之广为流传。然而，真正具有

① 赵云泽：《中国时尚杂志的历史衍变》，福建人民出版社 2010 年版，第 8 页。

现代意义的第一本时尚杂志并不是诞生在引领世界时尚将近四个世纪的巴黎，而是诞生于现代出版业更为发达的美国"①。

我国女性时尚杂志的发展最早可以追溯到 20 世纪二三十年代，"在素有'小巴黎'之称的大上海就已经出现了女性时尚杂志的萌芽。这个时期的上海，城市化进程加速、城市文化娱乐需求增长以及鉴用西方的先进印刷和摄影技术，已经产生了一些初具'时尚元素'的报刊。它们大多以时装、化妆、美容、旅游、生活、休闲娱乐等作为主要表达方式，鼓励消费、注重享受，关爱女性日常生活和情感等，这多少可以看出一些当今女性时尚杂志的影子。那时最具当代女性时尚杂志雏形的当属良友出版公司 1927 年出版的《现代妇女》（1928 年更名为《今代妇女》，后更名为《妇女画报》）。在《今代妇女》的'征稿条例'中，曾有这样的描述：'本志乃属妇女家庭之刊物，图文并重，每期需稿甚多。照片方面，如妇女生活，女界名人介绍，家庭儿童等；图画方面，如妇女时装，房屋装饰、漫画以及富有兴味之黑白书画等；文字方面，如关于妇女问题探讨之论文，中外女界名人传记、家庭日常生活之研究……俱极欢迎。'由此可见当时的《今代妇女》已初具如今时尚杂志的种种特点，该刊于 1931 年停刊"②。

但严格说来，我国女性时尚杂志的真正产生与发展，还是在改革开放后的 20 世纪 80 年代后。所谓"时尚类杂志"其实只是一个民间定义，专门用来指代那些印刷精美、定价较高、内容上侧重于服装、美容、情感、都市生活等方面的一类杂志，绝大多数面向有一定教育水平和经济水平的"白领"阶层以及成功人士。这类杂志价格大都在 15—20 元之间，因为纸张好，画面清晰，又具有现代社会的超前意识，所以销售前景良好，印数都在 10 万—35 万份之间，有的甚至更高。事实上，新闻出版署的图书、期刊分类表中从没有如此目录，但出于约定俗成的缘故，传媒和读者都理解接受了。在期刊市场上，此

---

① 风雨同路人的博客：《女性时尚杂志研究》，http：//www.hyedu.com/oblog/u/34933/archives/2008/9896.html。

② 戴廉：《女性时尚杂志的历史沿革与全球化现实》，http：//kejiyuqiye.bokee.com/2080031.html。

类杂志是近几年发展最为迅速的杂志种类之一。

二　中国女性时尚类期刊的发展脉络

中国女性时尚类期刊的发展，从 1980 年到 2012 年可具体概括为三个阶段：

（一）女性时尚类期刊的诞生阶段（1980—1988）

我国真正意义上的女性时尚杂志产生是在改革开放之后。随着我国政治经济和文化环境的日益宽松，对外文化交流的逐渐扩大，一方面伴随着社会经济的快速发展，人们的物质生活需要渐渐得到了满足，并且人们的思想开始觉醒，进一步走向开放与多元，开始追求个性和魅力，对时尚话题产生了浓厚的兴趣；另一方面市场经济的发展也刺激了流行文化的兴起，为时尚期刊的快速发展提供了生存的土壤。这一时期时尚杂志的诞生主要与国家政策的宽松、女性生活质量的提高和观念的更新密不可分。

1980 年 2 月，中国当代第一本时装时尚类期刊——《时装》诞生，之后的 1981 年、1982 年和 1985 年，《现代服装》《流行色》和《上海服饰》先后创刊。5 年内 4 家专业性时装杂志相继面世，其中《时装》和《上海服饰》的问世颇受读者青睐。经历了"文化大革命"时期的单调服饰，20 世纪 80 年代初的中国女性开始追求个性装扮，因此对时装杂志的需求极为迫切。据《时装》杂志统计，20 世纪 80 年代，其最高销售额曾达每月 80 万册。但此时的时尚期刊仍处于初级阶段，还未进入市场化运作阶段。

（二）女性时尚类期刊的发展成熟阶段（1988—1998）

1988 年，法国桦树·菲力柏契出集团和上海译文出版社联合推出杂志《世界时装之苑——ELLE》，该期刊是中国第一本国际化版权合作的时尚杂志，由此拉开了中外期刊版权合作的序幕，中国女性时尚类期刊也开始步入了蓬勃发展阶段；1993 年，《时尚》杂志诞生，这是第一个本土化时尚类期刊，标志着中国时尚工业本地化运作初显端倪；1995 年 9 月，由中国轻工业出版社与日本主妇之友出版社合作推出的《瑞丽》期刊创办，该杂志的市场定位非常明确——走实用、时尚路线，加上其成功的经营战略，迅速成为国内销量第一的时尚杂志。进入 21 世纪后，时尚期刊广告收入前 10 位中，这 3 家一直名列前茅。所以，在这一阶段的时尚期刊市场，《世界时装之苑——ELLE》《时尚》《瑞丽》杂志三足鼎立的局面已经形成。

（三）女性时尚类期刊的繁荣时期（1998—2012）

1998 年，《时尚》与美国 *COSMOPOLITAN* 进行版权合作，推出《时尚 COSMO》，《时尚》杂志由此走上集团化经营的道路，进入高速发展阶段；2003 年，《时装》与法国 L'OFFICIEL 合作出版《时装 L'OFFICIEL》；2005 年 9 月，挟着百年"时尚圣经"金字招牌的《VOGUE 服饰与美容》在上海面市，曾创造了几次广告销售的奇迹，这与其一直实行本土化策略息息相关。在这 15 年间，大范围的版权合作和本土化战略引领中国时尚类期刊进入繁荣发展时期。

第二节　1980 年，中国第一本女性时尚杂志——《时装》创刊

一　《时装》杂志创刊背景

1980 年 2 月，中国当代第一本时装时尚类期刊诞生，英文名字叫 Fashion。那是薄薄的 40 个页码，由两枚纤细的订书钉装订而成的一本杂志。20 世纪六七十年代的中国人当时并没有时装文化的概念，《时装》的创办起到了一个启蒙的关键作用。《时装》曾投巨资在美国实地拍摄每期的时装图片，并选用世界一流的模特、摄影师、化妆师、造型师，这种对高品质画面的唯美追求正是时尚期刊所致力要展现给读者的。

《时装》创刊号封面

《时装》在创办初期，主要介绍中国服装市场的一些情况，告诉读者什么是时装，什么叫时装文化，如何着装打扮，什么是潮流等知识以及国外的时装资讯。首期封面人物造型，侧头，微笑，抬手，偏

身，但没有发刊号，只是在编后语中写道：创办本刊的目的就是为了加强服装设计、加强企业同外贸部门的联系，介绍我国优秀的服装产品及国外服装款式、国际服装市场情况，以提高我国服装竞销力，促进我国服装出口贸易的发展。之所以不称之为"女性时尚杂志"，是因为在当时该杂志的内容还是综合性居多，并不像现在的女性时尚类期刊主要以"女性"作为受众对象。

直到 20 世纪 90 年代末，《时装》杂志封面人物一直都是时装模特而不是明星。杂志这样做的原因是坚持做一本专业的时装类杂志，而不是做成一本娱乐性的杂志。如社长周长青所说："我们比较执着，我们一直在用模特，因为我们毕竟不是一本娱乐性的杂志，我们是一本专业性的时装类杂志。我们觉得用模特来做封面，她更能悟出女性对服装的感觉。打明星牌也是很多杂志的做法，也是一种很好的做法，但并不是唯一的做法。"①

"在 80 年代初，中国的服装只有两种颜色：灰色和黑色，是《时装》杂志让中国老百姓第一次接触到有色彩的时装世界。自创刊的十年内，《时装》杂志的发行量始终占首位。当时全国 100 万读者群，《时装》杂志的发行量占 80 万。"②

《中国第一本时装综合类的杂志〈时装〉》百科条这样赞誉《时装》杂志："它是中国时尚文化的领骑者，更以中国第一本时装类杂志的身份，确定了在世界时装史上的重要地位。它亲历了中国时装在改革开放之后所发生的巨大变化，同时它也把来自世界各地最新的时装资讯传递给国人。它的出现对中国《时装》文化的启蒙和时装业的发展都作出了很大的贡献。"不可否认，今天的《时装》已经是一本拥有国际化采编阵容的国际知名杂志，并建立了包括巴黎、米兰、东京、纽约、汉城及我国香港等时装大都市的情报网络。

作为中国第一本女性时尚期刊的《时装》杂志，它一路走来的业绩可谓可圈可点，为我国时尚界做了不少开创性的事。1980 年创刊之

---

① 佚名：《2003 年〈时装〉杂志社主编、社长作客新浪聊天实录》，http：finance. sina. com. cn/roll/20030815/1507407978. shtml.

② 时装 L'OFFICIEL - 读览天下，http：//lofficiel. dooland. com/.

后，1982 年即第一次采用外国模特制作封面；1983 年组织首次国外大师来华表演，皮尔·卡丹由此进入中国；1985 年《时装》杂志社创办了中国第一支时装模特队；1986 年《时装》杂志社首次去法国参加国际时装节，中国时装记者首次参与报道国际时装流行趋势；1988 年《时装》杂志社举办了首届中国模特大赛；1997 年《时装》杂志社举办中国第一次时装摄影大奖赛……

因此，我们有理由这样说，《时装》对中国时装文化的启蒙和时装业的发展作出了很大的贡献，起到了里程碑的作用。

二 《时装》携手《L'OFFICIEL》

1921 年在法国诞生的《L'OFFICIEL》杂志（中文译作《巴黎时装公报》或《巴黎时尚潮》），是法国高端、顶尖的时尚杂志，也是法国乃至全世界最早的时尚杂志之一，目前它拥有 10 个国家版本，覆盖全球 70 个国家。《L'OFFICIEL》在世界精品杂志范围内几乎没有任何竞争对手。任何想要跨入潮流前线的品牌和模特都深深明白，《L'OFFICIEL》是他们必须征服的最高峰。在中国国家图书馆，关于法国著名时装杂志《L'OFFICIEL》的介绍，有这样一段文字："这是一本以高档女装和上流社会时尚生活为主要内容的女性时尚杂志，涉及以巴黎为主的法国上层社会关注的话题，如高级女装、美容化妆、欧洲经典的文化艺术活动和贵族沙龙文化，特点是时尚而贵气，有着浓厚的优雅的艺术气氛。"它告诉我们，有西方"时装圣经"美誉的《L'OFFICIEL》，过去是、现在是、将来也仍是世界潮流的领导者。

2003 年 11 月，《时装》携手《L'OFFICIEL》，从此中国便有了自己的奢侈品类杂志——《时装 L'OFFICIEL》。其全面改版后，《时装L'OFFICIEL》把目标读者定位为：成熟的知性女士，她们拥有良好的经济实力与教育背景，具有高尚的品位，崇尚精品生活，渴望融合东西方的经典文化，并且希望能在更高级的层面上提升自身的时装品位和时尚情趣。秉承来自塞纳河畔的法式风情"百分百的时尚，百分百的奢侈"，兼容中国式雍容含蓄、细腻精致的东方理念，这本中国目前唯一定位于介绍高级时装及消费品类的时尚杂志《时装L'OFFICIEL》，为时尚精英们呈献出国际一流的时装资讯精品——国际豪华大开本，228 页彩色精印，精选法版内容，并配合原《时装FASHION》的精品栏目，精致大气，年轻优雅，让国际化与本土精神得到最完美的融合，全方位引导流行与消费潮流。

30 年来，《时装 L'OFFICIEL》杂志一直秉承"从容、睿智、富有品质"的办刊宗旨，用诸多"第一"征服了中国时尚界一座座高峰——从首次组织国际时尚大师 皮尔·卡丹来华表演，到组建了中国第一支时装表演队，发掘了新中国第一批具有专业水准的职业模特，举办中国第一次时装摄影大奖赛，举办第一届中国服饰文化大奖赛，再到首次提出"红毯整体形象打造"的理念。《时装 L'OFFICIEL》宛若一位雍容华贵的女性，迈着优雅的步履，始终走在中国时尚界的前沿。(参见《时装 L'OFFICIEL》，好搜百科网)

附精彩阅读：

王菲：我非传奇（精彩片段）

《时装 L'OFFICIEL》（2011 - 02）

你可以不喜欢王菲，但你不能不谈王菲，否则你就 out 了；你没必要知道王菲获过的奖项，因为你根本数不过来，她获得任何大奖都是理所应当；她在乐坛时，大街小巷放着她的歌，她不在乐坛时，大街小巷都谈着她本人；那一年，她说要暂时离开，就头也不回地走了，这一次她没说要回来，却自然而然地开唱……解读王菲，就记住一句话，没什么是不可能的。

Part 1　天后王菲

人们总说，去听王菲的演唱会是很值的一件事，从来没有过其他歌手能够在这样的时间里，唱如此之多的歌，如此纯粹地唱歌。王菲总是说："我的生活似乎一直是有方向没计划的，当时的心态加上机遇就有了某个决定，都是水到渠成的事情，从来没勉强自己做什么，工作安排也是顺其自然的。"退隐歌坛的几年里，她从没有真的离开大家的视野。从《宽恕》到《幽兰操》，从《笑傲江湖》唱到《天龙八部》，她结婚生女，做慈善办基金会，出席各种与演出无关的活动，各种与死党朋友们的聚会。人们只见她上街扫货，只见她刚下飞机，一会儿她不修边幅，蓬头垢面，一会儿又见她穿着时尚，冷艳逼人……她的一举一

动受到大家的关注，所到之处惊艳一片。王菲离开了舞台，却从没有离开过大家的视线。复出的消息传开了又散去了，粉丝们激动的心捂热了，又放凉了。当大家终于不再奢望，认为王菲的的确确"说不唱就是不唱了"，王菲的演唱会，开了。

Part 2　懒人王菲

离开 5 年，她又一次站在舞台上，我们问起她演出前怎样准备，如何把握自己，王菲甩出一句"顺其自然"；问她未来的规划，何时出作品，她表示暂没有出专辑的计划，但是不排除会出单曲；问起她想尝试的曲风，她说没有特别的偏爱；问她希望呈现自己的风格，她说从来都没有刻意追求过；问道最喜欢什么风格的穿着，她回答越不精心的装扮越适合……她的答案总是挑战着想刨根问底的采访者的极限，但又实际的让人无可奈何。

上海的演唱会由于道路曲折很多观众迷了路，王菲则耐心地选择晚开场；碰到索要签名的菲迷，她也会欣然应允。曾经，有多少歌迷因被她拒绝签名而耿耿于怀？大家都说这几年王菲变了，从高高在上的女神位置上走下来，变得很亲民。然而王菲却并不关心自己在别人眼中的这种"改变"，她说："每个人对事物的解读都是在揭示他们自己，所以被读成什么样子都不应该介意。所以如果有人通过读我发现了爱和慈悲等美好，我会感到欣慰，如果有人看到了丑恶阴暗的面

相，我希望他以我为戒，并从此走向光明。"这段话，难免有玩笑的成分在里面，但足以看出王菲的洒脱。让她看着别人的脸色过日子，做不到！

Part 3　凡人王菲

隐去了天后的光环，褪去神秘的外衣，王菲也是凡人，和平常人一样过着和朋友、家人和睦相处的小日子。她的冷峻，她的神秘，无一不是外人对她的猜测。她的改变，她的成长，也正如任何人经过时间的洗礼都会改变一样，每个人性格中那些锋利的部分，有朝一日都会被生活磨平。

"回忆起 19 岁的我刚刚到香港一年，正在对新环境的不适应当中，也面临着人生路径的选择问题，心情并不轻松，但同时又在不自觉大量地吸收知识与不断学习。现在想起来那正是处于酝酿和蛰伏期。但在当时，那种碰撞并不好受，除了邓丽君之外，开始接触大量的西方音乐。从 soul music 到摇滚乐都有接触，都对我后来的音乐有不同程度的影响。我好像一直都有一种方向感，在做重要决定的时候，这种直觉尤为清晰并且表现坚定，别人会把这种表现定义为叛逆，包括我的父母。我想说，为了什么而叛逆很重要，不清楚方向的叛逆没有意义也没有力量。同时为了更有意义的事而妥协和放下自我则更为可贵，这是我这几年的体会。"

在大众的心目中，王菲是冷傲的，现实生活中她更喜欢自己柔软些。她有着和睦的家庭，疼爱她的老公，贴心的女儿们，在问起家庭和工作的重要性的时候可以毫不犹豫地回答"当然是家更重要"。她可以每天读诵《金刚经》给女儿听，让女儿了解如何看待生死。她执着地相信，每个人在不同的阶段也会有不同的感悟……

第三节　1993 年，《时尚》杂志横空出世

一　关于《时尚》杂志

诞生于 1993 年的时尚传媒集团（原《时尚》杂志社），是我国第

一个本土化时尚类期刊出版集团。目前它已
在书刊编辑、出版、广告、印刷、发行等方
面形成立体化规模经营。得益于"国际视
野、本土意识"的经营理念，它先人一步地
跟国际众多品牌杂志进行了版权合作，并在
合作交流中壮大了"时尚"品牌。完全自创
的本土杂志和国外授权的合作杂志共同成
长，相得益彰，使时尚传媒集团成为中国期
刊界的一个经典、一个传奇。

　　《时尚》的创业历程被一些报刊总结为"时尚模式"，而其中最为
业界津津乐道的便是《时尚》杂志社的本着"国际视野、本土意识"
的办刊理念，与世界上一流的出版商强强联手，采取版权合作的形
式，把国际前卫、新鲜的流行资讯和国内时尚采编的智慧精华融汇一
体，完美融合国外时尚精髓和中国传统文化，使《时尚》系列刊物既
引领潮流，又贴近生活，完成了一个又一个华丽转身。

　　"时尚，因梦想而成长。二十年间，时尚传媒集团从四合院迁到
时尚大厦，从几个人的小企业成长为上千人的大集团；从成立之初创
办了中国第一本时尚杂志，到现在发展成为拥有十八本杂志、十二本
ipad 杂志、四本 iphone 杂志、五档电视节目、两档广播节目的大型综
合传媒集团；在传统媒体基础上丰富了多种新媒体，更将时尚与电
视、电影、广播、话剧相结合，成为带动不同领域、推动多个文化行
业融合发展的传媒集团。时尚一直以梦想构筑未来，不断转型，迈向
新的事业高度和成就。"①

　　时尚改变生活，时尚影响中国。关于"时尚"它有着自己独到的
诠释：时尚是一种文化，是一种品位，是富于深刻内涵的社会现象。
时尚不是盲目的消费，当然更不是荒唐的挥霍。时尚是价值的实现，
是修养的外化，是消费领域足以折射人的素质的全方位关照。时尚是

_____

① 《迈克尔·杰克逊"不朽传奇"掀时尚传媒集团二十周年庆典高潮》，生活消费，
http：//live. china. com. cn/2013－08－12/content－6201606. htm，2013 年 8 月 12 日。

一种积极的生活态度，一种生命力，时尚是永远的璀璨，是一种持续的前卫，时尚是对一个时代的传承，是对梦想的提炼。

20 年来，随着时尚理念的逐步渗透，我国在生活态度、生活品位等层面上的观念都发生了剧变。时尚就像一扇窗，对美的追求，对品位的感受，对梦想的追逐都已经因这扇窗的开启而实现。作为时尚传媒集团的创始人之一，刘江将这种改变称之为"田间小雨润如酥"，看似不经意，却能量巨大，这种能量对我们每个人的影响，则是"用时尚影响中国"的真实写照。而在这一进程中，引领了中国时尚发展的传媒集团也深谙其自身的历史使命——做中国时尚生活的领导者、中国时尚文化的创造者和中国时尚产业的推动者。

而关于时尚集团的传奇发展历程在《三个年轻人和一本时尚杂志》① 一文中有着非常详细的描述：

《时尚》杂志创办人之吴泓

那是在 1992 年，时值邓小平南巡讲话刚刚发表，中国掀起了第二轮"下海"热潮。《中国旅游报》的三个年轻的小伙子吴泓、刘江、张波也不甘寂寞，摩拳擦掌起来。吴泓最先提出办一份杂志构想，立刻得到刘、张二位的赞同，他们又请来了报社里年岁稍长的忘年交艾民，创业的队伍就此成立……

吴泓，1963 年 7 月生，汉族，江苏人，1983 年毕业于南京大学中文系，毕业后被分配到《中国旅游报》工作。

刘江，1956 年 11 月生，汉族，北京人，1982 年毕业于北京师范学院中文系，前后在门头沟大台中学任教 5 年，1985 年调入《中国旅游报》。

---

① 孙燕君等：《三个年轻人和一本时尚杂志》，《期刊中国》，中国社会科学出版社2003 年版，第 53 页。

张波，1968 年 11 月生，
羌族，四川人，毕业于中央民
族学院中文系新闻专业，1989
年进入《中国旅游报》。

艾民，1942 年生，汉族，
辽宁人，少时从军，从连队士
兵一直干至团职军官；后因
"文革"中遭受"四人帮"迫

《时尚》杂志创办人之刘江

害，赋闲多时；1987 年始入《旅游》杂志学习，从事版式业务；
1991 年受聘到《中国旅游报》任版式编辑。

四个人所拥有的独特之处便是锐利的眼光、超前的意识、坚定的
信心和持之以恒的毅力。首先提出办一本杂志想法的是吴泓。吴、
刘、张三个人的合作其实从 1990 年便开始了，当时正值中国报刊界
月末版、周末版方兴未艾，《中国旅游报》的工作不能满足三个抱负
满胸、精力充沛的年轻人，所以他们主动请缨办一份《中国旅游报》
彩色的月末版，获得了领导的充分信任和支持。

……做旅游报刊，有机会接触到不少海外的资讯，也了解到一些
海外商家苦于在中国没有"平面着陆"的途径，因为国内没有合适的
生活杂志刊登广告。他们从旅游免税商店了解到很多品牌进入中国市
场的心情十分迫切，可是在中国做广告很难，高档耐用消费品一般选
择杂志广告，可是在中国没法平面着陆。这些情况启发了这几个头脑
灵活的年轻人，激发了办一本杂志的念头。

一开始，他们就把目标定在了"高档豪华"上，针对正在兴起的
"白领"阶层，像国外的杂志学习，走一条以刊登广告为生存支柱的
杂志……1993 年 4 月 22 日，国家旅游局正式接到新闻出版署的批文，
杂志终于可以正式上马。报社领导将东单西裱褙胡同的一处仓房小院
腾出，作为杂志的办公地点，又拨款 10 万元，作为开办经费。就在
这个不起眼的小院里，日后在中国期刊界举足轻重的《时尚》杂志诞
生了。

杂志要做高端，第一期的《时尚》就花了 8000 元拍摄一组时尚

大片，几乎用去了整个经费的十分之一，如此大手大脚，只是为了追求心目中的完美。但是，工作人员自己却要俭朴再俭朴。搜罗报社里弃置不用的旧桌椅，花 200 元请熟人修缮房屋，为了节省保安费用，负责行政财务的艾民自己上阵，看门看院，几个椅子一拼，在小院里愣是睡了一年。物质条件的艰苦丝毫没有影响这几位理想主义青年的决心："咱们是身居寒微简陋而胸有大志，就是要在这小院儿里办出中国第一流高端杂志来！"

经过 4 个月的艰苦劳动，1993 年 8 月 8 日，《时尚》创刊号问世了。尽管在今天看来，《时尚》的创办者抓住了一个千载难逢的好机遇，恰好适应了中国物质、文化生活发展的需求。但是，在创刊之初，办这样一本杂志，面临的是一片怀疑的眼光。吴泓等人多次向报社的同仁们发出"诚邀加盟"的信息，但却无人响应；做市场调查，听到的也是"断然不可行"之类的定论；即便是第一期杂志出版，有的发行单位因 10 元钱一本的高定价而将他们拒之门外……

对于吴泓、张波、刘江、艾民四位"开国元老"来说，办《时尚》的过程无异于一个寻梦、造梦的过程。除了坚定的信念之外，他们几乎是"四无"人员，一无成功先例，二无读者市场，三无资金实力，四无办杂志经验。在《时尚》创刊前一直到发行了几期的时间里，"该不该办？""要不要办下去？"还是时不时地困惑着他们……

幸运的是，尽管面临重重阻力，国家旅游局的领导和《中国旅游报》报社的领导一直都支持着这个新生儿，把它当作报社改革的试验特区。李克夫社长曾经鼓励大家说："要敢于大胆尝试，'将军赶路，不追小兔'，走自己的路，别人愿意说就让他们说去吧。"……

最初报社批来的 10 万元经费，只办了一期就已经花完，吴泓等人又东拼西凑了 10 万元作出了第二期，此后，与吴泓关系不错的一家旅行社被他们的创业精神所感动，慷慨借出了 50 万元，支撑着年幼的《时尚》一步一步学走路。赔了三四期之后，《时尚》就已经摆脱了捉襟见肘的草创阶段，甚至有香港的广告商慕名找上门来。

1994 年，刚刚成立一年的《时尚》就已经有了不错的经营成果。劳累了一年的同仁们都欣喜地盼望着可以改善工作环境、增加收入了，但是吴泓却在这个时候提出将杂志改为全彩印刷。在此之前，《时尚》一半内容是胶版纸彩色印刷，另一半是黑白印刷。这个提议意味着要增加一笔不小的投入。经过全体工作人员的讨论，一致通过先改善杂志的面貌，后改善个人待遇。以杂志为重心，个人利益放后，从这一点来说，年幼的《时尚》是幸运的，吸收了更多的关爱，自然能够更快地成长。

　　1997 年，对于《时尚》的发展来说，是至关重要的一年。不仅因为《时尚》由双月刊改为单月刊，这一年还有三件大事推动了《时尚》腾飞的脚步。一是转换印刷厂，《时尚》由北京的百花印刷厂改为深圳的当纳利旭日印刷有限公司。为了适应异地印刷的新形式，《时尚》投入几十万元人民币购置先进的编排、制作设备，并对采编人员进行相应的培训。此举不仅提高了印刷质量，同时促进了编辑、制作流程的标准化、规范化。二是自办发行《时尚》果断地做出决定，放弃邮局发行和自办发行结合的方式，全部杂志改为自办发行。三是版权合作，与国外著名期刊进行版权合作。当初，创办《时尚》的原因之一，就是吴泓等人注意到国外的高档生活消费类期刊已经有几十年的历史，并且办得很成功。于是，从创办伊始，《时尚》就十分注重吸收国外先进的办刊经验，1997 年 9 月，时尚杂志社与美国 IDG 合资成立时之尚广告公司，开始寻求国际版权合作，最后，通过 IDG（美国国际数据集团）与世界著名杂志集团赫斯特集团合作，此举将《时尚》的成长带入了一个腾飞的阶段。至此《时尚》的面貌焕然一新，封面变为美丽的金发美女，整个的设计风格也初具国际大刊的风范，"从 1998 年 4 月起，我们可以分享全球 38 个国家的编辑、记者的成果了，《时尚》又迈出了一大步"。谈到这一点，吴泓总是喜悦之情溢于言表……

　　一丝不苟的办刊态度加上国外大刊的合作经验，使《时尚》在短短的几年间迅速成长，在时尚生活类期刊领域名列前茅。眼前的成功并没有让《时尚》人放慢发展的脚步，而是更加坚实地迈出拓展领域的步伐。进入 2000 年，《时尚》紧锣密鼓地连续出击，进入到扩大版图、组建期刊航母的时代。1997 年，《时尚》就分为《伊人》和《先生》两个专刊，单、双月交替出版。1999 年，《伊人》变为月刊，《先生》保持双月刊，1999 年 4 月，《时尚·先生》与美国 *Esquire* 杂志版权合作，改为月刊。2000 年 5 月，《时尚旅游》全新改版，6、7 月份，《时尚家居》《时尚健康》相继创刊。2002 年 11 月，《娇点·Cosmo Girl》创刊。2001 年 8 月，与中国纺织品进出口集团公司正式签署期刊合作协议，合作出版发行《时尚·中国时装》。2002 年 12 月，《时尚时间》创刊。2003 年 1 月，赫斯特集团和《时尚》合作的《好管家》全新改版上市，《时尚健康·男士》创刊；2003 年 6 月，《华夏人文地理》创刊；7 月，《座驾》创刊。从一本到十二本，《时尚》的蜕变令人眩目……

二　《时尚》刊群之《男人装》

《男人装》为时尚集团在 2004 年隆重推出的一本男性综合类时尚杂志，它开宗明义就是要做"男人的真性情杂志"，它填补了男性期刊市场的空缺，也填补了男性心理需要的空缺。

《男人装》以其与众不同的传播方式、独特的价值观以及"趣味、真实、性感、实用"的办刊理念，迅速占领了时尚男士类刊物市场，稳居全国时尚男士类杂志发行量首位。(参见《男人装》杂志网)

附　蒙娜丽涛的微笑①

郭涛坐在椅子上，在对《蒙娜丽莎》《马拉之死》和《吹笛子的少年》三张名画反复观看后，露出了自信的微笑，不知是对这次表演感到举重若轻，还是对身上那件大低胸 V 领衫露出的胸毛有点不好意思……就这样，摄影师抓拍到了第一张："蒙娜丽涛的微笑"。

"男刊嘛，可以直接点。原话直接上，别温吞写我就好。"难得有人这么自信，或者说敢于真实。

我们都说，青年时代的真与热值得怀念，因为难以有人一直保

---

① 见《男人装》官方网站，http://enrz. com/fhm/guys/metrosexual/5294. html。

持，演员这个行当尤是。自小郭涛并不算乖小
孩，却也受了从艺父母的影响，进了中戏。在学
校时，他与好友孟京辉大张旗鼓地树起对戏剧的
新态度，誓要做反传统、反平庸现实主义的戏
剧，他将年轻的真与热安放在《放下你的鞭子》
《沃伊采克》《思凡》等戏剧中，并在《恋爱的
犀牛》时达到一个高峰，20多岁的他迅速成名。

　　孟京辉曾说过，他最放心郭涛去演戏，因为他去了片场后甚至能
帮他导几句、说几句。他将自己的真与热全部搁置在戏剧中时，反倒
让他的角色更多了一些人性化的部分。不过，戏演得再好也是戏，自
己在真正的生活里也只是刚解决温饱。

　　而后，他未掩自己对小康生活的渴望，转身进入影视圈，演过好
片，但更多是自己都不忍再看的烂片，这样浮浮沉沉了很多年。当年
宁浩拍摄《疯狂的石头》时，他不是第一个被邀请的演员，他不计
较，那会儿并没有人了解他，或者愿意了解他，他却从中找到了自己
的突破口。用他的话说，前几年沉浮也是积蓄能量，在关键时刻释放
自己，小成本电影《疯狂的石头》让他再次成名。之后，我们常在一
些卖座的电影中看到他的身影：是《黄金大劫案》里那位早年热血沸
腾却因无奈乱世生成如今落魄江湖的疯爹，又或是《白鹿原》中带着
点喜感的鹿兆鹏，却是一个真正的时代悲剧。或许，有一句话最能诠
释他将小人物演绎的那种回味——穷人哭的时候也是笑的。

　　时间没有抹去他对理想留存的那点期待，他在青年时代无处不在
的朝气与冲劲中添加了一些沉稳持重——无论经历多少世事也要认真
追求的表演状态。在人生这个大话题面前，他如此展现了自己的个
性："进了娱乐圈，总觉得影视演员跟肤浅两字挂钩，但后来慢慢明
白，好的角色一定有内涵，你要用自己的小追求去创造有内涵的小人
物，每个人能从中看出自己的悲喜来，这就是名画的价值所在。当
然，这需要一个过程，需要人挖掘，但有思想的人一定会爆发的。"

郭涛：这是个盛产小人物的时代

　　最初是我们想得太过理想，干得也太执着了。有人也曾嗤之以

鼻，说我是去演庸俗电视剧。这不重要，只要在艺术上这股劲一直有，你就可以通过任何角色来诠释自己，是金子在哪儿都会发光。你们看到的是癫狂或是执着的郭涛，甚至看到我能在《爸爸去哪儿》那样的节目上骂儿子，但你们不觉得，这是我完全放开后更真实、更真诚的我吗？这世界真诚的东西越来越少了。所谓条条大路通罗马，表演呢，不是只一条路可以走，做人也一样。关键是你有没有能力爱着你的职业，目前为止我还是挺喜欢这个职业的。

原来，我特别怕别人叫我演员。因为演员在一般人看来是被戏耍的小丑，没有什么含金量，没有真情实感，永远在做戏，肤浅且哗众取宠。我总想做点什么，成为男性演员中还算有点个性的演员，值得尊敬的，这就是支撑我往前走的支柱。钱在这个阶段对我而言没有太大诱惑力，更多是某个角色以及你要完成的目标会给我带来一些刺激。

人不可能永远在某个高度，有时得放下身段来。像我们这些所谓搞艺术的人，高雅和庸俗之间就是一线之差，你一不留神就掉悬崖去了，一不留神就被树杈刮伤了，江湖险恶啊。这是个盛产小人物的时代，你也得有点追求，比如让这个小人物有所升华。

不动则已，一动就一招毙命。少年轻狂真不好。演员容易受人追捧，受人盲目崇拜，真的感觉自己是没有缺点的人，所以到了一定年龄段，就得自我救赎，不然很难从泥浆里爬出来。在这圈子里做一个清醒的人太难了。

让自己更干净一点，让自己更安静一点。我还挺讨厌名人出书的，不过到今天为止，我觉得这本书还是依照我的初衷在表达，不孬，不傻。男人要做大事，你得先容得下东西，得经得起失败。失败一次、两次，关键在于你得坚持。但现在社会给所有年轻人传达的信息是，你能迅速赚到钱，忽略了这个复杂的成长过程。

我的父亲是一个很严厉的人，不善解人意，或者说简单粗暴。到目前为止我们都很难去交流，但他在性格方面没让我有缺失过，所谓男子汉，不仅是一种气概，更是一种胸怀、一种智慧。很庆幸，我用我的反弹力，或者是我的价值存在坚持住了，我觉得这种价值的存在感也是一种力量，也是一种呐喊。但很确定的是，那种阴影我绝对不想在我的孩子身上再出现。石头一般跟我"哼唧"两下，也就听话或者立马知道自己做错了。这样挺好的，我们之间已建立起一致的价值观了。（编辑/王可见《男人装》官方网站 2015 年 6 月 12 日）

附精彩阅读：

盘点建国 60 年 60 个时尚传奇（节选）①

时装是一种记忆，它以非文本的方式记录风格，存档思想，铭刻时代。透过不同时代或长或短的流行，那些逝去的记忆就会像画卷一样展开，活色生香地把一个个关于潮流、社会、国家的生动故事讲述出来。今天，当我们审视 1949 年至今的那些岁月，你会惊奇地发现，60 年的时装记忆已经远远不只服装变革史那么简单，而是一部写在每个不同年代的中国人身上的、鲜活而富有说服力的中国发展进程史诗。在新中国成立的 60 年中，中国男性也书写下了 60 年的时尚史，在国庆 60 华诞之际，我们以十年为序，历史为题，深入到新中国时尚 60 年的各个方面，为你讲述 60 个中国时尚传奇。

1949—1959 苏联的今天就是我们的明天

生活在 20 个世纪四五十年代的中国青年，看的是苏联电影，读的是苏联小说，唱的是苏联歌曲，喊的是"苏联的今天，就是我们的明天"的口号。所以，具有布尔什维克革命意识的服装在那个年代就成了至 in（流行）的大众时装。

1. 哥萨克式斜开襟小立领衬衣

虽然十月革命的附带产物——"哥萨克"式诞生的年代已经有些

---

① 《时装 L'OFFICELHOMMES》，http://style. sina. com. cn/fashion/cosume/2008 - 09 - 29/174249555. shtml.

久远，但其实并不算陌生，且不说 Pierre Cardin 那些经典的哥萨克衬衣，08 秋冬 Gucci 还让哥萨克骑兵驰骋于米兰 show 场，而 20 世纪 50 年代的中国，在城市里，男青年们穿一件哥萨克式斜开襟小立领衬衣，扎在长裤里，就是当时最新潮的男装打扮。

2．伊凡诺夫式鸭舌帽

其实旧时国民党的特工人员也常戴这种"鸭舌帽"，用以遮挡前额，那时被称为"特务帽"，而当共产党的地下工作者戴它时，它又有了另外一个名号"列宁帽"。20 世纪 50 年代后，戴这种帽子的以铁路司机居多，矿工次之，于是它便有个形象的称谓"工人帽"。当时只要沾上一点儿苏联的边儿，似乎就代表苏维埃精神，就意味着是一个"布尔什维克"。于是，男人们，即使不是工人，也纷纷向苏联工人老大哥学习，戴一顶被称作伊万诺夫式的鸭舌帽。

3．列宁装

"做套列宁装，留着结婚穿。"是在 20 世纪 50 年代的中国年轻人当中颇为流行的一句话。有意思的是，列宁装本是男装上衣，却在当时的中国演变出女装，并成为与中山装齐名的革命"时装"，有些"男装女用"，中性主义的意味。它的外观是西服领、双排扣、双襟中下方均带一个暗斜口袋，一般为蓝色或灰色，少数为米黄色。而且或多或少还带有些装饰性元素——双排纽扣和大翻领，有时还会附加上一条腰带，有助于女性身体线条的凸显。

4．布拉吉

布拉吉是俄语的音译，就是连衣裙的意思。20 世纪 50 年代，人们的视野中充斥着的多是苏联画报、期刊和电影，那里面人物的着装间接地影响着中国大众，而身穿"布拉吉"的援华女专家则成了大众直接模仿的对象——宽松的短袖、褶皱裙、简单的圆领，腰际系一条布带。布拉吉不但让 20 世纪 50 年代的姑娘们鲜活灿烂起来，还兼具表达政治倾向和社会主义国际阵容之间牢不可破的友谊的意识形态使命。

5．中山装

红帮裁缝——新中国的高级定制师。与时下中国许多本土设计师所经营的"高级定制"不同，红帮裁缝真正凭借着智慧与勤奋，于不经意间创造出中国第一款 Made in China 的现代服饰——中山装，缔造出中国近现代服装史的主体，也是新中国的第一批高级定制师。

　　中山装是孙中山和以王才运为首的的"红帮裁缝"创意与剪裁的结晶……当时孙中山穿着这套"中山装"在上海南京路走了一趟，全上海就轰动了，纷纷仿制，风行起来。从 1956 年至 20 世纪 80 年代末，整整 35 年，中山装一直是成年男性的主流装束……毛泽东对"中山装"也非常欣赏，一直坚持穿中山装，因此"毛装"（Mao Suit）是中山装在西方人那里的一个别称。

6. 护肤的劳保时代

　　新中国成立初期，百废待兴，新中国的轻工业还处于一个乱摊子的阶段，加之当时兴起的"三反""五反"以及整党整风运动，使得那个时代一切对于享乐的追求都显得不切实际与不合常理。当时人们所能用到的所有护肤品，也不过是一块肥皂和一罐凡士林或一瓶甘油，肥皂是为了清洁一天劳动下来的污垢，凡士林或甘油是为了保障天冷时户外劳动手和脸不被冻裂，这两样东西当时算作劳保的范畴，功能并不是让人变得更美，而是完全出于劳动保障的需要。

1959—1969　革命无产者的形象

　　进入 20 世纪 60 年代，伴随着政治上极"左"思潮的愈演愈烈，服饰标准由一般概念上的朴素而走向革命意志下的极端。

7. 灰、黑、蓝色——人人一身蓝

在那个特定的时代里，人们买服装、棉布和日用纺织品都要凭布票，为了尽可能地节约，购买服装的标准是耐磨和耐脏，灰、黑、蓝色成为不得已的"街头流行色"……

8. 补丁

三年困难时期，社会提倡"新三年，旧三年，缝缝补补又三年"。母亲们买回降价处理的桌布、床单及原供应农村的蜡染花布，自己加工染成蓝、黑色，为孩子缝制衣服的方法风靡一时……

9. 为人民服务挎包

2007 年 Cameron Diaz 在中国宣传《怪物史莱克 3》时就买了这样的一个挎包。去年的金马奖电影《海角 7 号》中阿嘉最后也是背着这样的挎包去送 60 多年前的那封信，Longchamp 还出了"为人民服务"限量版挂包。现在成了时尚的"为人民服务"挎包，在 20 世纪 60 年代，却是物资匮乏和政治信仰的产物……

10. 样板戏里走出的全民偶像

20 世纪 60 年代"文化大革命"全面爆发，中国的经济、政治、文化都遭到了空前的破坏。《人民日报》1967 年 5 月 31 日的评论《革命文艺的优秀样板》，而被确定为样板戏的文艺作品只有 8 个……这 8 大样板戏成了十几年间中国人的主要精神食粮，样板戏中的正面人物形象如洪常青、吴琼花等人成了当时的全民偶像……

11. 草绿军装、劳保服

那个年代，军人受到人们的广泛崇敬，随之而来的军人日常用品也极受欢迎和喜爱。拥有一套军装曾是无数年轻人的理想，年轻人都喜欢穿一身草绿军装，头戴草绿军帽，肩挎草绿书包，这对他们来说是一身奢侈的派头……

12. 全国上下一片红

在朴素单一的 20 世纪 60 年代，"全国上下一片红"当然不是指的人们服饰颜色的转变，而是指《毛主席语录》，因为封面是红色，而被称为"红宝书"。那时，人们饭可以不吃，觉可以不睡，但"红宝书"不可不带，连结婚送礼也必少不了一本"红宝书"。……

13. 毛主席像章

"文革"时期是中国历史上铸造毛泽东像章的鼎盛时期，所制数量约占总量的90%。第一枚毛泽东像章出现在1966年8月18日，是毛泽东在北京第一次接见红卫兵之后生产的，其直径为1.2厘米，红底、金像、圆形、铝制，随着这枚毛泽东像章的产生，佩戴像章热很快风靡全国。各地还相继成立了毛泽东像章办公室，毛泽东像章发行单位之广、面世数量之巨、制作品种之多却堪称世界之最。

1969—1979　初醒的时刻

20世纪70年代是新中国时装史上开始出现转折的一个特殊阶段。在1976年粉碎"四人帮"以前，人们的服饰依然遵循着60年代的革命标准和政治意识……直到1978年12月18日，中国做出了改革开放的历史性决策，国门打开、观念变更，中国人开始重新打量自己的穿着……

14. 津梅花牌运动衫

20世纪整个60年代至80年代，中国人都以穿着梅花牌运动服为荣。因为它不仅见证了中国"黄金一代"运动员的光荣与梦想（"梅花"是新中国首次参加奥运会——即1984年第23届洛杉矶奥运会中国体育代表团指定运动服，见证了中国奥运史上数个"第一"），而且作为中国地道的国货，拥有其独特的魅力……"梅花"有着自己标志性的经典款式，一款为国红加白道或黄道，一款为士林蓝加白道。

15. 上海牌手表

1958年上海手表厂正式建厂，生产出第一批上海牌手表，改写了中国人只能修表不能造表的历史，那一批表也成了现在收藏家的掌上明珠A581。但上海牌手表真正风靡是在20世纪60年代末以后，手表厂技术人员从毛泽东的手迹中选取了一个"上"字和一个"海"字，拼成毛体，"上海"商标一直沿用至今……

16. 假衬衣领和脖套

在物质仍然相对匮乏的改革开放初期，中国的纺织品基本上还是定量供应的。衬衣更是服装中的上品，穿上它，人显得精神体面。可是衬衣价格相对要贵且需要布票，于是人们穷则思变，假领子应运而生，这便成了世上独一无二、具有中国特色的服装替代品……

17. 夹丝膨体纱、涤纶草绿府绸、仿烤花大衣呢

20 世纪 70 年代末，市场上的纺织品多了很多款式，人们的选择也越来越多，尤以这三种最流行：夹丝膨体纱是一种利用腈纶的特殊热收缩性制成的具有高度蓬松性的纱线，蓬松性好、毛型感强；涤纶草绿府绸由涤纶和府绸混纺而成，具有优良的弹性和回复性。而仿烤花大衣呢是一种粗纺呢绒，厚薄适中，绒毛匀密，主要用于做冬季男女长短大衣及帽料……

18. 白布劳动帽、白布围裙和套袖

翻开老照片，你就会发现，20 世纪 70 年代的许多工作照上，常有女性戴着白布劳动帽，围着白布围裙，带着套袖的形象……女工们都以这样的"工装"打扮为荣……而被领导接见时，这三件套更标志着自食其力和"国家主人翁"的形象。

19. "鸡窝"头

美国《基督教科学箴言报》1978 年 6 月 8 日发表了题为"烫个'鸡窝'最时髦"的文章。20 世纪 70 年代末开始，中国百姓的发型渐渐打破了以往年代单调的样式。尤其是很多妇女们开始涌向街边的理发店尝试卷发和电烫发型，尽管常常让人在巨大的烫发机下一坐就是 5 个小时，女人们还是趋之若鹜，北京排队最长的地方就是理发店。

20. 皮尔·卡丹

皮尔·卡丹是第一个进入中国的欧洲设计师，皮尔·卡丹时装也是最早进入中国市场的国际品牌。1979 年春天，著名的法国时装设计师皮尔·卡丹应邀在北京民族文化宫举行了一场服装表演……尽管皮尔·卡丹已经充分考虑了中国当时的国情，但当音乐响起，露着大腿，扭胯摆臀的外国模特还是让台下的中国观众遭遇到了前所未有的猛烈冲击。

21. 那个年代的 It Bag

翻看我们父辈的老照片，尤其是那些在知名景点的留影，几乎人

人都会气宇轩昂地手提一个方方正正的黑色人造革手提包，上面印的一般是长城、天安门，或"北京""上海"等字样，中性的款式，男女通用，一般都外出公干或旅游才会用到它……这种款式和材质的包风靡了差不多整整20年，是那个物质匮乏时代当之无愧的"It Bag"。

<h3 style="text-align:center">1979—1989　新浪潮：时尚就是非主流</h3>

改革开放，对于舶来商品的大而全接收，引起社会两极评论的时尚年代。

22. 喇叭裤、尖领衬衫、蛤蟆镜

在传统中国式美学被粉碎、新的审美并未形成时，中国的时尚便像寒武纪的生命起源一般，百废待兴，而传入中国的影视作品便成为当时国人最好的时尚教科书。1980年，美国电视连续剧《大西洋底下来的人》让蛤蟆镜成为炙手可热的时尚单品……而日剧的魅力也影响了当时的老老少少，《追捕》主人公的墨镜、鬓角、长发和一条上窄下宽的喇叭裤，成为当时最时尚的搭配。

23. 霹雳舞、迪斯科和蝙蝠衫

霹雳舞、迪斯科和蝙蝠衫，在当时的主流派眼光里，雷人程度不亚于如今的非主流系着装。同样是电影惹的祸，一部名为《霹雳舞》的电影彻底激发了年轻人的流行欲望，如何表达自己的个性？请狠命扒下《霹雳舞》电影里的一切装备和作风，蝙蝠衫打破了当时中国的服装默认结构，袖子与侧面的宽大缝合处理打破了压抑国人几十年个性的寒冰……

24. 苹果牌牛仔裤、健美裤

犹如潘朵拉的盒子一般，改革开放让中国人窥见了外面的世界，对于自身时尚态度的不自信，让当时时尚的标准完全copy西方人的穿衣打扮和生活方式……当时苹果牌牛仔裤不亚于现在限量版的名牌包；不管多大肚，都穿健美裤……

25. 的确良

的确良是一种化纤织物，其感觉并不凉爽，但它的优点很多：挺直不皱、不缩水、干得快、不变形……对于穿惯了棉织品的人们来说，挺括、滑爽，尤其是印染出的鲜亮效果令无数爱美的女孩子痴

迷。在 20 世纪 70 年代末 80 年代初的中国，物以稀为贵，一旦穿上了的确良，就好像代表了一种时尚……

26. 崔健

1986 年，中国的流行音乐终于走过尴尬的定位，人们既可以歌颂祖国，也可以表扬爱情，倡导个性。

1986 年 5 月 9 日在北京工人体育馆举行的百名歌星演唱会上，一位名不见经传的歌手崔健演唱了一首后来在年轻人中风靡一时的《一无所有》，他后来被誉为中国摇滚第一人，《一无所有》也成为中国摇滚乐的开山之作……

27. 第一本时尚杂志《时装》

亦舒在小说《最心爱的歌》里，女主人公的养母，从上海移居到香港的阔太太，不住地回忆起上海往昔的时尚历史，当时做衣服，也要按照"书样子"来做。书样子就是中国最早期的时尚杂志——《玲珑》。在中国时尚图本断代几十年后，新中国历史上第一本时尚杂志《时装》横空出世……其时尚先锋程度，成为了改革开放后具有里程碑式的中国时尚大事件……

28. 西服热

英国《卫报》1980 年 4 月 14 日报道，上海一家照相馆的橱窗里有一块牌子："这里出租西服"。在那个春天，人们已经不认为西服是资产阶级的特征之一，但当时的环境，男人穿上西装，仍然会受到标新立异的责骂，人们似乎等待着某一个信号。当时中共总书记胡耀邦带头穿上西装，自此之后，中共最高领导人在正式外交场合穿西装便成定例……于是沉寂多年的西服又卷土重来，西装革履成为时尚。

29. 首届羊城青春美大赛

1985 年初，广州市团委策划了一次选美活动，名为"首届羊城青春美大赛"，这是新中国的第一场选美比赛，550 多位俊男靓女参加。这场比赛惊动了全国……中国人在选美这一道路上，走出了第一步。

30. 传奇电影造就第一代本土青春偶像

1980 年电影《庐山恋》，不仅完美地呈现出了庐山的景色，而且还创造了多个纪录。《庐山恋》是"文革"后国内首部表现爱情主题的电影，并且出现了当时罕见的吻戏……2002 年底，世界吉尼斯英国总部正式授予中国电影《庐山恋》"世界上在同一影院连续放映时间最长的电影"的吉尼斯世界纪录。主演张瑜和郭凯敏成为当时最当红的青春偶像，他们在电影中穿戴的时髦的喇叭裤、尖头皮鞋、墨镜，也成为城市年轻人最热衷穿着的服饰，掀起当时的流行风潮。

31. 时髦的"广东 style"

改革开放初期，因与香港一衣带水，广东得风气之先，中英街、高第街、观绿路、西湖路等市场成为全国的潮流基地，广东服装、广东的夜生活、广东的生活用品全都是时髦生活的代表。一时间，全国各地的服装摊点、发廊无论是真是假，都高举"来自广东"的大旗，爱美的人们有了时尚的选择。

32. 20 世纪 80 年代兴起的婚纱摄影

婚纱照不是新事物，在解放前老上海时髦男女都会在结婚时拍一套西式婚纱照。而新中国成立后，由于"左"的思想作怪，婚纱照被斥为"小资产阶级情调"，全面绝迹，那时的结婚照是穿着普通衣服照的，简单朴素，手拿红宝书，胸前戴着毛主席像章，透出那个时代的风貌。改革开放的 80 年代后终于可以穿婚纱了，结婚照由过去的半身像变成全身像，照片也变成彩色的了，增添了美感和喜庆气氛。

33. 硬汉打败奶油小生

文革过后，人们看厌了样板戏男主角高、大、全的形象，唐国强、郭凯敏等皮肤白皙、温文尔雅又英俊的白马王子形象开始受到广大群众的欢迎。后来一批国外的影视作品如《加里森敢死队》《追捕》等被引进国内……男性全都变得冷峻了，大家都觉得冷峻才是好的。奶油小生受到了冷落……在剧烈变革的时代，人们的审美观也经历了巨大而快速的变革。

34. 国货的黄金时代

20世纪80年代，共和国的轻工业在改革开放之后取得长足发展，随着人们对美的渴求越来越强烈，一大批国产日化品牌登上了爱美人士的梳妆台。新兴的品牌如海鸥洗发膏、蜂花护发素、药皂、大宝SOD蜜等广受人们欢迎，与此同时，一些解放前就存在的老牌经典国货，如谢馥春的胭脂、鸭蛋粉等，也在这个时候得到了复兴，这是一个国货的黄金时代……

35. 国际日化品牌进驻中国

随着中国经济的发展，国际日化品牌也纷纷看中了这个人口大国巨大的市场需求，开始以合资的形式进入中国，1981年威娜与天津第一日用化学厂签订了合资协议，成为第一家进入中国的西方美发品牌……国际日化品牌以合资的形式试水中国市场，并为中国人未来的生活带来深远的影响。

36. 叶继红

中国人终于认识到，原来美丽也可以成为一种职业。

1989年，叶继红稀里糊涂地成为首届中国最佳时装模特表演艺术大赛的冠军，她的名字写在了新中国的模特教科书的第一页，这是中国模特职业化的先河……

1989—1999　时尚复兴，向奢侈打招呼

37. 北京王府饭店的顶级奢侈品牌专卖店

尽管中国时尚界花了不少力气来扭转"奢侈就是时尚"这一错误观念，但不能怪时尚思想不够成熟的大众，1992 年 Louis Vuitton 就来势汹汹地在北京王府饭店，创立西方时尚消费品在中国的第一家旗舰店，Giorgio Armani、Versace、Chanel、Gucci、Dior 等奢侈品牌陆续跟上，中国先富起来的人逐渐明白，这世界不仅仅是劳力士和皮尔·卡丹。还不够富但对时尚热衷的大众，便错误地将满身世界名牌当成了时尚的体现，误读其实无罪。

38. 文化衫、紧身 T 恤

不少在时尚界修炼成仙的时尚妖精接受采访，总会时不时地表达自己虽然热爱华服，但最经典的还是舒适有形的 Tee。有设计感和时尚思想的 Tee，在这个时候的中国叫文化衫……紧身 T 恤渐渐成为一些有先见之明的男士的必备单品……成为具有强烈精神特征的服装。

39. H. O. T、吊裆裤、板鞋

1996 年，街上都是水桶裤、嘻哈风服装。5 个涂口红、染发的男人占据了小女生的心，H. O. T 组合席卷全亚洲，韩风一夜吹起，走妖妆风格的 H. O. T 组合大热，让学生族迷得神魂颠倒，时尚界和演艺圈韩流来袭，之后哈韩的风潮一直持续到 90 年代末……

40. 胡东

1999 年之前，胡东只是解放军八一划船队的一名专业运动员。1999 年 4 月，胡东获得"首届世界精英男模大赛中国选拔赛"冠军；1999 年 6 月，胡东远赴菲律宾马尼拉参加第七届"99 世界精英男模特大赛"，荣获"99 世界十大男模"称号及"最佳表演奖"。在这之前，中国男模特的地位十分低，胡东成为了中国男模的示范人物……

41. 彩妆教父李东田与他的东田造型

李东田，中国彩妆界的第一人，他终结了中国化妆造型的电视台时代与影楼时代，亲手创立了一个更加时髦、国际化的彩妆体系。

是他第一个把至今流行了十几年的烟熏妆带入了国内，也是他和摄影师冯海一起发掘了长相备受争议、后来蜚声国际的名模吕燕。1999年，他在王府井大街一间写字楼的9层，开了大陆第一家造型公司——东田造型……而李东田本人，仍是中国造型界不可逾越的高峰。

2000—2009   中国式时尚的成熟年代

吸收国外时尚资讯，消化吸收，不流俗，不谄媚，中国式时尚观点成熟确立。

42. 夜场文化

在中国，夜场的鼻祖叫舞厅，然后是歌厅，中期的卡拉OK歌舞厅，夜总会、迪士高和商务KTV，走过了混乱的经营年代，中国式的夜场文化成熟后，也迅速地成为了一块时尚消费大蛋糕，国外很多的优秀DJ开始频繁出入于中国的灯红酒绿，各类奢侈消费品也开始在夜场找到自己的销售灵感……

43. Joyce Ma

作为香港第一代时尚买手，Joyce Ma让香港人知道高级时装并非只Yves Saint Laurent、Dior等几个熟悉得有些泛滥的大牌，Joyce Ma引进了意大利、英国、美国等新颖的、时髦的、天才的、多样化的设计品牌。一整代富裕的时尚女人们开始知道，恨不得将Chanel标志纹在头顶的名媛乃井中之蛙。

而随着香港与内地的亲密合作，Joyce Ma将事业的重心投向了自己的家乡上海。娘家是旧上海四大百货公司之一永安百货郭氏家族，Joyce Ma坚信上海骨子里的风姿，将是中国时尚业最为重要的高级时装阵地。有人说，没有Joyce Ma的香港，只是阔太们火拼名牌的战场。那么有Joyce Ma的上海，以此为基点，为中国的高级时装市场增添了凤凰一般的个性品位。

44. I. T

　　I. T 最初是由一群热爱时尚、充满活力的年轻人在香港创办的，成立于 1988 年。经过十几年的发展，受到了众多时装爱好者的支持和拥护，1997 年正式更名为现在的名字，并逐步发展为香港规模最大的时装集团之一……之后又进驻大陆，深受时髦人士的青睐，并由此在年轻人中树立了引领时尚潮流的形象，成为时尚追逐者和众多明星必到的潮流圣地。

"I. T 来了"

45. 旗袍、唐装复兴

　　王家卫这位墨镜大叔辛辛苦苦拍出复古风情的佳作《花样年华》，但众人一提及此片却眩晕于张曼玉的旗袍秀。在时尚标准越来越精细的今天，旗袍对女性曲线的极致展现，让它成为新世纪无法磨灭的时尚魅影。旗袍让 21 世纪的时尚又恢复了东方风情，随之，上海 APEC 峰会上 20 位各国领导人集体穿唐装，更是为这股中国风添油加醋，唐装成为全球流行时尚。

上海 APEC 峰会上普京身穿唐装

46. 第一个在国内得到男士广泛认可的护肤系列

2001年，资生堂集团最大限度地运用和发挥了多年来的研究成果和高超科技，隆重推出新男性化妆品系列JS。高品质、全功能的男性化妆品系列JS，领导新时代自然健康的"男性美"。

47. 男士美容市场的进一步扩张

随着JS品牌的成功，越来越多的品牌开始占领男士市场这一美容领域的蓝海……爱美的男士在各大时尚杂志、美容节目、化妆品广告的教育下，都形成了正确、完整的个人护理观念，男士美容在整个美容市场所占的份额越来越大。

48. 奢侈品热

对奢侈品牌而言，奢侈品牌享有特殊的市场和社会地位，其无形价值已经远远大于其实际意义了。在短短的几年时间里，中国内地的情况突然发生了巨大的逆转。高盛投资银行的一份研究报告显示，2004年中国奢侈品消费额约占全球销售额的12%，已成为世界第三大奢侈品消费国……

49. 中国男人的隐忍形象

21世纪初在国际上影响力最大的两部华语电影就是王家卫的《花样年华》和李安的《卧虎藏龙》，这两部电影的男主角梁朝伟和周润发都用纯熟的演技塑造了周慕云和李慕白的形象，这两个形象一古一今，一个职员一个侠客，但都淋漓尽致地表现了中国传统道德中的隐忍和克制，也使得很多外国人对中国男人形成了隐忍克制的既定印象。

50. 汉方美容的复兴

各大美容品牌在试尽了各种高科技的研发手段后，又把目光投向了古老的汉方。汉方美容，从狭义角度来看就是将传统中医记载中的各种具有美容功效的中草药运用于皮肤护理上……遗憾的是，这一波汉方美容热潮中，还是被国际品牌如Kose、Sisley等抢占先机，国产品牌并没有很突出的表现。

51. 计文波

2007年1月，37岁的计文波成为进入米兰时装周的第一位亚洲设计师及第一个来自亚洲的服装品牌，以中国传统兵马俑造型为T型台布景，在米兰刮起一股"中国旋风"。2008 年，计文波亮相日本本土设计师占据的东京时装周。中国本土设计师终于叩响了迈向世界顶级时装设计天堂的大门。

52. 男色消费

古时，兰陵王因面色俊美而苦恼，作战时不得不戴上面具以增添威武之气，只能说他浪费了他的美貌，放在如今，早就成为花样美男的代表。女性的经济能力与地位提高，让女性的感官需求成为巨大的市场。台湾 F4 长发飘飘，卸下了长久以来男性的攻击性，为痴迷他们的女人们造了一个白马王子的完美梦……知性男、花美男、肌肉男，男色消费就是有这种好处，总有一款适合您，乖乖地消费吧。

53. 杜鹃

杜鹃自己都觉得，私下里自己就是上海一小土妞，但是别人却众星捧月，好在国人觉得杜鹃不像吕燕那样太过颠覆传统的审美观。杜鹃在 2007 年第一次以中国模特的身份，登上《时代》又译《时代周刊》封面。杜鹃的独特气质有多么招国际时尚界的稀罕，看看杜鹃的成绩单便知道这姑娘有多厉害：她签约于国际顶级模特经济公司 IMG，与时尚老妖 Kate Moss 共用同一个经纪人；从高级订制时装周和纽约、米兰、巴黎高级成衣发布，她是整个目前国际 T 台上最炙手可热的模特之一；而 Louis Vuitton、YSL Rive Gauche、Roberto Cavalli、Gap、Swarovski 五大品牌同时将全球广告代言人的合约橄榄枝抛向她。尽管中国模特的前辈已经在国际模特界拼出一番天地，然而对比杜鹃的成绩，依然是小巫见大巫。

54. 谢峰、马可

对于年轻的服装设计师来讲，北京到巴黎，并非一张远途的商务舱机票就可以解决……然而在 2006 年，年轻的本土时装设计师们，不再是巴黎时装周台下的泛泛看客，2006 年，服装设计师马可在巴黎举行了个人发布，以纯艺术展示，被媒体惊呼穿在身上的艺术品，震惊了巴黎时装界。而另一位中国设计师谢峰带着他的 Jefen by Frankie 亮相巴黎时装周，4 个多月之后，Jefen 07 - 08 秋冬系列以"路"为主题，再一次出现在巴黎……为中国时装设计真正走向世界，画上了最为浓重的一笔，实现了零的突破。

55. 艺术入侵时尚

时尚仅仅是流行吗？21世纪的中国不这样认为。时尚大师也许无法成为真正的艺术家，但这并不意味着时尚需要放弃对艺术的欣赏和拥有。21世纪的中国，缺少了艺术的时尚几乎已经等同于缺少了高雅和格调。大牌的艺术家们似乎越来越愿意把自己的创意通过时尚品牌实现商业化。2008年，Chanel与全球20位知名的艺术家进行了这个巨大的跨界命题作业，以Chanel经典的2.55菱格纹手袋为创作灵感，展出被命名为"流动的艺术（Mobile Art）"，而首站演出，则放在了中西方思潮水乳交融的时尚重镇——香港。"流动的艺术"让参观者亲身体验艺术家们的装置艺术，是一种全新的艺术表达方式和一次特殊的体验，其中包含了建筑、艺术、音乐创作和时尚等多种元素。

56. 男士Spa悄然兴起

不要以为做养生Spa是女士的专利。随着男士美容的渐热，做养生Spa也可以是男士的健身运动。2000年，Spa开始登陆上海，越来越多的男士也乐于进入这些宁静的空间，享受专业的男性Spa服务……

57. 势不可挡的男性整形风潮

目前，整形的市场几乎是以女性为主……但是据2008年一家知名整形机构发布的数据显示：在性别方面，男女比为1∶10，已比数年前男性整形寥寥可数的情况增长许多，且仍在持续攀升中……这一数据的变化显示，当代男人对于美的要求已经越来越高。

58. 个人护理领域的民族品牌

随着改革开放的深入，各大国际日化品牌在中国市场凭借强大的科研力量、密集的广告宣传、国际化的品牌操作手段迅速扩张，几乎占领了中国高中低端各个市场，民族品牌的呼声越来越微弱，一些历史悠久的民族品牌在打压之下或惨淡经营，或被国际大集团收购，纳入新的运营体系。拥有百年历史的化妆品民族企业上海家化是表现较好的一个……其中，佰草集是中国第一套具有完整意义的现代中草药中高档个人护理品，并于去年通过LVMH旗下的美妆店Sephora成功打入法国市场；而高夫则是目前唯一的国内高端男士护肤品牌。

59. 奥运掀起中国热

一场在家门口办的奥运，让运动成为时尚界最热门的名词。奥林匹克建立之初衷，就是将动感的美感展现之，褒奖之。不少时尚品牌都推出以运动为主题的限量纪念单品。更有来自顶级时装殿堂的12位设计师为奥运设计服装，Yves Saint Laurent、Rick Owens、Alexander mcqueen 等等。2008 年北京奥林匹克，不仅是国富民强的具体体现，更是成熟的中国式时尚思想的巅峰体现。

60. 时尚杂志来引导，中国男人买《时装 L'OFFICIEL HOMMES》杂志

人穿衣，还是衣穿人？《时装 L'OFFICIEL HOMMES》自然在中国时尚界充当着一个更为概念先锋的角色，它所代表的，不仅仅是一本好看的杂志，更是一种时尚生活哲学的参考，引导中国男人更加关注自己的身体及感情。2008 年《时装 L'OFFICIEL HOMMES》重量登场，打开了中国男刊杂志迈向世界的大门，重视生活品质和拥有个性美学观念的中国男人，终于不必在国外的男性时尚杂志中寻找慰藉了……时装不仅仅是代表男性品味及身份的标签，《时装 L'OFFICIEL HOMMES》将时尚、时装当成艺术来做，高品质高水准的办刊思想，让每一期《时装 L'OFFICIEL HOMMES》宛若一本流动的艺术品，读者接受的不仅仅是时尚大片与资讯的熏陶，更是构建中国男人的时尚世界的法宝。

附录

国际舞台上的女性时尚期刊

　　女性时尚期刊是期刊业的宠儿、新媒体的骄子。在国际上，1867年，世界上最早的女性时尚杂志 *Happer's Bazaar* 诞生于美国；1892年，被誉为"20世纪最具影响力的时尚杂志" *Vogue* 在美国面世；1921年，欧洲的第一本女性时尚杂志 *L'oggiciel* 在巴黎创刊；1945年，世界上版本最多的时尚杂志 *Elle* 问世于法国。它们最早都是以时装为主，只不过在后来才逐渐发展成包括时装、美容、休闲等多方面的被称为引领女性生活时尚的女性时尚类杂志。时尚杂志的出现，使得许多最新流行的时装趋势，不出一周就可以在所有传媒上看到，并且街头上按照流行趋势打扮的人潮马上就开始涌动，时尚杂志已成为引领时尚潮流、传递流行信息的重要载体，也成为培养大众时尚观念的温床。

第一节　1867年，世界上最早的女性时尚杂志：
Happer's Bazaar 诞生于美国

一　关于 *Happer's Bazaar* 的时尚传说

　　"一本集合设计师灵感的杂志；

　　一本记载无数品牌不朽神话的杂志；

　　一本将皇室贵族、明星偶像、街头文化和都市摩登自由融合的杂志；

　　创刊于1867年的 *Harper's Bazaar*，是美国第一本时尚杂志，以一

个多世纪以来的时装感悟，发展了 20 余
个国际版本，以'现代、优雅代言人'
的形象成为全球时装杂志的翘楚。"这是
业界对这本"世界上最早的女性时尚杂
志"的经典评价。而在《兴奋 ing!
〈Harper's Bazaar!〉杂志的 140 周年》①
一文中则这样写道：

　　"*Harper's Bazaar* 作为全美第一本，
亦是全球历史最为悠久的顶级时尚杂志，
自 1867 年创刊至今，从未停息对时尚行业的纪录和贡献。她被誉为
全球第一本"时装圣经"，由此开创了"时尚"这一概念，成为了今
日时尚帝国的第一块基石。140 年来，Bazaar 不仅专注于做一本象征
极致奢华的时装杂志，更孜孜不倦地诠释着不同时代的女性精神、鼓
励女人在拥有时尚品位的同时，找到心灵最最本源的快乐与力量。它
忠实纪录着时尚的历史，成功打造每个时代的时尚偶像和时代传奇，
更创造了明星设计师、超模、混搭风格等耀眼的时尚焦点。

　　今天，140 岁的 *Happer's Bazaar* 正用 11 种语言向全球超过 1500
万和你一样的女性读者讲述着同一个有关时尚的传说！"

　　那么，这样一本承载着"全球历史最为悠久的顶级时尚杂志"又
是在什么背景下诞生和发展起来的呢？她的发展历程又有哪些值得我
们借鉴与学习的呢？让我们追根溯源、将那尘封久远的 140 多年的历
史一点点展开……

　　1867 年 11 月 2 日，那是一个极为普通的阳光明媚的周六，然而
在这一天却发生了一件当时谁也没有想到的，从此改变了全球女性时
尚生活的大事：一本被称作 *Happer's Bazaar* 的 16 页大开本、绘有精美
插图的杂志诞生了……

　　此时美国南北战争刚刚结束，战后余生的人们重新燃起了对生活

---

　　①　龙小瑶新浪博客：《兴奋 ing!〈Harper'sBazaar!〉杂志的 140 周年》，http：//blog.
sina. com. cn/s/blog_ 49e91e7201000dl6. html，2007 年 11 月 1 日。

的美好期盼，尤其是那些美国上流社会的女性们，她们在周六最渴望的事情就是读到散发着油墨芳香的、引领着都市时装潮流的 *Happer's Bazaar* 杂志。刚开始，杂志是每年出版 52 期，每周准时为当时美国上流社会的女性们送上 20 版左右的时装资讯、文学故事和生活指南。首任主编梅阿丽·布斯是当时著名的历史学家、翻译家，可以想见由这样一位杰出的女性担任杂志主编，在当时是一个多么伟大的举措，显而易见确立了杂志的超前意识。

20 世纪初，*Happer's Bazaar* 由周刊改为月刊，并于 1913 年被新闻大王鲁道夫·赫斯特收购。那时的女人们外出工作，并穿上制服亲历战争，用自己的视角加以纪录。而修订的新宪法又赋予了女人选举权，这使得她们更加独立和自主，拥有了更为广阔的视野和更多元化的信息来源。虽然那时的经济比较萧条，但这丝毫也没能阻止女人们追逐时尚的梦想：服装、美容、旅行、购物依旧是她们关注的焦点。例如，及膝长裙是当时女性着装的标准尺码，可是 *Happer's Bazaar* 意识超前，开始探讨有关"性感代码"的话题。更多留短发、穿长裤的女人开始出现在人们的视野中。

到了三四十年代，又一个对 *Happer's Bazaar* 起到至关重要作用的传奇女性出现了，她就是卡梅尔·斯诺（Carmel Snow）。她将 Bazaar 定位在高级时装杂志上，并将杂志的风格历练得更加成熟。她认为："fashion 是第一位的，其他旅游、戏剧、音乐、电影都是 fashion 外围的环境。而且流行一旦开始，就像化学元素一样神奇并具有强大的爆发力，试图压制它是毫无意义的。"40 年代末，随着第二次世界大战的结束，杂志开始构思更加新鲜、摩登、趣味的内容，并关注女性的教育和工作问题，强调"衣着得体的女人最关注的事情之一就是良好的传统修养"。

不可否认，50 年代是一个诞生大师和偶像的年代。21 岁的 Yves Saint Laurent 成为 Dior 的领军人；西班牙人 Balenciaga 开始最富优雅气质的时装试演，并创造了十几年的鼎盛时期。虽然他本人因为害羞，不苟言笑，极少上镜，但还是端坐在了 Bazaar 的镜头面前。巴黎的高级时装业此时开始进入巅峰状态，Dior，Balmain，Chanel 等人决定了

50 年代巴黎时尚女性的形象，摄影大师 Richard Avedon 和 Bazaar 携手将 Suzy Parker 锤炼成为当时酬金最高的名模。女人们的穿着更趋淑女妩媚，Audrey Hepburn 和 Grace Kelly 是她们推崇的时装典范。

最具有革新精神的六七十年代扑面而来，这个年代涌现出的灵感和思路，令设计师在今天都取之不尽。Yves Saint Laurent 创立了自己的品牌 YSL，著名的"蒙德里安裙"和"Le Smoking"令当时的时尚界为之一震。伦敦时尚女王 Mary Quant 发明了迷你裙，在年轻人中风靡一时。*Happer's Bazaar* 开始摒弃 50 年代沉闷整齐的穿衣风格，她带领女人们尝试太空服、A – Line 高腰剪裁、紧身衣、金属涂层的外套、吊带裙、半透明风衣、网眼袜……

当辛迪·克劳馥、克里斯蒂·特灵顿、纳奥米·坎贝尔等模特出现在 Bazaar 的封面上，宣告了 80 年代"超模"新纪元正式到来。世界各地的女性为超模的美丽着迷，也为引领时尚潮流的 Bazaar 着迷。到了 90 年代，来自英国的丽兹·缇尔布瑞斯就任 Bazaar 主编，在杂志原有基础上，进一步凸显崭新的优雅风貌。彼时，所有的高级时装品牌都和杂志保持着良好的关系，一流的摄影大师、专栏作家也都聚集在杂志的周围。

从 19 世纪到 21 世纪，*Happer's Bazaar* 已经走过了将近 139 年，沧海桑田，时代变迁，曾经数不清的辉煌与荣耀大多已化作过眼云烟，而 Bazaar 却依旧傲然前行。这位始终引领时尚、艺术潮流，倡导个性生活方式的高贵女郎，美丽优雅，犹胜往昔。①

目前，*Happer's Bazaar* 的现任掌门人为 Glenda Bailey，她于 2001 年 5 月加盟 Harper's Bazaar 并担任主编。她出生于英国德比郡，从金斯顿大学服装设计专业毕业后，于 1986 年开始了其长达 20 年的杂志出版生涯。Bailey 对时尚和流行趋势有很深刻的见解，非常有原创性并且个性独特，她执着地把这些都融入到了杂志的编辑理念中。

不可否认，*Happer's Bazaar* 自创刊以来，一直延续着向读者描

---

① 参见《见证〈Harper's Bazaar〉139 年华美足迹》，《时尚芭莎》2006 年 4 月 12 日，http：//www.sina.com.cn。

述超越日常生活的精致形象的传统，并以使读
者享受到时尚魅力的奢华瞬间而闻名。Bazaar
的风格是成熟、优雅、进取的。它以最具权威
和洞察力的视角关注奢侈品市场，报道内容覆
盖时尚、魅力、娱乐、健美、健康、金融和艺
术等各个领域，并展示世界上最天才的形象大
师、摄影师打造的极富视觉冲击力的画面。

Bazaar 代表了全球时尚的风向标，Bailey 来到 Bazaar 后，在编辑理念
上试图使杂志回归经典元素，也就是说，她认为现在的时尚杂志中真
正感动读者的元素少之又少。她希望 Bazaar 回归传统的价值观，同时
又融入现代时尚元素在内。

二　中国女性与《时尚芭莎》

《时尚芭莎》是《时尚》与拥有 139 年历史的全球著名时尚杂志
Happer's Bazaar 版权合作的结晶。是一本全球性的真正引导潮流的高
级时装杂志。

在《时尚芭莎》杂志网站的主页上，这样描述着它的杂志：《时
尚芭莎》是一本服务于中国精英女性阶层的时尚杂志，传播来自时
装、美和女性的力量。它不仅提供最新的时尚资讯；精辟的流行趋势
报道；最受关注的人物专访和女性话题；还时刻与读者分享着当代女
性生活的乐趣和智慧——"做个现代、优雅代言人"。

2001 年 11 月《时尚芭莎》杂志正式与时尚集团合作，刊名改为
《时尚·中国时装》。2002 年 9 月，它与拥有 139 年历史的全球著名
时尚杂志 *Happer's Bazaar* 的版权合作在该刊出版 100 期之际被国家新
闻出版总署正式批准，这标志着《时尚·中国时装》已成为一本全球
性的真正引导潮流的高级时装杂志。2005 年 1 月，在版权合作 3 年后
杂志再次更名，《时尚芭莎》名字的诞生意味着它开始用更高的姿态
服务于精英女性，它的读者被称为"现代优雅的代言人"。目前《时
尚芭莎》在中国已拥有 30 万高消费力的女性读者，成长最为迅速的
成熟女性杂志，进入中国仅一年半的时间，阅读率高居同类时尚杂

志排行榜第三位，跻身最畅销时尚类女性杂志前五名。

作为中国影响力最大的高级时装杂志，《时尚芭莎》一直倡导美丽、优雅、独立的新时代女性精神。通过分享杰出的时装品位和女性力量，打造卓越的社会影响力，它在中国首次提出"让慈善成为时尚"的理念，并连续 7 年举办年度盛会"BAZAAR 明星慈善夜"，累计捐款高达 2744 多万元，开创了一种全新的慈善模式。不仅如此，她还在2007 年向民政部递交了《申请中国慈善日建议书》，呼吁建立中国慈善

日；2009 年，为了积极响应以温总理为代表的国家政府"关爱大病儿童"的号召，《时尚芭莎》联合百余明星、名流和企业家，共同向全社会各界人士发出关爱大病儿童的公开倡议。《时尚芭莎》凭借多年来不懈的努力，开辟了中国慈善的时尚之路。

数年来，《时尚芭莎》一路高歌猛进，这与它独特的编辑风格与特色是分不开的，在栏目设置上，他们注意从这几个方面入手：

40% BAZAAR 的时装：通过最权威的时尚发布和潮流分析、国际杰出摄影家创造出的最富冲击力的图片、编辑精选具有高雅风格的实用搭配，激发读者对时装的爱和理解，让女性获得来自时装的力量和灵感，充分展现个人风采；

35% BAZAAR 的美容：彩妆大师缔造的时尚妆容；最新美容产品和美容方式的编辑推荐；以及减肥、发型、整容、健身等各方面的实用文章，令女性了解自己的美丽，掌握美丽之匙；

15% BAZAAR 的专辑：针对成熟女性所关注的问题，通过有深度的、感性的文章，令读者对年龄、人性、自由和欲望重新审视，从而更加智慧、达观、自信地面对事业和人生；

10% BAZAAR 的明星：她们是时尚的先锋；国际明星、社交名

流、设计大师，以及勇敢直面人生的现实中人。她们热爱时装，热爱生活，她们优雅自信，与读者分享时尚和魅力的秘密。

其准确的读者定位："她"：才貌双全，智慧自信，时尚，有主见，是富有影响力的时代女性；"她"需要：高品位的审美情趣，深入知性的心灵交流，彰显自我的物质生活；"她"投资：一切令自己感受成功，获得自信和快乐的事物；"她"将成为：所有高尚品牌的忠实消费者，女性的榜样；她是 25 岁以上，高收入，高品位，阅历丰富，热爱时尚，追求完美的成功女性……

而对于《时尚芭莎》的执行出版人兼主编苏芒，业内则有较高的评价：

作为中国第一批时尚媒体人，拥有十几年高端杂志经验，先后任职《时尚COSMOPOLITAN》和《时尚 Esquire》等杂志。创刊《时尚健康》《时尚芭莎》中国版，更全球首创《芭莎男士》专刊，以大胆的创新和先进的国际化意识，开时尚类男性刊物之先河，获得巨大成功。

她先后被权威媒体和机构评为："2004 年度影响中国时尚界的人物"之一；"2005 年度最具时尚成功人士"；"中华 100 大时尚女人排行金榜"唯一上榜时尚领域杂志主编；更被世界领先的人力资源测评机构世界 HR 实验室（WHL）评为中国 100 位女性权力人物之一，她不仅专心致力于以杂志传播女性的力量，更在全国首次倡导发起"BA-ZAAR 明星慈善夜"，将时尚、明星和品牌的力量联合起来，成为中国最高规模的慈善活动，带动整个时尚界越来越多地关注慈善事业。

"BAZAAR 明星慈善夜"是第一个由杂志创办并坚持每年举行的中国顶级慈善盛会，它开创了集明星、时尚和传媒力量于一体的时尚慈善新模式，提出了一个全新的慈善理念，力图在中国精英群体中推广慈善理念，推动中国慈善进程。如今在中国，"BAZAAR 明星慈善夜"已成为中国影响力最大的年度慈善盛典。①

附精彩阅读：北京女孩刘诗诗遇见层层叠叠的时光②

历史的回声

即使在北京姑娘刘诗诗的眼中，故宫也一直散发着既疏离又亲近的神秘气息。作为本地妞儿，她还依稀记得幼时随大人们入园参观那会儿，某一处宫殿深红色的墙壁有些斑驳，这个顽皮的小姑娘就沿着脱落处认真地剥起这堵长她几百岁的宫墙来，想看看能不能发现一些新奇的东西。奋战良久，手指又肿又痛的她，到现在还清晰地记得坚实的宫墙上竟留不下一个洞眼，一如这座城市，也一如她本人……这座"没有互动"的宫殿方方正正、高高大大，却有着常人不能动摇的坚毅品格。这个宫殿就是她的家乡北京最出名的地方，从小到大、"北京故宫"四个字如影随形。

再次安静地和这片宏伟的建筑互动，已经是她拍完电视剧《步步惊心》回到北京之后了。有一天，她默默起了个大早，一个人进了故宫。跟儿时相比，来这里的人多了数倍，翻新后的宫殿也基本找不到寂静又斑驳的角落。但是这座皇城依然故我地浩浩荡荡，大气磅礴地容纳着各式各样的人。就是在这片世界现存最大、最完整的木质结构的古建筑群里，曾经居住过一个古老帝国明清两朝24个皇帝。传说

---

① 全文参见《时尚芭莎》"百度百科"有节选。
② 原载《时尚芭莎》2013 年 1 月刊。

中，玉皇大帝有 10000 个宫殿，而皇帝为了不超越神，所以故宫修建了 9999 间半宫殿。

诗诗坐在乾清门前，看着眼前熙熙攘攘的游客，脑中遥想当年的这个广场上，是否真的有那么一群人如她演出的戏里般，在这个地方过着荣华而又压抑的生活。按中国古代的星象学说，紫是紫微恒，位于天的中央最高处，一共有 15 颗恒星。这座又被称为"紫禁城"的宫殿"运乎中央，临至四方"，是天帝所居，天人对应的地方。

……在这座宫殿里游走的无数瞬间，刘诗诗都会觉得自己真正穿越了时代，领悟了一些这座生养她的城市所容纳的故事。在方方正正的殿堂间穿梭，用上自己这么多年的时间而总是捉摸不透的金色与红色的迷宫，让她发觉，她所曾扮演的人物与故事也许都曾真实地存在发生过，那些离奇的、感人的、诡异的、平淡的，都在这些平整的地砖之上，在那层叠的琉璃瓦下。历史从不喜欢把时空填满，但今天，它给后人留下了可以看得见的珍奇异宝。

胡同的真味

有一段时间，刘诗诗不理解为什么大家习惯给在不同地域生活的人们贴标签，比如在"北京女孩"身上，常有傲气、直率、臭贫、疯气等性格标签，并且以此来对号入座，让人觉得很不服气。但事实是，北京人对炸酱面情有独钟，广东人却爱吃云吞面，一方水土虽养不出一模一样的个性，但潜移默化之中，每一座城市都会带给它的居住者一些说不清道不明的个性。

在小女孩刘诗诗眼里，那座抠不动墙也爬不上树的宫殿或许永远不能像在曲折的胡同里那样随意蹦跳耍闹自由自在。胡同就好像是老北京人脸上深刻的皱纹，爬满了历史的印记，每一条都有着深藏曲折的故事。即使世事变迁，那些改头换面，已经屹立起高楼大厦的胡同边上，你还是能发现城市遗留下来的碎片，或者是一个静坐街边的老人，或者是一块不起眼的石雕小狮子，也许还有一棵被圈起来依旧葱郁的老柏树。

在后海和烟袋斜街，锣鼓巷和国子监这样的地方，你可以找到更多的历史的所见所闻，和今天那些红火的风情小店一样引人入胜。旧时的四合院里，听原住民细细描述节庆时的铺排场面，找鼎、寻幢、吞刀、吐火……不论是煎饼果子还是西式奶茶店，你不会忘记北京式的吆喝和笑脸；而在京城的酒吧里，优雅小资大概会默默地让位于粗砺率直，一杯自酿的胡同深处的啤酒比瓶装的 XO 更博得诗诗的青睐。

所以从刘诗诗的眼中看起来，北京人最大的特点还是勤快，"人闲事不闲"，看似生活步调不紧不慢、悠悠哉哉，但该做的事一件不落，且麻溜儿地做完了。不论是讨生活还是逛街休闲，正如她喜欢自己家附近的胡同，喜欢花市、金鱼池、大栅栏、牛街一样，周围的人都忙碌地闲散着，散发出简单而生机勃勃的气息。这是她从小感受的生活氛围，也是这座城市散发出来的生活味道。一如刘诗诗所描绘的北京早晨："北京的早晨特别有活力，你看着原本安静的街道慢慢周围出现了人，大家开店的，支早点摊的，等公车地铁的，遇到熟人还会吆喝一声：'哎哟，您早啊！'"

亘古之墙新风采

作为几大封建王朝的帝都，北京在过去的遥遥几百年间确实有着其他城市无法撼动的唯一性。这也是为什么，在当年 FDNDI 的长城秀场上，老佛爷 Karllagerfeld 被这宏伟壮观的人类奇迹深深打动了："这么古老这么美，它建来是注定为了走时装秀的。"

诗诗很庆幸自己是一个与北方辽阔土地有着不解之缘的女子。在她的故乡外围，东西横亘着一道绵延起伏、气势雄伟、长达十万多里的长墙，这座与罗马斗兽场、比萨斜塔、埃及金字塔等列为中古世界七大奇迹之一的人类建筑史制高点的万里长城，凝聚着古代人民的坚强毅力和高度智慧，直到几千年以后的今天，还让全世界的人们膜拜和顶礼。从公元前七八世纪开始，延续不断修筑了两千多年的长城分布在整个中国北部和中部的广大土地上，超过五万公里的智慧血肉之墙被叹为"上下两千多年，纵横十万余里"。

刘诗诗喜欢居庸关、八达岭的长城，沿着山岭的脊背，像一条龙一样蜿蜒横亘的城墙外侧看去非常险峻。"但是城墙内侧其实很平缓，有'易守难攻'的效果。"北方女儿又演绎了出疆戏的她，看来对长城的历史如数家珍。其实，看过了万众瞩目的大长城，诗诗对户外活动圣地箭扣长城更是念念不忘。

京郊怀柔县西北八道河乡，箭扣长城救灾慕田谷长城以西 10 公里。这里的山势非常富于变化，险峰断崖之上的长城也显得更加雄奇险要。因为整段长城蜿蜒呈 W 状，形如满弓扣箭，这块野长城因此得到了一个美丽的名字。这是北京一段最险峻、雄奇的长城，自然风化严重，没有任何人工修饰，牛犄角边，南大楼，鬼门关，东西缩脖楼，东西油篓顶，箭扣梁，将军守关，天梯，鹰飞倒仰，北京结到九眼楼（望京楼）……

绵延 20 多公里的城墙充分展现了惊险奇绝，这是能领略到原汁原味的古老长城景观，也是最让诗诗着迷的 Hiking 地点。在经历过身心的惊险之后，来到北山登上巍巍古楼，青山翠谷尽收眼底，看到龙潭和古长城砖窑遗址，雄伟壮观令人不舍。而山脚下，神堂峡谷中泉水奔流汇集成潭，"潭中鱼可百许头，皆如空游无所依"，那鱼就是著名的虹鳟鱼。"跟鱼儿们玩耍一阵，再在溪中的巨石上晒着太阳睡一觉，想必是爬过长城后最美的事了。"说到这里，诗诗的眼睛里闪现出淘气和跃跃欲试的神采。

第二节　1892 年，"20 世纪最具影响力的
时尚杂志" *Vogue* 创刊

一　"时尚圣经"之 *Vogue*

1892 年诞生于美国的 *Vogue* 杂志，最初只是作为一种时装周刊出现的，主要针对都市女性。1916 年，美国最著名的出版公司康泰纳仕公司收购了它，将其发展成 20 世纪最具影响力的时尚杂志之一。该杂志不仅倡导了时尚风气，还培养和举荐了大量的时尚人才，包括知名的设计师、模特、摄影师和编辑等。杂志的内容主要涉及时装、化妆、

美容、健康、娱乐和艺术等各个方面，是一本综合性时尚生活杂志。在美国，*Vogue* 被称为"时尚圣经"，即使久负盛名的 *Cosmopolitan*（中文杂志名《时尚》）也没有达到能够与 *Vogue* 同台竞争的水平，真正与 *Vogue* 成为竞争对手的只有 *Happer's Bazaar* 和 *Elle*。

美国版 *Vogue* 杂志诞生于 1892 年，其出版商康泰纳仕公司随后又推出了英国版（1916 年）和法国版（1921 年）。纳仕先生是现代杂志版面设计的创始人。他是第一位聘用艺术家担任杂志摄影师的出版人。*Vogue* 杂志也是世界上第一本用彩色摄影表现时装作品的杂志。与其说 *Vogue* 是时尚志，不如说它是流行的艺术结晶。其每个月的四项主题重点都有独到之处，以其时尚的敏锐触角精心营造流行与艺术的气质品位。在进入中国之前，*Vogue* 杂志已经拥有 15 个不同国家及地区的版本。[①]

米歇尔·奥巴马登陆
美版 *Vogue* 封面

作为全世界最领先的时尚杂志，*Vogue* 杂志拥有全球 1800 万最具影响力的忠实读者。在全球各地，*Vogue* 杂志被设计师、作家和艺术家推崇为风格与时尚的权威。无论在世界哪个国家和地区，它都凸显出其独树一帜的定位，以独特视角力求反映出所在地的时尚理念。当然，这一切都离不开一个关键人物，那就是它的掌门人，担任了 38 年 *Vogue* 主编的现任美版 *Vogue* 总监安娜·温图尔（Anna Wintour）。她在将美国 *Vogue* 打造成为时尚界头号平面媒体，推动全球时尚产业发展的同时，自己也成为了能对上千亿美元的时装产业的兴衰呼风唤雨的时尚达人。

[①] 参见 http：//vogue. moonbaya. com/vogue。

《VOGUE 服饰与美容》
2005 年 9 月创刊号

Vogue 现任美国版主编安娜·温图尔。电影《穿普拉达的女魔头》中的米兰达和《天桥》杂志就是以 *Vogue* 和安娜·温图尔为原型的。

二　2005 年《VOGUE 服饰与美容》落户中国

值得欣喜的是，2005 年 8 月，《VOGUE 服饰与美容》由康泰纳仕公司与人民画报社合作出版，正式进入中国市场，以此成为 *Vogue* 在全世界的第十六个版本。

10 年来，《VOGUE 服饰与美容》一直向读者传递着这样一种理念：力求成为"中西时尚文化的缔造者"。相比更早一些进入中国的其他时尚杂志，《VOGUE 服饰与美容》着眼点更高，瞄准的是追逐更高品位与时尚生活方式的现代中国女性，同时以促进中西时尚文化的交流和融合为己任，致力于推动整个时尚产业在中国的发展，并将具有中国魅力的时尚特色推向世界舞台。"我们进入中国市场的时候就是最好的时机。中国的奢侈品市场在近两年开始活跃起来，一些主要的高端品牌都已进入这个市场，公众对奢侈品开始慢慢熟悉，这就使中国有了适合高端定位的时尚类杂志生存的土壤。"中文版主编张宇小姐说。

这位毕业于北京大学法律系及英语语言文学系，并拥有南澳洲大学 MBA 学历的中文版主编，被誉为目前我国最令人瞩目的高端时尚杂志主编之一。她一直将 *Vogue* 美国版安娜·温图尔作为自己的奋斗目标。在加入《VOGUE 服饰与美容》之前，她曾任《世界时装之苑——ELLE》的编辑总监，*Marie Claire* 香港版《玛利嘉儿》的总编辑，香港英文时装杂志 *B International* 的副出版人……有了这些得天独厚的工作历练，*Vogue* 中国版才能在她的带领下坚持与国际团队合作，独具慧眼地发掘出中国超模杜鹃……从而使 *Vogue* 中国版一跃而成为中国时尚业的标杆。

中文版主编：

Angelica Cheung（张宇）

附　精彩导读：婉约东方美

超模孙菲菲以极具古典意境的造型第一次单独登上我们的封面，呈现出一种别具韵味的东方之美。

四月的封面大片是在巴黎的一间影棚内拍摄的。当封面超模孙菲菲到达工作室的时候，每个人都看得到她脸上按捺不住的兴奋之情——是的，孙菲菲首次单独登上《VOGUE 服饰与美容》封面，与她合作的摄影师是 Willy Vanderperre，造型师是《VOGUE 服饰与美容》海外时装总监 Nicoletta Santoro。与这样专业的团队合作心情自然愉悦，也因此菲菲表现得格外专业，整个拍摄过程进行得非常顺利。

《VOGUE 服饰与美容》
2013 年 4 月刊

置景师为了本次拍摄设计了一个非常有美感的细节，他把一棵枯树枝搬进了摄影棚。虬枝参差的枯树有着传统和枯山水的意境，与红色绒布的窗帘和躺椅形成了鲜明对比。这样的场景设计让本来就特点鲜明的菲菲更有一种神秘婉约的东方美。

化妆师和发型师跟我们合作多次，彼此之间并不陌生。发型师 Luke Hersheson 为菲菲打造了一个极具 90 年代极简主义风格的发型，显得很有中国古典韵味。而化妆师为她塑造妆容的时候也遵循了极简主义风格，把重点集中在唇部。为了呈现一种丝绒般的效果，化妆师 Lucia Pica 先用唇线笔和唇膏上了一层红色，然后用深红的唇线笔勾勒唇周，接着用黄色在内部晕染。从深红到橘红的过渡非常微妙，如此精细的唇妆让孙菲菲的嘴唇展现出一种花瓣般的质感，最终封面上的孙菲菲优雅迷人，好像是从工笔画中走出的古典美人。（内容来源：《VOGUE 服饰与美容》2013 年 4 月刊，撰文，孙震雨）

●相关链接●

将近一百年前的 *Vogue* 杂志（美国版）封面大赏①（选摘）

作为时尚界的重要教科书，*Vogue* 杂志一直占据着时尚杂志的第一把交椅，以下是 1910 年至 1921 年的 *Vogue*（美国版）杂志封面。

1910 年 *Vogue*
杂志封面

1911 年 *Vogue*
杂志封面

从杂志封面上出现的词汇来看和现在的根本无甚区别，而杂志的 logo 和现在的 *Vogue* 杂志已经越来越接近。纳仕先生是现代杂志版面设计的创始人。他是第一位聘用艺术家担任杂志摄影师的出版人。*Vogue* 杂志也是世界上第一本用彩色摄影表现时装作品的杂志。

1912 年的杂志封面，那个时候的杂志封面都是手工绘制的，别有一番风味

1913 年的杂志封面，现在的设计师完全可以在这些老封面上汲取设计灵感

---

① 然婷：www. haibao. com/artide/64875_ 2htm。

1914 年的杂志封面，从春到夏一目了然

1915 年的杂志封面，大蓬蓬裙是　　　　1916 年的杂志封面，连羽毛装都
**　　　这个时代女士们的最爱　　　　　　　　　开始出现了**

1917 年的杂志封面，已经不再那么的华丽和宫廷

1918 年的杂志封面，甚至出现了中性 LOOK 的女性，还照顾到了女孩子的重要时刻——婚礼

1919 年的杂志封面，有些风格你可以理解为日本或者亚洲风格

1920 年的杂志封面，大露背的礼服、皮草，80 多年过去了，它们依然在流行

1921 年的杂志封面，挥动球拍拍打星星，你可以理解为 80 多年前的运动风和科技感

第三节　1945 年,世界上版本最多的时尚杂志 *Elle* 在法国诞生

一　*Elle* 品牌的诞生

相比较 1867 年诞生于美国的"世界上最早的女性时尚杂志" *Happer's Bazaar* 和 1892 年同样在美国创刊被誉为"20 世纪最具影响力的时尚杂志" *Vogue*，1945 年在法国出炉的 *Elle* 杂志，虽然只有 60 多年的历史，却在这并不算长的时间里，创造了一个女性时尚杂志的传奇：一跃成为与世界其他两大时尚杂志品牌 *Vogue*、*Happer's Bazaar* 齐名的时尚媒体，并且是目前为止，在世界各地地区版本数最多的女性时尚杂志。并且，它以其精美的制作和一流的品位，成功跻身于法国出版业中世界最著名的女性时尚杂志行列。

作为全球最畅销的时尚类女性杂志 ELLE 品牌的诞生，要追溯到 1945 年，Helen Lazareff 女士在法国成功创刊第一本 *Elle* 杂志（ELLE 在法文中正是"她"的意思）。目前，*Elle* 在六大洲已发展为 35 个版本。除此之外，*Elle* 还拥有几个分支品牌，如 ELLE Décor 杂志（18个版本）、ELLE Girl 杂志（3个版本）、ELLE Cuisine 杂志（5个版本），网站 ELLE. com（13种语言）和各种 ELLE 品牌的特许产品，包括书籍、鞋、眼镜和其他时尚精品。

1988年，*Elle* 的中国版《世界时装之苑—ELLE》成功创刊，成为首家获得官方正式许可、在中国国内发行最具权威的高档女性杂志。它在引导女性服饰、美容、生活最新潮流趋势的同时，不忘贴近中国都市白领女性生活，帮助她们成为"Sexy 性感迷人、Spirited 真我率性、Stylish 品位高雅"的现代中国魅力女人。

《世界时装之苑—ELLE》现已成为国际知名品牌登陆中国的首选媒体。据统计："2003年，《世界时装之苑——ELLE》在全国的发行量更高达348738册，其中北京、上海、广州三大城市占据总发行量的45.5%。'美丽动人（Sexy），独立自信（Spirited），品位高雅（Stylish）'是《世界服装之苑——ELLE》追求的理念，它将来自海外的最新时尚潮流带进中国，吹起一股绚烂、热情、充满梦想的浪漫之风。"①

目前，*Elle* 杂志在世界各地月销量为五百多万册，并早在1985年就越过法国的本土界限成为领导世界时尚的杂志。它的最初目标是创造一个集时装、美容和生活的女性周刊，提供一个时代富有前瞻性的、可供选择的潮流出版物，让 *Elle* 杂志成为崭新的、有希望的、有前途的时装产业。今天，*Elle* 已经超出时尚杂志的范畴，成为一个国际性的时尚品牌，代表着女性充满自信与青春活力的形象。它以其敏锐的时尚触觉、专业务实的理念而迅速崛起于世界时尚媒体之林。

---

① 孙燕君等：《期刊中国》，中国社会科学出版社2003年10月版，第78页。

二　来自 *Elle* 的幕后故事

女编辑决定内容　2200 万女性离不开《她》①
本报驻法国特约记者　陈源川

Elle 编辑部墙上悬挂的各期封面　陈源川摄

作为全球最大的时尚杂志，*Elle*（中国版又名《世界时装之苑》）在某种意义上可谓当今时尚的代言人。*Elle* 如何追逐潮流、引导时尚？每期杂志如何策划"出炉"？带着诸多问题，记者近日探访了位于巴黎近郊的 *Elle* 杂志总部。

不求奢华，但求真实

"ELLE"在法语中的意思是"她"，这是所有女性最简单和最直接的代名词。*Elle* 法国版总经理瓦莱利·多拉尼安女士告诉记者，杂志是由海伦·拉扎夫女士于 1945 年创办的。"二战"之后，海伦与丈夫、法国著名的杂志出版人拉扎夫先生从美国回到法国。面对战后满目疮痍的欧洲，海伦决定为女性创办一本杂志，希望帮助妇女摆脱战争阴影，走向美丽的生活。很快，海伦就取得了成功，因为 *Elle* 是当时唯一以周刊形式发行的时尚杂志。

---

① http：//www.people.com.cn/GB/guoji/14549/2276731.html。

与其他世界顶尖级的时尚杂志不同，*Elle* 更注重显示生活中的女性。多拉尼安说，她也很喜欢美国的时尚杂志，但她觉得那些杂志太奢华了，与现实生活有所脱节。据介绍，在一次有关 *Elle* 的调查中，有位女编辑曾说，她在 *Elle* 中看到了自己。她说："*Elle* 有如我的影子，而且是经过提炼与升华的我。"多拉尼安没说错，*Elle* 追逐的就是现实生活中的时尚。

3 位女主编打造时尚封面

作为时尚的"领路人"，*Elle* 如何策划每期题目？这是记者在采访中最关心的话题。据多拉尼安介绍，杂志的选题策划主要来自两个渠道：一是由总经理召开主编会议，讨论和交流本周或最近几天的时尚趋势，并从中提炼一个主题，提交杂志的专业技术委员会审批；一是由记者和编辑自己提出选题，交主编会议讨论通过，但由于时间关系，有大量选题往往来不及提交主编会议就"粉墨登场"了。多拉尼安称："如果夏奈尔公司明天有个活动，而我们后天就得出版，那这条消息的操作从头到尾必须在十几个小时内完成。"

对于普通读者而言，一本杂志的封面往往决定着其购买的意向。*Elle* 的封面如何策划？据多拉尼安女士介绍，杂志的每期封面均由她本人同三位女主编集体决策，她们中有两位负责新闻，另一位负责时尚与美容。杂志的封面讲究"平衡原则"，除了以女明星或女名模的大幅彩照打造主题外，还要配上两三条轻松活泼的社会话题……

照片裸露但不庸俗

Elle 版面的照片占了杂志的 2/3，看过 *Elle* 的读者无不为其精美绚丽的照片倾倒。多拉尼安说，与普通的时尚杂志不同，*Elle* 的照片不仅体现着一种时尚，还折射出一种风格……

为此，杂志对其摄影师提出了严格的要求：拍摄能够体现生活的照片，而不仅仅停留在拍摄艺术品的层面。*Elle* 的摄影师均是独立摄影师，除了有 20 来名摄影师同 *Elle* 保持着固定的合作关系外，一些出道不久的年轻摄影师也不时给 *Elle* 带来一缕新风。*Elle* 时尚与美容版的照片全部由杂志自己聘用的摄影师拍摄。除此之外，杂志还从图片社和新闻社购买照片，主要用于社会新闻版和人物版……

　　说到照片的选用就不能不提到今年 5 月 *Elle* 封面刊登的世界著名女明星艾曼纽埃尔·贝阿的裸照。这位女明星因主演《天使在人间》等多部电影而闻名全球。虽然法国人对广告中的裸体早已习以为常，但对于在这样一本让人信任的杂志封面上出现一位令人仰慕的世界级明星的裸照，很多人还是不能接受。

　　多拉尼安说，虽然有人对此提出异议，但这期杂志还是获得了成功，两天之内就卖出了 40 万本。艾曼纽埃尔·贝阿本人的态度更是让杂志获得了声誉。艾曼纽埃尔表示，之所以同意该杂志使用她的裸照就是因为，她认为 *Elle* 是一本内涵丰富的精品杂志，而不是以裸女艳史为卖点的庸俗刊物。的确，*Elle* 并没有把卖点停留在女明星裸照上，而是进一步树立了杂志自己的健美观，他们借机倡导女性“保持丰满、保持体重”，而不要盲目瘦身。

杂志在中国的发展受到总部的格外重视

　　作为法国味十足的时尚杂志，*Elle* 如何在不同国家生根发芽？据杂志所属集团阿歇特－菲利巴契传媒集团国际发行部副总裁德罗歇先生介绍，杂志在拓展全球市场时实施“本地化与标准化”的双轨制。一方面，雇用本地的编辑队伍，生产具有“地方口味”的 *Elle*。另一方面，为海外的各个版本制定统一的标准，使不同语言和版本的杂志都严格体现 *Elle* 的风格与特色。为此，总部经常组织一些国际会议，邀请各国的编辑和出版人员共同交流经验。另外，全球不同版本的 *Elle* 并非各自为战，而是在交流中发展。总部会为分布在世界各地的编辑部提供一部分“共享”的文章和图片，以保证每一个版本的 *Elle* 都能步入世界领先舞台。

　　1988 年，*Elle* 正式进入中国。据德罗歇先生介绍，中国版除了拥有"ELLE"这四个法文字母外,还有一个中文名称,即《世界时装之苑》。这是 *Elle* 所有海外版中唯一拥有当地名称的版本,*Elle* 在中国的发展受到集团的高度重视。

附:*Elle* 中国版主编晓雪的"优雅"人生

Elle 晓雪揭密时尚圈:从土妞到洋妞(图)

晓雪,她的真名叫李辉,但她说现在除了买机票都没用过真名。她说,晓雪就等于是她的大名了。她的前老板洪晃对她最经典的评价是"和我妈给老布什的第一印象一样"。

然而这位"中国最漂亮的时尚女主编",被《时尚》杂志评为中国 50 大魅力女人的晓雪,可能却是穿着运动裤,趿着拖鞋,叉着腰,龇着牙咧着嘴,气急败坏地嚷嚷着:"这个封面怎么这样,要改要改!"无论是从电视到电影,还是最后到时尚杂志,晓雪无一不是从零开始的。常常光鲜亮丽,脚蹬高跟鞋穿行于衣香鬓影之间的她不抽烟不喝酒不泡吧,能有的大部分时间都消耗在了办公室。

从小晓雪就不甘于狭小的生活圈子,认识的就那么几个同班同学、隔壁邻舍,于是一直希望能有更多的机会看看外面的世界。"小时候就希望当记者,就觉得这个行业可以认识很多人,特别好玩。"初中,晓雪成为学通社的第一拨记者之一,虽没有特别刻意,但也在

中国 50 个魅力女人之一

一步步地向着自己的目标迈进。

　　小记者的生涯的确如晓雪最初设想一般：忙碌，新鲜，交友广泛。由于她经常去电视台采访，自然认识了很多电视台的人，于是，生命中重要的一个岔路口出现了。

　　"当时电视台缺一个小场记，他们就问我愿不愿意做这个，然后就开始教我做这个做那个，没想到这样开了个头，我就开始一直做电视了。"后来从中学到大学，晓雪的寒暑假基本都消耗在中央电视台或是北京电视台。

　　就这样，尽管在大学晓雪就读的是北京青年政治学院文秘系，但是毕业后，她还是去了一家外企性质的电视公司，当年风行全国的《包青天》《京城四少》等就是由这家公司引进的。之后，晓雪又去了香港嘉禾电影公司驻京办事处，"当时我在电影方面的工作经验等于零，但我也不知道为什么他们就从那么多应聘人中选了我"。虽然在电影方面是个新人，但是一年后，晓雪就因为工作成绩优异而被提升为制片管理，同年被《时尚》杂志评为中国 50 个魅力女人之一。

　　在嘉禾的四年，晓雪说是给了自己一个完整的电影专业培训。从剧本统筹到成本预算到发行推广，晓雪一路做来一路学，倒也乐在其中。那个时候的她看时尚媒体圈内的朋友，也是抱着一种围城外看围城内的艳羡眼光。正好此时洪晃的《I Look 世界都市》向她发出了热情的邀请，于是晓雪心一动，又一头扎进了一个自己一知半解的行业。

从"土妞"到"洋妞"

刚从电影公司转行出来的晓雪，手中有好多大腕明星的资源，本想可以凭着这个在《I Look 世界都市》大肆发展一番，结果老板发了话："我们这个杂志只做思想，不做明星。"杂志的定位是"给有头脑的女人看的"，讲究文字，注重个性。晓雪为之一震，"我那时脑子里第一个反应就是，不做明星的杂志有人看吗？"直觉告诉晓雪，路这样走下去是行不通的，"但是这个过程很艰难，要改变很多人的思想包括老板的思想。"

困难从不会让晓雪退缩。于是她找了调查公司，得到了很多反馈信息，其中最重要的两个就是：70%的人买时尚类的杂志是为了看服饰和美容；大部分的人希望在时尚杂志上看到明星。有了数据事实撑腰，晓雪理直气壮地跟老板谈判。好不容易做通了老板的工作，可是没想到正式宣布改版计划的时候，她的反对派用走人这招给她唱了一个空城计。

"时尚杂志赚钱的营运模式就是靠广告，我们杂志是做奢侈品的，但是像 LV、Dior、PRADA 这些名牌，从来都觉得中国的本土时尚杂志很土，也从来不在中国的本土时尚杂志投放广告，顶多只投放像《时尚》、Elle 这些国际版权合作的杂志。怎样让对方认可，怎样让对方觉得杂志不土，怎样争取到广告，都是个特别难的过程。"种种难题一叠加，"我好几次都想辞职不干了"，晓雪说。

提到那段动荡时期，晓雪倒是对动荡后的结果非常的欣慰，"我已经记不清前后到底改过几次版了，现在我们杂志的口号是消费的艺术"。经过不断地改版、磨合、市场反馈到再改版、再磨合、再市场反馈，"后来发行和广告都翻了几番，成功地经历了一个从'土妞'到'洋妞'的脱胎换骨，据说杂志现在是竞争对手老板们桌上的必备品"。

就爱挑战，"从零开始"

对于工作，晓雪强调最重要的是激情，是对这个行业无限的热爱。而大多数人特别看重的经验，在晓雪眼里看来倒是无所谓。因为无论是从电视到电影，还是最后到时尚杂志，晓雪无一不是从零开始的。

"正因为没有经验，一切是从零开始，所以才不会被任何条条框框束缚住。我觉得没有任何不可能的事情。"在国内各时尚杂志纷纷走国际版权合作的便捷之道时，晓雪却一直坚持全本土制作，"正因为没有母版，任何东西都是原创，所以才能出更好的创意。"而更让晓雪骄傲的就是《I Look 世界都市》创了好几个时尚杂志界的第一。

中国的时尚杂志起步晚，还处在摸索和借鉴国外经验的阶段，所以当时的时尚杂志封面铺天盖地都是外国人的面孔，当晓雪跟老板提出以后要全部用中国人做封面的时候，发行总监首先提出了异议，理由就是当时卖得很火的《时尚》Elle 通通都是"外国脸"，中国人不买中国脸的封面。可晓雪觉得无论世界上哪一个国家和地区，卖得最好的杂志最后一定是本土化做得最好的杂志，所以一定坚持用中国人做封面，包括杂志内的平面模特也都一定要求是中国人。"我们坚持这样已经大概三四年了，结果现在很多国际版权的时尚杂志也开始用中国脸了，这个头真的是我们带起来的。"

2003 年，SARS 横行之时，大部分人都放假了，而晓雪她们刚刚将办公室搬到大山子，有着无比上乘的空气质量，自然无需人心惶惶地放假，于是大家又在一起考虑着创造第一。结果，杂志在原有 200 页的基础上，一下子增厚到 300 页，当时很多同行都说我们疯掉了，还有同行打电话给我："你这是扰乱市场啊，都这么做了我们该怎么办，你得考虑成本啊！"但事实证明形势一片大好，"那期的杂志一上摊就像炸弹，一下卖疯了，因为大家从来没有看到这么厚的杂志。之后的三期每期的销量都上涨了一倍"。就这样过了 6 个月，更多的时尚杂志都变成了 300 页。

2004 年，《I Look 世界都市》又开了一个先河，跟 LV 合作，用李冰冰、刘烨、梅婷、秦海璐、李小璐、陈坤等十几个明星一起做了一个封面，"那是我们这五年卖得最好的一期，上市一周就全卖光了，只好加印。而且好多都是圈内人自己买，因为当时大家都觉得特别新鲜，这个创意给我们挣足了面子。后来我去巴黎看 LV 的时装秀时碰到了 LV 的全球总裁，他告诉我，这是他梦想中的封面，他完全没有想到这么有气势的封面会由中国的一家本土杂志做出来。"后来一个国外的客户还给晓雪讲了一个非常有趣的小故事，"他说我们国内的一个同行跟他们说有一个非常好的创意，要把 9 个模特放在一个封面上，这在中国是第一次。而当时他的一个翻译直接翻译给他的竟然是：他们不是第一次，《i Look 世界都市》才是第一次。连翻译都知道，我们能不自豪吗！"

2006 年，晓雪离开《i Look 世界都市》，开始了她的美丽事业的新起点——《世界时装之苑——ELLE》。

《穿普拉达的女王（The Devil Wears Prada）》正式在中国公映后，影片向公众展示了一个不为人知却又充满无限吸引力的时尚圈，被公众评为"杀手级的题材"。风光无限的时尚圈与华服美食的派对背后，究竟有着怎样的辛酸秘密？在光鲜的外表下，时尚女主编背后又有什么样的时尚生活？*Elle* 编辑总监晓雪为您解密时尚圈。

记者：请问你是否看过《穿普拉达的女王（The Devil Wears Prada）》这部电影或书？觉得它能反映出当今时尚圈的现状么？华服美饰、光鲜无比，却也残酷无比……

晓雪：都看过。看的时候心情很复杂，和看别的电影不一样。边看边笑，同时为女魔头和小助理喝彩。艺术虽然源于生活，但是和生活其实还是有距离的，离中国的时尚圈，也就是我工作的真实氛围，还是有挺大距离的。

我刚刚结束在巴黎看秀的工作。我的一个朋友说，是不是都像书和电影里写的那样，对去巴黎看秀那么那么的激动？——说实话，没有，在精彩的秀的现场当然会激动，那是因为真的在现场会被设计师们的创意所感动。但是对于看秀这件事本身，不会觉得怎么特别，它不过是我工作中的一部分。在每场大秀的现场，都可以碰到传说中的女魔头的生活原形，我经常和她不到一米的距离，没有觉得她那么的

"魔头"，而且，她很会穿衣服呢！

国外的时尚产业比我们早，比我们成熟。至少在中国，时尚圈还远远没到书里和电影里描写的那么光鲜和疯狂的程度，当然，电影就是电影，不夸张就不好玩了！

我自己不觉得我做的是一个特殊的行业，和大家一样，只不过对有些女孩来说，时装杂志是个小梦想；对我来说，是工作，是生活中的一部分。

记者：我曾经看过你的 BLOG，你在上面说自己是一个很不会做"老板"的人，批评人都要斟酌半天怕伤了人家，对助手都像亲妹妹一样。真的是这样么？

晓雪：呵呵，是的。我在 I LOOK 六年半，I LOOK 为其他杂志培养了六个主编（算上我自己，那有七个了！晃姐应该很自豪！）、两个时装总监出来——这是我的职业成就之一，她们今天在各自的岗位上，碰到问题还是会在 MSN 上和我商量，"雪，我该怎么办？"

我手下的一个编辑，在做了另一个杂志的主编后，请我吃饭，对我说："雪，我以前觉得你太玩命，太把工作当回事，下飞机连口气都不喘就进办公室，至于嘛！现在我懂得了，做主编这个位置要担很多责任，要花比做一个编辑更多的时间和精力才可以胜任……我为我以前因为不懂你而任性地误解你而向你道歉，希望不晚……"——太欣慰了，一点都不晚，老天让我有机会听到曾经的下属这样的话，真是我的福气……

记者：在目前中国的时尚圈中，存不存在像电影中米兰达那样在时尚圈中能"呼风唤雨"的"魔头"？说实话，你自己想不想成为那样的人？

晓雪：现在还没有，是因为整个中国的时尚产业还不成熟，从设计师到杂志编辑，都需要更长的时间磨炼。

做士兵的，没有人不想做元帅。我当然希望我掌门的时装杂志是中国时尚界的一面旗帜。希望 ELLE 是一本非常有影响力的杂志，无论是在时装圈，还是在普通读者的生活中；希望 ELLE 可以扶持中国本土设计师、本土时尚产业的发展；鼓励我们的编辑多介绍本土设师、本地小店，多用自己的摄影师、化妆师……

对于我个人来讲，风光已经足够。我希望学到"女魔头"的职业精神和职业素质，而不是对下属的坏脾气。我崇尚高调做事，低调做人。不一定要天天斥责自己的助手，动辄发脾气和刁难下属，才可以成为一个好主编……

记者：在时尚圈中工作对你的生活影响大么？是不是"时尚的工作"导致了"时尚的生活"？你对自己现在的这种工作和生活状态满意么？

晓雪：工作是工作，生活是生活，从来不会被"时尚"所累，是因为很清楚，生活中除了霓裳艳影，还有很多其他的精彩的东西。在生活中，时尚是一种态度，比如家家都有喝水的杯子，你是不是愿意花心思让自己家的杯子更特别，那每个人的选择不一样，诸如此类，生活中可以从很小的一件事情上开始精致，你的生活就是时尚的。奢侈品对日子来说，是锦上添花，不是雪中送炭。有另外一些东西，是生活中的"炭"，是要更珍惜的……

记者：你认为中国的时尚圈现在成熟么？它与欧美时尚圈有什么样的差别？（如果有的话）

晓雪：差别还很大：我们需要时间。我们的时尚产业，包括设计师、模特、时装编辑等各个方面，都需要时间的历练。……我们的设计师还不成熟，没关系，给设计师们一点时间；作为 ELLE 中国版的主编，在很多秀场上我坐在第一排，不是我的本事，是我们中国在强大，人家开始重视我们了，再给我们一点时间，中国的时尚圈，会开始有自己独特的声音……如果中国的设计师们都有勇气自己开店，将最好的创意呈现出来，我愿意随时在 ELLE 上给他们留最打眼的版面。这是 ELLE 作为一本中国最早的、发行量最大的时装杂志不可推卸的重要的社会责任。（来源：千龙网，编辑：刘泓廷，有删节）

· 相关链接 ·

世界上知名的十大女性时尚杂志①

一　VOGUE

美国，1892 年创刊，目前在全世界发行十多种版本。这本美国老牌时尚杂志号称"时尚之前，VOGUE 之中"，一直以来，文化评论家们都认为 *Vogue* 至今 113 年的发展史就是一部"时尚摄影的历史"。

二　Cosmopolitan（中文译名大都会）

1886 年创刊于美国。是一家老牌杂志，当年以大胆有趣、号召"大都会女郎"的风格出道。20 世纪 60 年代，在海伦·布朗编辑方针的领导下，《Cosmopolitan》向妇女发出了在当时颇为激进的口号："勇敢地生活，在你生命的每个领域中，你都能做到最好！"现在《Cosmopolitan》已经不仅仅是一本杂志，它同时也是读者的一种生活方式。主要面对全球那些勇敢、有娱乐精神并想在各个领域中成为佼佼者的年轻女性。

三　W

1972 年创刊于美国，老牌高端时装杂志。在 2011 年 6 月号上，居然用了整整 60 页篇幅刊登了布拉德·皮特和安吉丽娜·朱丽的"亲密生活照"——这组照片以图片形式展现了 20 世纪 60 年代美国家庭光鲜与阴暗的双面性，皮特与朱丽在画面上扮演一对夫妻，以表情和肢体语言无声讲述着这个虚构家庭中的故事。而与此对应的专题文字解释却只有 2 页——

---

① 参见《古尔浪洼的日记》，http://www.douban.com/note/193483320。

可见其捕捉时尚风潮脉络的敏锐。

四　NYLON

美国，一本很独特的女性时尚杂志，1998年创刊，风格另类，剑走偏锋。几年来吸引了很多大牌化妆品公司的广告，据说原因在于这些广告商"希望采用一种新型的独特载体影响消费者"。

五　Harper's Bazaar 中文译名《哈泼时尚》

美国，1867年创刊。中国版称为《时尚芭莎》。其在全球拥有19个国际版本，是一本风格内敛自省、历史年代悠久的老牌杂志。在中国，其读者定位为：25岁以上，高收入、高品位、阅历丰富、热爱时尚、追求完美的成功女性。

六　ELLE

法国，1945年创刊，为周刊，一年出版约54期。目前在全世界发行35个版本。*Elle* 的内容形式仍然关注传统时尚媒体的时装美容、健身美食、文化艺术等现代生活的各个方面。与其他几大杂志比较，*Elle* 更加年轻而富有朝气，比较关注和贴近大众少女的时尚需求和品位，并且重视服饰产业的市场操作，实现时尚精神的倡导。

七　Marie Claire（中文译名《嘉人》）

法国，1988年创刊。曾为贝克汉姆打破了十四年不用男性做封面，相对传统的《嘉人》，如今被称作主流女性时尚杂志市场上最野的杂志。目前它在全球坐拥24个版本，是世界著名高档女性期刊之一。它一向以细腻的女性视角、独特的社会报道，来展现多元化的潮流生活。

八　Figaro Madame（中文译名《费加罗夫人》）

法国，1980 年创刊。其与《君子》内在颇有夫唱妇随的气质，都强调高雅持重的仪表，看重"时尚中的智慧"，有实力雄厚的《费加罗》报团在其后作为支撑，其内容除时装外涉及美容、烹调、养生之道等。

九　i–D

英国，1980 年创刊。大写的字母 D 强调杂志对设计的关注，而小写字母 i 则暗示杂志"我行我素"的风格。创办人特里·琼斯希望这份杂志能够在主流之外，为时尚界和关注时尚的人带来更为开阔的视野和更多的声音："时尚不仅仅是衣着，它还是我们身边的文化，是音乐、电影、文学、艺术和食品等这些影响我们日常生活决定的东西。"

十　《L'OFFICIEL》

1921 年在法国巴黎创刊并出版发行，是法国最早的一本时装类杂志。它的中文名称译作《巴黎时装公报》或《巴黎时尚潮》，中文版本为《时装 L'OFFICIEL》。自 1921 年起，便以独特的视界纪录时尚，引领潮流，被称为"时装界的圣经"，在国际高档时尚类刊物中拥有不可置疑的权威地位。

附全球五大知名时尚男性杂志①

《花花公子》《男人帮》《GQ》，这些大名鼎鼎的男性杂志，不仅体现时尚，更代表一种男人的品位生活。

第一名：《Playboy》（花花公子）

《Playboy》由休·赫夫纳于1953年10月创刊。第一期封面据说是他花500美元买来的挂历女郎玛丽莲·梦露的照片。这张照片，不仅捧红了玛丽莲·梦露，也成就了这家著名的成人杂志。在其后的50多年里，《Playboy》一直稳居男性时尚类杂志第一名。

《Playboy》目前在全世界用9种文字出版，拥有近3000万读者。《Playboy》每月发行量大约为550万份，名次居全美国所有杂志的第12位。

第二名：《Men's Health》

全球拥有38个语言版本，发行量达353万册的著名男性时尚类杂志，引导包括时尚、健身、享乐在内的男人休闲娱乐生活方式。2003年，中国最知名的时尚杂志社与美国《Men's Health》签订版权合作协议，共同出版《时尚健康·男士》。该杂志封面以对比强烈的黑白上身半裸男子出现，诉求非常鲜明，提出创办全国第一本全面关爱男性的身体杂志，三点态度非常直接："关爱男人、全面减压、享受欲望"。

第三名：《FHM》

FOR HIM MAGAZINE（简称FHM），中文版本为《男人装》创刊于1985年。英国著名期刊集团EMAP于1994年对其重新进行了打

---

① 大学生校内网，http://www.dxs518.cn/Html/pppx/11450815.shtml。

造，将其定义为新时代的男人和他们阅读的杂志。

2001 年 4 月号香港版《FHM》（男人帮）封面，刚刚走出《卧虎藏龙》剧组的章子怡惊艳现身，以及其性感撩人的姿态出现在男性杂志封面上，该期杂志一上市就被抢购一空。

第四名：《Maxim》

一本较温和的男性杂志，以更多的消遣内容为主。强调"啤酒与宝贝"的享乐原则，能够让男人揣回家边喝啤酒边看，即使被太太和女友看到，也没太大关系。

第五名：《GQ》

《GQ》，中文版叫《智族 GQ》创刊于 1958 年，隶属于世界上最大的出版集团康泰纳仕。

它的内容主要是关于时尚、风格时事及男人情感的。

著名的男性时尚杂志，封面多为男性明星或性感女明星。2002 年 5 月《GQ》英国版，万人迷贝克汉姆挑战自身最大性感限度，近乎全裸登上杂志封面，表现自然得连摄影师都要傻眼。

附精彩阅读 时尚故事：

登上美国时尚杂志封面的首个中国女模特

——China Machado

——从模特、编辑到女商人 时尚易逝 机会永存①

出生在上海法租界的欧亚混血女郎 China Machado 拥有复杂而难以定义的魅力。从模特到时装编辑再到成功女商人，她一生屡获上天的眷顾和贵人相助。除了天生的美貌和好运，超强的行动力也是她的生存武器。

---

① VV：《外滩画报》2011 年 5 月 19 日，http：//news. 99ys. com/20110512/article－110512－64224_ 3. shtml，常州爱美丽婚纱摄影：www. 59aml. cn。

首个登上美国时尚杂志封面的非白种人模特

China Machado 是摄影大师 Richard Avedon 的缪斯与挚友，时装史上首个登上美国时尚杂志封面的非白种人模特。以时尚摄影闻名的 Richard Avedon 从未曾将自己的镜头局限于时尚世界。而在他看来，Machado 尽管拥有仿佛天生为镜头而生的美丽骨骼和脸庞，但是"作为一名时装模特并不能最大限度获得成功"。

Happer's Bazaar 的时装编辑

当机会来临时，Machado 毫不犹豫地转行做了 *Happer's Bazaar* 的时装编辑。正是这本杂志，1959 年，曾拒绝让 Richard Avedon 拍摄的 Machado 的照片刊登在封面上。回顾一生，Machado 坦言自己是个实际的人，"对于男人，对于一切事情，我的信念就是要生存下去。"而上天也一直在眷顾着这个拥有超强行动能力的女人，即便与机遇失之交臂，她也总能奇迹般地将其寻回。

China Machado 来自一个传统的天主教家庭，出生在上海，父亲是葡萄牙人，母亲则是亚洲人。从小居住在上海法租界的她，和那个时期的上海一样，身上有着欧亚混血的典型气质和复杂而难以被定义的魅力。居住在上海的 Machado 过得就像童话故事里的灰姑娘，生母早早去世，继母派给她做不完的家务。随着上海解放，Machado 一家人搬到了秘鲁的利马。为摆脱不幸福的家庭生活，她逃离家庭做了泛美航空公司的空姐，19 岁那年，她人生的第一次重要机遇降临了。

一次午餐会上，Machado 遇到了一个名叫 Luis Miguel Dominguin 的男人。那个男人在瞥见她时，撞在了树上，惹来哄堂大笑。其实这个滑稽男人是当时最著名的斗牛士，同时也是社交圈的猎艳高手。三天后，斗牛士王子带着 Machado 私奔到墨西哥，这冲动的决定将她领向了不可思议的新生活。Dominguin 风趣英俊，和毕加索是好友，后者甚至还做了他儿子的教父。Machado 并不承认两人的关系只是一夜情，而在这持续了一段时间的感情生活中，斗牛士王子却像梦魇一样来去匆匆。Machado 被卷进了没完没了的名流派对、旅行中。直到有一天，

Ava Gardner 这位米高梅公司的大明星、世界上最美的女人带走了她的斗牛士男友。茫然无助的 Machado 听从了一名狗仔摄影师的建议——巴黎能让你变成大明星。

初到巴黎，就有 Cristobal Balenciaga 工作室的人邀她做模特，然而试衣模特在当时并不是个光彩职业，犹豫中的她到圣托培过了一个夏天。Balenciaga 则去了西班牙，工作机会就这样溜走。此时的巴黎时装设计师们正处在一个叛离传统的阶段，罕有、独特、不同于过往的美丽是他们心中共同的追求。在一次 Givenchy 的面试中，China Machado 被错当成一名该上场却临时生病的模特，慌乱的工作人员往她头上套了件衣服就推上了展示会。展示会结束后，Hubert de Givenchy 走到她面前，邀她加入 Givenchy，由此她阴差阳错地开始了自己的模特生涯。

China Machado 本名 Noelie Machado，这样一个有着浓厚天主教气息的名字显然和时髦的时尚圈气质不合，于是她为自己改名。出生在上海的 Noelie 从此消失，神秘优雅的 China 诞生了。

为 Givenchy 工作两年半之后，Machado 开始到其他时装屋做兼职，这令 Givenchy 恼怒不已，与她一刀两断。她开始为 Christian Dior 以及一些意大利设计师工作，Balenciaga 也终于雇佣了她。在马德里的一场展示会结束后，Balenciaga 曾打算送她一件衣服，而实际的 China 为自己挑了一件朴素的黑裙，面对满眼美轮美奂的华服，她脑子里转着的问题是：穿这样的衣服我要去哪里？当时的她或许并未意识到，豪华奢侈的生活必将伴随着一打打的男人来敲她的门。此后她的罗曼史中，主角是罗伯特·布烈松电影《扒手》的主演 Martin LaSalle，或者好莱坞大帅哥 William Holden。

这个时期的 Machado 开始与 Richard Avedon 合作。Avedon 让她确信，作为模特她不会有巨大成就。而她也一向认为模特只是工作，从来不觉得自己会成为商业意义上的超级模特。所以，当时任 *Happer's Bazaar* 主编的 Nancy White 邀她做时装编辑，她毫不犹豫地接受了。巴黎高级时装圈的经历让她拥有普通姑娘不曾有的老到。而在美国 Avedon 的有力支持下，她对工作更加游刃有余。不过，即便对于她这样一个活跃的社交分子，时装编辑所需的社交量仍令她不胜其烦。渐渐地她迷上了电影。离开 *Happer's Bazaar* 后，她为几部电影当过服装造型师，还制作过一档电视时尚节目。

成功女商人 画廊经营者

如今的 China Machado 是成功的女商人和画廊经营者。她在长岛拥有自己的临水豪宅，墙上装饰着亚洲风格的壁画。居住上海期间，阿姨教会她裁剪衣服，于是她还客串过针织设计师。而 20 世纪 50 年代在 Givenchy 时装屋受到的熏陶，令她对于建筑装潢也有良好的品位。

她有两个女儿，自己已经做了外婆，谈及今天的模特们，她会嫌弃叽叽喳喳的年轻姑娘，从来不像自己当年一样懂得在工作时保持绝对安静。在《V Magazine》去年为年长美人做的四人专题中，她将岁月流逝视作生命的自然过程。

昔日美人们要做的，只是活在其间……

第七章

新媒体——中国女性期刊的春天

第一节　新媒体的概念及其含义

一　新媒体的概念

所谓"新媒体"是一个相对的概念，"新"相对"旧"而言。从媒体发生和发展的过程中，我们可以看到新媒体是伴随着媒体的发生和发展在不断发展变化着的。1995 年，美国麻省理工学院（MIT）教授兼媒体实验室主任尼葛洛庞蒂推出了新作《数字化生存》，将数字化提高到了前所未有的高度。随后，国际上不少著名研究机构和高等院校纷纷成立类似的研究中心或实验室。而国内的一些新闻传播研究机构和院校，从 20 世纪末也陆续整合资源，成立相应机构开展相关研究。

与此同时，女性新媒体的竞争则日趋剧烈。以"新媒体·新女性·新生活"为主题的"2009 年记者节活动"于 2009 年 11 月 6 日在东方网举行，上海知名女记者就"上海女性传媒从业者的概况""洞悉新媒体的手段以把握未来"和"媒体职业规范的共性与差异"等议题展开主题演讲，类似"女性新媒体竞争日趋剧烈，妆点网出奇制胜拔得头筹"的新闻频频涌现……相关部门因此成立了专项课题组，对女性新媒体开始进行深入细致的研究。

二　新媒体的含义

新媒体是在新的技术支撑体系下出现的媒体形态，如数字杂志、数字报纸、数字广播、手机短信、移动电视、网络、数字电视、数字电影、触摸媒体等。相对于报纸、期刊、广播、电视四大传统意义上的媒体，新媒体被形象地称为"第五媒体"。

中国传媒大学新媒体研究院院长赵子忠教授认为："新媒体可以从三方面来理解。一是新出现的媒体形态，如互联网上的很多媒体业务都是新出现的媒体。二是非传统媒体，由于新的技术手段进入媒体，如手机从通信工具成为媒体。三是传统媒体领域新的机构、新的重组。传统媒体数字化以后导致运营理念、运营方式和运营对象的改变，如广电的数字化。"①

由此我们可以这样阐述：新媒体的发展将是未来媒体发展的新趋势。传统意义上的媒体是通过电视、广播、报刊、杂志单一形式完成的对于信息的传播；而新媒体是在集传统意义的媒体基础上，运用数字媒体技术开发创意完成，对于信息的传播加工以及新的诠释，为此，新媒体被形象地称为"第五媒体"。

三　女性成为新媒体重要力量

2009 年 11 月 6 日，在上海东方网举办的以"新媒体·新女性·新生活"为主题的"2009 年记者节活动"论坛中，我们获悉：在新闻网站、手机报等新媒体领域，女性从业者数量已经超过男性，上海女性网民的比例也高于国内其他地区，达到了 54.5%。

上海新闻工作者协会女记者工作委员会主任唐宁在介绍上海女性传媒从业者的概况时表示，20 多年前上海新闻媒体中女性比例只有不到 20%；2001 年，上海女性传媒人的比例已经占了 37.1%，高于全国的 32.9%；到了 2005 年，上海新闻媒体女性从业者的比例已经接近了 40%；截至 2008 年年底，在上海期刊和报纸的将近 1 万名从业者中，女性比例分别占到了 47.76% 和 48%。上海广播电视业者的女性比例也达到了 47%。

而在新闻网站、手机报等新媒体中，女性从业者比例已经超过男

①《新媒体蓝皮书：大数据将带动产业调整结构》，互联网，2013 年 6 月 26 日。

性，上海女性传媒业者成为传媒转型的中坚力量，唐宁介绍说，解放集团网络媒体 23 名记者中有 15 名是女性，文新集团 147 名网络媒体从业人员当中有 85 名女性，占到 58%，新媒体给女性增加了就业和发展的机会。唐宁同时提出，身为媒体的女性，也许女性干起活来跟男性没有太大的分别，但女性的思维和表达方式、女性的职业生存与发展是否受到性别的影响与困扰等问题都值得思考。①

　　据统计，目前在新媒体从业人员结构中，女性的比例已经达到将近 70%。因此，在新媒体的发展进程当中，女性将成为新闻工作队伍当中一支非常重要的力量。

　　新媒体是一面"镜子"　　提到新媒体，我们很难用一个词或者一个物品来形容，新媒体是一个大范畴的概念。"没有新媒体，就没有新思维"，媒体的态度、品牌的态度，这些所折射出来的就是现在新媒体给人形成的印象。

　　新媒体是"原子弹"　　忽如一夜春风来，从"伊秀女性网"（国内最具知名的女性门户网站和互联网新媒体）到"伊人风采"、"瑞丽女性网"等数十家女性网站竞相绽放，势不可当……

　　新媒体的发展空间充满想象力："互联网是一个广阔的平台，而传统的平面媒体和电视媒体，增长空间都是非常有限的。随着一代人伴着互联网成长，他们对信息获取的渠道也完全不同……"杨澜在创办她的电子杂志《澜》时这样说道。

第二节　女性与女性电子杂志

　　电子杂志，又称网络杂志、互动杂志。目前已经进入第三代，以 flash 为主要载体独立于网站存在。电子杂志是一种非常好的媒体表现

---

　　①　张海盈、蒋泽、曹磊：《上海新媒体女记者数超越男性　女网民占"半壁江山"》，东方网，http://www.eastday.com/，2009 年 11 月 6 日。

形式，它兼具了平面与互联网两者的特点，且以图像、文字、声音、视频、游戏等相互动态的结合呈现给读者；此外，还拥有超链接、及时互动等网络元素，是一种很享受的阅读方式。

一　徐静蕾与她的电子杂志《开啦》

《开啦》系列电子杂志是由著名演员、导演徐静蕾独立投资创办的、由本人担任主编，定位于文化时尚，涉及电影、电视、新闻时事、音乐、文学、旅游等多个领域的时尚文学类互动电子新媒体公司。《开啦》于2007年4月16日创刊，截止到2010年3月，共上线49期，累计在线阅读及下载量超过6亿次，其电子杂志数据超过1000万次/期。据悉，首期《开啦》的广告收入高达100多万元。

那么，《开啦》是在什么背景下创办的呢？或许这要追溯到20年前一份美国杂志的主编说："'现代美国女性，开始对用纸杯喝葡萄酒的生活产生厌恶，向往用玻璃杯取代纸杯喝酒的倾向越来越高。顺应时势，以帮助女性追求优雅、浪漫之生活品位，这就是我们的创刊宗旨。'这本杂志名叫《维多利亚》，用的是英国女王的名字，以此来代表上流社会的品位……2000年4月，又一个真实女性出了以自己名字为名的杂志，主持人奥普拉·温弗里与赫斯特集团共同推出了《奥普拉杂志》，这本月刊也取得了很大的成功。"①

这一现象引起了同样与赫斯特集团合作的中国"时尚集团"子刊《男人装》杂志主编瘦马的关注，于是，他也开始策划在中国办一本以一位女性命名的杂志，并以《男人装》别册的方式发行，徐静蕾便是其中之一，另两位是杨澜与李静。他认为，徐静蕾是家喻户晓的明星，同时有上千万访问量的博客。"写博客，就是以个人价值观造成对社会的影响。只要有影响，就有商业效应，就是个人媒体，印出来

---

① 苗炜：《徐静蕾的〈开啦〉：一本杂志的诞生》，《三联生活周刊》2007年第18期。

就是杂志。徐静蕾博客的访问量也是她个人影响力的表现，所以她很有市场价值。"① 而徐静蕾好像对做一本以自己名字为名的杂志兴趣不大。她的经纪人刘璇说："做一本《蕾杂志》，好像和做一个徐静蕾的官方网站差不多嘛，我们想做一个更大的。"

　　或许这就是《开啦》创办的初衷吧。2007 年 4 月 16 日，徐静蕾在北京天伦王朝饭店举办了电子杂志《开啦》的创刊仪式。她认为，《开啦》并不是一份关于自己的个人电子杂志，而是一份综合性电子媒体，涉及影视娱乐、人文、社会、经济、文学、科技、旅游、养生、两性、星座等。

　　《开啦》在第一期做了专题：电视剧《与青春有关的日子》。为了把杂志做好，徐主编亲自上阵："杂志第一期的专题是采访《与青春有关的日子》剧组。导演叶京和 11 个演员全部都是我自己去采访，每天下午开始聊，一直聊到凌晨 3 点。"不过，在采访电视剧里冯裤子的扮演者佟磊时，还出现了个小插曲，聊了一小时才发现录音笔没电了，什么都没录上，结果采访对象非常配合，又重新说了一遍。可以想见，十几个人每人采访几个小时，其工作量不可谓不大。最后，徐主编请助手帮助整理出来的采访录音竟达 30 多万字。说起办电子杂志的初衷："……其实电影不是我的第一梦想，我小时候数理化不是很好，就语文好点，我以前就想着将来做个记者什么的……"当然，除了徐静蕾本人的名气外，她还请来了王朔、韩寒这样的大腕成为首批签约专栏作家。有着王朔、韩寒这样的写手，又有众多圈内好友的力挺，徐主编的电子杂志真是想不火都不行。于是电子杂志《开啦》在创刊号就获得了 100 万广告收入的开门大吉。

　　在第一期做了有关电视剧专题大获成功的基础上，徐主编决定在 5 月 10 日上线发行的第二期，策划电影《穿 Prada 的恶魔》的专题。

---

① 苗炜：《徐静蕾的〈开啦〉：一本杂志的诞生》，《三联生活周刊》2007 年第 18 期。

"我们第一期做了个怀旧的,那第二期就做个时尚的。我希望读者会去猜想和期待,这本杂志下一期会做什么。"徐静蕾如是说。为此,徐静蕾还为《穿 Prada 的恶魔》这一主题专门进行了策划,如关于时尚杂志及女权主义的发展脉络;关于初入职场的青春女性如何与上司相处等。第二期的封面主题便是"开啦—职场",主打话题就是讨论职场白领上班打不打卡:

第二期封面

从中我们不难看出,她的兴趣点还是集中在电影和文化这一层面上。她说:"我的确也没想过读者定位这些问题,没想过给谁看,也没做过市场调查。这杂志首先是我自己要觉得好看,否则我挣钱的地方多了,干吗办杂志呀?我有我的理想要实现,我要把我喜欢的人和事告诉大家，我的观点要表达，演戏不是自己表达。"她认为："每一本杂志都能看出主编的影子，就和电影一样，通过电影能看出一个导演的趣味、道德和世界观。这本杂志也会看出我的趣味与世界观。其实电影一直不是我的理想。我一直梦想长大了做一名记者，能有一份自己创办的杂志。"①

那么，徐静蕾办杂志，究竟是想挣钱还是想圆自己的青春梦想呢？"挣了钱，才能激发我去做第二期、第三期，挣了钱才是对这个杂志的肯定。现在我们杂志的下载量就已经超过 200 万了。我们做得不错，是因为现在的电子杂志还不成气候，要么是传统杂志做的电子版，要么就是纯粹的技术人员的实验品，没什么内容，只有花哨的画面。我们要真正做到有内容，有特别好的内容。杂志要是赢利了，年底会给作者分红，我们会先给作者稿费，然后每个作者都会根据自己写稿子的数量参与分红，有的可能是 10%，有的可能是 1%。当然我也不低估我的作用，我没准儿分 40% 呢。"

"也许有一期，我们的杂志就不是现在这个样子，而是一个电影。或者有那么几期杂志，完全就像现在的电视连续剧，"徐静蕾说。在她心里的那个商业机密，或者说更大的野心，或许不再是演一个更好的角色、拍一个更好的电影，而是做互联网上的一个多媒体内容提供商。她养猫、'斗地主'、谈家常，人们总把她当成一个亲切的北京大丫头，却忽略这个倔强姑娘有更高的智商、更大的企图。②

二　杨澜与她的电子杂志《澜》

（一）杨澜如何定位她的杂志《澜》？

以在全球华人中富有影响力的知名主持人、媒体人、文化人杨澜为名的《澜》电子杂志，于 2005 年 12 月 15 日正式上线出版。《澜》作为双周刊，每隔一周的周一上线。《澜》杂志以"生活大致平静，内心总有波澜"为口号，定位于现代都市精英女性，为她们提供丰富

---

① 苗炜：《徐静蕾的〈开啦〉：一本杂志的诞生》《三联生活周刊》2007 年第 18 期。
② 同上。

　　的资讯、精彩的观点，倡导灵性与知性并重、优雅与时尚共存的生活方式。其互动的阅读方式、灵活的数据跟踪模式为读者和客户提供了完全不同的阅读体验和广告服务。

　　在《澜》的第一期里，杨澜亲自撰写了卷首语：

她们如此平静

　　我常常觉得女人的一生是最平静也是最丰富的。

　　她们是纷繁复杂的社会中最深层的激流，但是也常常是沉默温柔的大多数，在所有的家庭里，女人的作用都无法替代，而这种温柔深沉的力量，常常会在人生的转弯处呈现出来，让所有感受到这力量的人们心存感激。而今日中国社会中的女性，也正以她们的力量改变着生活中的一切。

　　我们电子杂志的主旨正源于此——生活大致平静，心中总有波澜。

　　我相信今日中国的女性，是世界上的女性之中身处重大变革的一群，也是内心的观念冲突最为强烈的一群，她们在创造可能是最幸福的生活，同时也在经历着可能是最为复杂的心理历程，正像我所经历过的一样。我相信这是时代的成长，也是女人的成长。

　　所以，在如此平静的生活之中，让我和你一起，面对美丽人生，面对心理交战，我愿意与你分享我所有的美好经验。我选择电子杂志的方式实现这样的分享，是因为这时代有太多可爱的选择，而电子杂志是最直接、最亲近的一种。① 阐释了自己办《澜》电子杂志的主旨和目的。

电子杂志与传统的纸质媒体不同，它融文字、图片、音乐、视频、动画等多种形式信息于一体，同时全新的 Flash 技术更能支持线上购物、有奖调查、视频分享等多种体验，形成真正的新媒体阅读体验。电子杂志虽然名为"杂志"，但不论内容与功能均超越传统杂志。

打开电子杂志《澜 LAN》，我们会看到扑面而来的全是为时尚、爱美的白领、知识女性准备的服饰、香包、化妆品、旅游等时尚资讯，极富小资情调。其间穿插有两个杨澜主持的节目预告片，一个是《天下女人》；一个是大型访谈节目《杨澜访谈录》。杂志内容丰富，引人入胜，节目拥有固定的女性收视群。

与传统的报纸、杂志、广播、电视等传统媒介相比，电子杂志无疑掀起了一股新媒体的龙卷风。尤以《澜》为例，它那高清晰的画面、生动俏皮的语言文字、先进便捷的 Flash 技术，无不为广大爱美的、时尚的都市女性提供了一个崭新的交流平台，为她们季节性护肤、穿着打扮等出谋划策，赢得了白领女性的青睐和好评。而关于两者之间的必然联系，在《时尚芭莎》对杨澜的专题采访中这样写道②：

《时尚芭莎》：《澜》上都有什么内容？

杨澜：首先是基于我主持的两档节目，《天下女人》和《杨澜访谈录》，在其中出现过的公众人物，都有可能出现在杂志上。其次，是选择生活方式类的话题，比如旅行目的地和音乐的推荐，或者是挑选一个话题来请不同的人发言。与传统杂志不同的是，我们是多媒体的，给读者提供了更多互动和交流的机会。

时尚芭莎：你在制作《澜》的过程中负责什么？

杨澜：我主要负责把握方向。从整体来说，我们与其他的电子杂志不同，我们不是仅满足于个人兴趣，而是更多考虑商业和社区，偏

---

① 杨澜：《与你分享我的电子杂志》，新浪博客，http：//blog. sina. com. cn/s/blog _ 47761464010000qp. html。

② 《杨澜与她的杂志〈澜〉》，YOKA 时尚网，http：//www. yoka. com/index/renren/ women/114411. shtml。

向新媒体的考虑。我每期杂志都会看，然后与编辑团队沟通，提出具体的意见，包括版式、选题，但我会留给创作人员很大的自由度。他们每个时期也会向我预报，比如这段时间想做一个新的栏目，侧重点是什么，我们会一起讨论。

时尚芭莎：现在《澜》的读者有多少？

杨澜：第一期，下载量只有 40 多万，2006 年 3 月就过 100 万了，去年 7、8 月开始固定在 300 万，最高峰时突破过 500 万。这个增长中有一个因素，就是我们把下载平台更换到了新浪，下载速度快了，订阅的人就更多了。

时尚芭莎：推出《澜》，你最大的挑战是什么？

杨澜：这是一个全新的市场，没有先行者给你经验，每一次尝试风险都很大。现在，个人电子杂志多起来，如何保持住我们的优势性和个性、实现我们的商业理想成为了另一个挑战。

BAZAAR：个人杂志中的"个人"到底有多重要？

杨澜：首先，《澜》的风格和内容，应该是与我本人的风格形象相吻合的。许多人第一次下载《澜》，也是因为喜欢我的节目，喜欢我这个人，才会来看看一本杨澜做的杂志是什么样。但是，在看过几期之后，杂志本身会产生固定的读者群，会有人因为单纯地喜欢这本杂志的观点和话题来下载，之后就慢慢地有了杂志的独立存在。个人杂志中的"个人风格"和"杂志个性"是相辅相成的。

（二）杨澜的电子杂志诞生内幕：

在《杨澜的〈澜〉，像杨澜一样的电子杂志》[①] 一文中这样描述杨澜和她的电子杂志《澜》：

杨澜 2005 年开始，就把更多的精力投入到新媒体的开发中。杨澜认为，互联网是一个广阔的平台，而传统的平面媒体和电视媒体，增长空间都是非常有限的。随着一代人伴着互联网成长，他们对信息获取的渠道也完全不同。所以说，新媒体的发展空间充满想象力。

---

① 世新说的日志 网易博客，http：//huangshixin. blog. 163. com/blog/static/765469620074264325 6412/。

……"原来杂志还可以这么做，太奇妙了！"两年后，朱芸坐在位于北京东三环的阳光媒体投资有限公司五楼的办公室里，回忆起第一次见到电子杂志时的心情，还是有些激动。

几年前，正在主持一档网络电视"互动秀"（Call - in - Show）节目——"说给女人听"的杨澜找到朱芸来做嘉宾，一起回答女性观众热线求助的问题。之前，两人并未见面，只是"知道对方的名字而已"。节目做完聊天时，一直在新媒体领域探索的杨澜说起想做一本电子杂志，问朱芸有没有兴趣加盟。曾在《虹》担任主编的朱芸对这种新媒体一无所知。

朱芸从网上看到了当时刚创刊不久的电子杂志《Cold Tea》（《冷茶》）和《New Web Pick》，"非常激动，从来没想过杂志还能这样做"。当时，正在上映的以 Vogue 封面女郎为故事原型的电影《西蒙妮》中，Vogue 的老主编说了这样一句话："时尚杂志是什么？它一定不是文学，其次它也不是文化；其实，它就是广告。"听到这句话的朱芸，开始"认真地怀疑起媒体的价值"。于是，她决定要"换换口味"，开始和《澜》的合作。

第一份投资来自国际铂金协会的两个朋友，他们和后来的一些投资者有相似的背景。少年时代对杨澜的节目有深刻的印象，相信这本"杨澜的杂志"应该能"像杨澜一样"，激起人们的兴趣和阅读热情。

朱芸说，杨澜最初也不是没想过要办传统的杂志，但是传统杂志巨额的运作成本和漫长的投资回报时间让她打消了这个念头。更何况"很难想象一本纸质杂志在短期内卖到 100 万册，但电子杂志的下载量达到 100 万却不是很遥远的事情"。一直关注新媒体，并想在新媒体领域探索发展的阳光传媒很自然地选择了电子杂志，至于做什么"从一开始就很清楚，我们要办一本像杨澜一样的杂志"。

"杨澜的杂志，就像杨澜一样"便成为《澜》杂志最初的口号，后来，又增加了一句"生活大致平静，心中总有波澜"。在朱芸看来，杨澜这个名字的意义已经超越了杨澜本人，它所代表的是一种"从底层奋斗成功的都市女性的精神和文化"，本身就有很强的吸引力。所以，"这样做杂志，不会太费力"。

……发行量稳定在 300 万之后，2006 年 7 月，一份被称为"全球第一份女性多媒体日报"的《Her Village》（《天下女人》）诞生了，一推出便达到了单期 60 万的下载量。在朱芸的计划中，现在正在酝酿的另一份电子杂志叫《Star Magazine》，每期选择一个明星作为主打内容，同时辅以各种话题的讨论。"《澜》杂志是一个品牌的核心所在，永远不会动摇，但同时也会开发更多的附属杂志，将来变成一个综合性的新媒体平台。"

三　鲁豫与她的电子杂志《豫约》

2007 年，新年伊始，以《鲁豫有约——说出你的故事》而闻名的香港著名电视节目主持人鲁豫，新年又添了新身份——她涉足互联网，与万众传媒合作推出的个人电子杂志《豫约》创刊了。这本涵盖其"大事记、访友记、人物记、生活记、行走记"等内容，风格为"知性、优雅的都市群体度身定制"的《豫约》电子杂志带有鲜明的鲁豫风格，其侧重于提供从鲁豫视角出发的时尚生活类信息。在这里，鲁豫秉承一贯对内容品质的高要求，在杂志策划初期，她就从杂志的定位、版式设计、内容选择等细节问题入手，希望能呈现出最原汁原味的鲁豫风格。

不仅如此，鲁豫还亲自担任主编，每期杂志，她都会亲自撰写寄语，通过"大事记""人物记""行走记"等板块带给读者一个最直观的鲁豫。下面，我们选取了几期鲁豫在《豫约》中亲自撰写的卷首语，以示读者：

我的2007

"2007年的最后一秒钟来临的时候，我正在北京的家里，半睡半醒地躺着。电视开着，灯明晃晃地亮着，手机的铃声不断地响着，面前的矮桌上摆着吃剩的苹果、芦柑。屋子里的暖气开得很足，我疲惫慵懒地半闭着眼睛躺在沙发上，盖着毯子，双脚高高地翘在靠垫上。然后，一眨眼，2007年就过去了。终于醒着等到了2008年，我于是满意地起身，晃晃悠悠地去刷牙，再强撑着收拾行李。新年的第一天，我要早早爬起来飞去三亚，不是休假，而是工作。"

"我过了一个懒洋洋的春节。去年的工作一直到大年三十才全部结束，从长沙回到北京已是中午时分。接下来的时间都属于我，我的计划是：呆在家里做一棵幸福的植物。只是几天的时间而已呀，可我已经习惯这种安静、安全、与世无争的生活了。其实，我需要的生活就是这么简单。我的冰箱里有咖啡、牛奶，阳台储藏室里摆着苹果、大白菜，我衣食无忧，还需要什么呢？假期快要结束时，人总会变得伤感。我也是。"

"婚礼、葬礼、孩子的满月礼，一周时间，我庆祝，哀悼，几乎经历了一场人生。三场仪式，无论悲喜，无一例外，都让人落泪。先说婚礼。新郎新娘是闪婚，从认识到红毯，一个月，绝对闪。其实，不闪最好，闪也没什么，幸福的秘密和时间的长短没有任何关系。在爱情面前，在缘分面前，在命运面前，多长的时间才算长呢？遇到了对的人，一刹那就能够成就永恒了。"

在这里，我们看到了作为知性女人鲁豫的另一面，她不仅口才佳，节目主持的好；作为主编、作为作家、作为女人，文笔也十分精彩，女人的所思、所想，所有感悟都蕴涵在字里行间、文章之中，让我们认识了荧屏下鲁豫的多彩人生……

《豫约》共设置了7个栏目：大事记、人物记、行走记、生活记、访友记、随心记、资讯。前面的卷首语由鲁豫本人负责。后面的7个栏目又分成两种形式，一种是视频短片，比如访友记和人物记，另外就是文字加图片的形式。视频短片主要由北京节目组负责，这部分人员直接借用了《鲁豫有约》的制作团队，其余栏目主要由上海编辑部负责，也就是万众传媒的制作团队。当然万众传媒提供的设计和技术是有前提的，那便是资本。投资方更多的是看好《鲁豫有约》这个品牌，这样双方很快达成协议，无论亏本还是赚钱，投资方将会持续投资5年。所以，鲁豫在资本来源方面几乎没有耗费精力，这是她比很多小众分类电子杂志幸运的地方。

不仅如此，《豫约》还会定期邀请一些文化名人对杂志的相关选题进行探讨，以使杂志更受读者的欢迎，从而达到《豫约》鲜明的鲁豫风格。从鲁豫的视角和品位出发，运用电子杂志丰富的内容表现方式以及极强的互动特性，引领以鲁豫为代表的新时代知识女性品质生活。"我喜欢，我想要。"鲁豫用"我的角度"来解释这本有浓郁个人风格的杂志。①

读到这里，或许大家会留意到名人办电子杂志全都是那些知名女性，为何会呈现出"阴盛阳衰"局面？在《青年周末》登载的署名为本报记者徐帆的《破解杨澜等四大女传媒人办电子杂志现状》② 的文章中为我们道出缘由：

2005年12月15日，杨澜的电子杂志《澜》上线，她由此成为国内以时尚传媒名人身份办杂志的第一人……2007年1月25日，陈鲁豫的《豫约》首发。2007年4月16日，徐静蕾的《开啦》"开张"。俗话说"早下手为强"，名人办电子杂志的市场先机，已经被这3个名女人早一步抢得。

追根究底起来，杨澜的《澜》和陈鲁豫的《豫约》还是一种很特

---

① 参见《陈鲁豫的〈豫约〉》及其鲁豫风格，"世新说的日志"网易博客，http：//huangshixin. blog. 163. com/blog/static/765469620074264353 7262？。

② 参见《青年周末》2007年10月26日，注另一位为李湘。

殊的电子杂志，即依托名人品牌的个人电子杂志。这两本杂志每期封面都是杨澜和鲁豫各自的大幅美图。

《豫约》在开张之前，曾从鲁豫的百度贴吧上招募铁杆粉丝当总编助理，杨澜的《澜》也对她的访谈节目多有推介。

杨澜和鲁豫都曾表示，办电子杂志是对美国脱口秀女王奥普拉的一个学习，但更重要的是，办个人电子杂志显然能从网络市场更好地推广她们各自的访谈类节目。当然，已成熟并成为知名品牌的《杨澜访谈录》和《鲁豫有约》也能带动电子杂志更快地保本、进而盈利……

办电子杂志一向被称为"烧钱营生"，《北京青年报》曾报道说"目前明星办电子杂志九成不盈利，一期烧钱 10 万元"。记者在采访中发现，目前，最早"入市"的杨澜现在已实现创利，《豫约》依靠广告也开始盈利，《开啦》上的广告也不少，老徐也信心满满地惦记着年底分红……

目前以传媒名人身份办电子杂志的，主要是杨澜、鲁豫、徐静蕾等女性，为何会出现这种"阴盛阳衰"局面？

《豫约》的北京负责人对此解释说："可能是电子杂志的形式比较符合女性需要，它们画面精美、伴有好听的音乐，细腻而感性，这更适合女性去办、女性去看。"

由此可见，带有个人杂志色彩的女性电子杂志迅速成为新时尚，被认为是继博客之后的"又一把互联网之火"。这类女性电子杂志突破了传统期刊的刊号审批和发行手续的复杂壁垒，使越来越多的个人或组织可以编辑、发行电子杂志，从而丰富了女性期刊的内容，满足了多元化的读者需求。

第三节　女性与女性网站

一　女性网站

顾名思义，女性网站是针对女性群体而创建的有关女性时尚健康、美容保健、恋爱婚姻、养儿育女等方面内容的门户网站，主要为女性提供最前沿的潮流服饰、瘦身、休闲、娱乐、健康等生活资讯，体现新媒体时代都市女性的时尚理念与品位。

“忽如一夜春风来”，千个万个女性网站开。自2007年，国内开始出现以B2C为雏形的定位较低、内容较单一的女性网站后，经过整合与酝酿，到2009年，已经开始有正规的策划、网络开发团队介入女性网站。截至2009年11月，女性网站周用户覆盖超1200万，周页面浏览量超2.6亿，周用户停留时间超140万小时。随着女性网民队伍的不断壮大，女性网站用户对时尚生活和资讯的渴求也日渐凸显。

不可否认，女性网站最近几年已经呈现出高热的态势。从各大门户网站开辟出女性频道到与女性有关的独立网站大量涌现，这类网站在短短几年已经在网海中呈现出一道独特的风景。如图所示：

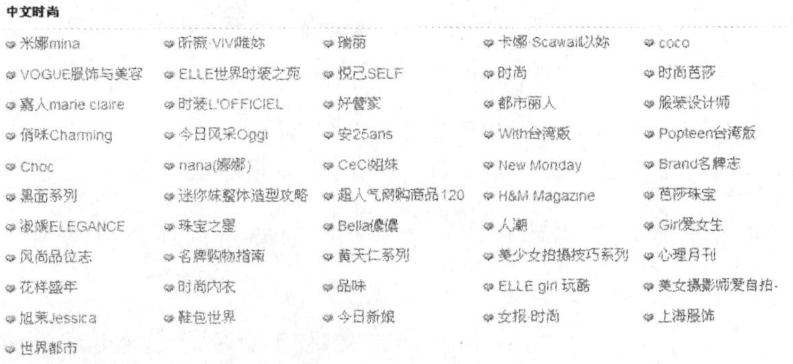
中文时尚
米娜mina
昕薇·VIV唯妳
瑞丽
卡娜·Scawaii以妳
coco
VOGUE服饰与美容
ELLE世界时装之苑
悦己SELF
时尚
时尚芭莎
嘉人marie claire
时装L'OFFICIEL
好管家
都市丽人
服装设计师
俏咪Charming
今日风采Oggi
安25ans
With台湾版
Popteen台湾版
Choc
nana(娜娜)
CeCi姐妹
New Monday
Brand名牌志
黑面系列
迷你妹整体造型攻略
超人气网购商品120
H&M Magazine
芭莎珠宝
淑媛ELEGANCE
珠宝之星
Bella儂儂
人潮
Girl爱女生
风尚品位志
名牌购物指南
黄天仁系列
美少女拍摄技巧系列
心理月刊
花样盛年
时尚内衣
品味
ELLE girl 玩酷
美女摄影师爱自拍-
旭莱Jessica
鞋包世界
今日新娘
女报·时尚
上海服饰
世界都市

二　女性期刊与女性网站

在《女性网站在中国将大有可为》① 一文中，CNNIC互联网发展研究部分析师赵慧斌是这样阐述的：“早期网络世界，男性网民占据绝对优势，时至今日，网络已经基本实现了男女平等。中国互联网络信息中心（CNNIC）的数据显示，通过历次数据的对比分析发现，网络受众的性别比例趋向平衡。在1997年10月CNNIC的第一次互联网调查中，男性网民占到了87.7%，女性只占12.3%，这是与当时上网人群多局限于男性偏多的研究院所技术人员有关。在之后的调查显

① 赵慧斌：《女性网站在中国将大有可为》，“cnnic互联网发展研究”，新浪博客，http://blog.sina.com.cn/s/blog_5101b9050100b91x.html。

示网民的性别比例逐年逐步趋向平衡，女性网民增长速度明显快于男性。"

随着女性网民数量的进一步提升，互联网中的"半边天"将会在未来互联网中扮演更为重要的角色。而那些专门以女性为诉求目标的网站，在针对女性需求的网站色彩、页面设计、栏目设置、选题策划等方面都已经作出了很好的尝试，网站日流量逐步递增。如：由知名媒体人杨澜女士担任出品人的中国最大都市女性网络社区的"天下女人"网，秉承"更好的自己、更好的未来"的价值定位，其目标人群直指中国都市女性，帮助她们通过资讯、娱乐等方面内容不断提升自己。在2013年9月13日，王菲与李亚鹏爆出离婚新闻后，立即策划出了专题：

鹏菲恋终结：圈中爱情，没有什么会永垂不朽①
文/慕容天涯

2013年9月13日，这个星期五如果真的是"黑色星期五"，那么也是一个公众人物的爱情与婚姻之"黑色星期五"。

王菲与李亚鹏在新疆协议离婚，十年婚姻宣告结束。女神在新浪微博中写道："这一世，夫妻缘尽至此，我还好，你也保重"，李亚鹏则是声明了女儿李嫣的抚养问题和人们关注的夫妻财产分配的焦点。与此同时，歌手汪峰也发出了微博，用一段文字祭奠自己的爱情终结。

在一个突然的日子里。爱情，以难以预计的方式结束。去时匆匆轰动的刷屏占据公众视线，会让人联想起他们"在一起"时的热潮。此刻，离婚二字让当初的溢美之词显得那么无力和苍白。为何天后王菲和演员李亚鹏的婚姻谢幕，在公众资讯时代，依旧引人瞩目？而圈

---

① 《鹏菲恋终结：圈中爱情，没有什么会永垂不朽》，天下女人网，2013年9月16日。

中爱情，是否也像王菲自己的歌中所唱般"相聚离开，都有时候，没有什么会永垂不朽"呢？

一　圈中：每个爱情都危险

如果有好事者拉出清单，就会发现一个问题，所有的娱乐圈演员和明星的爱情分合，就好似一幕大戏。列出有口碑的好演员难，找出有离婚史的明星易。

实际上，有个可怕的事实：现实中离婚率在不知不觉间有着增长的趋势，但是明星作为事无巨细被曝光在公众眼皮底下的特殊群体，夫妻结束婚姻关系这个每天都会发生在我们身边的家庭事件，就显得尤为严重。想来，这种爱情的不牢固和婚姻的频频破裂，跟爱情的前期匆匆曝光、中期的媒体捕风捉影、后期的公众热潮不无关联。

如果你用心观察，每一对传出绯闻的娱乐圈情侣们，其爱情真伪的判断方法，最简单就是短期之内是否有新剧要播出，而银幕上是否又有什么大片要摇出。这是最基本的炒作手段之一，不高明，但是传播度高，涉及率广。而前辈提携后辈，小明星作为弱势群体"捆绑"大明星炒作，则更是比比皆是，屡见不鲜。所以说，娱乐圈需要不真实的爱，或者不存在的爱，这就会假戏真做，促成一些明星的仓促结合。但日后的分离，也会因为前期的感情基础不牢固随之而来，几乎无法避免。

再者，圈中爱情之所以危险，与圈中人不固定的生活习惯，无法与常人般拥有家庭的尴尬现状不无关联。普通女性在怀孕生子后，都会淡出工作岗位将近一年时间，何况是曝光率一时不到位，就会被优胜劣汰的残酷娱乐圈呢？但是这样一来，就意味着明星在事业与家庭间必须做出取舍，尤其是各位长江后浪推前浪的女明星们，基本无法保证拥有正常人的生活。在其另一半同样忙碌的客观条件限制下，娱乐圈出现离婚率居高不下的局面，想来也就毫不意外了。

二　鹏菲恋：一段传奇真的无法兼容一个家庭？

李亚鹏的话简单之极，用传奇与家庭作比，表达了自己的想法。

十年，从两人2004年约会被媒体发现，到同年年底在刘嘉玲的生日派对上公开亮相公布恋情，实际上两人是一直生活在高压状态下的。联想之前姚晨离婚中所谓"女强男弱"的状况，很多人可能会认为李亚鹏的所谓娱乐圈中"成就"不及王菲。但试问：十年间，虽然李亚鹏只有2011年口碑不俗的那部《将爱情进行到底》出演，王菲的歌坛地位依旧，这种外人看来的差距，又能在真正相爱的人心中充当什么作用呢？

笔者钻研电影，热爱电影，只能从银幕去对比。要知道银幕上的王菲总是随性的，《重庆森林》无所谓的听着《california dreamin》左摇右晃，《天下无双》和梁朝伟嬉笑言欢，《恋战冲绳》轻松周旋于帅男之间，《大城小事》时尚变身出没新天地……一个个王菲百变且不俗。但值得注意的是：她似乎一直在演自己，随性，冷酷，高贵以及举重若轻的无所谓。

那个时候王菲，其实不用表演，就很真实。

姐姐当年第一时间去香港听王菲的复出演唱会，之后打电话给我说，全程王菲就三句话：你好，谢谢和再见。冷到骨子里，酷得学不来……所以说，如果一方真实得不真实，充满了矛盾和话题性（且是无法复刻的话题性）。一方真实得接地气，要的只是柴米油盐酱醋茶。

可能从一开始，这就是个误会。王菲自己的歌里唱过这种误会，那首歌是《百年孤寂》。林夕写了词："你属于谁的，我刚好经过，却带来潮起潮落。"然后她还唱过那句话："一个一个偶像，不过如此。"

三　我们，还相不相信爱情？

其实，他们和我们的关系有，但是不大，真的。

以前深夜写东西，总听一个午夜电台节目，女主持人接一个个莫名其妙的电话，然后将那些感情有问题的年轻人骂得狗血喷头。很爽，很过瘾，但是有一天，她接到一个女人打来的电话，大意是哥哥家里过得不好，嫂子不顾家，哥哥又管不了。女主持人还是先骂了一顿打来电话女子的哥哥，然后突然说出了这样的一句话：你记住，你不能为别人而活。

　　是的，在每个爱情都危险，娱乐圈做不出好榜样的今天，我们得为自己活，不为活给别人看多好，但是别去复制那些爱情有多差。

　　缘分尽了，和平分手。鹏菲恋在终结时，都有点古典小说的影子，真实得不真实，两个人心平气和地就这么在一个周末的晚上突然而至，让娱乐编辑叫苦不迭，给所有观众留下目瞪口呆的表情。但却标准地示范了公关危机的方式，展示了微博为首的自媒体的力量和传播速度，像当年梁朝伟大婚那般严谨却给人留下深刻印象。

　　但是作为普通人，还是那句话，他们和我们的关系有，我们看他们演的电影，听她们唱的歌，但是不能为别人活，学别人活，只是看看别人活得不自在或自在，掂量自己的好与坏。

　　也许深夜时分，归家窗前仍有盏灯，也许加班之夜，有个电话或短信。或是听到别人分离的消息，你知道要把手中的手攥得更近一些，那是希望，全部，和你最初选择后，就不应该结束的爱。

　　把此文贴出来的意思，就是告诉读者，作为新媒体之一的女性网站要比那些传统媒体来得快捷、方便。从"鹏菲放手"到选题策划到与读者见面仅仅3天时间，一个最热门的话题策划完毕，且受到读者好评如潮，试想如果是传统媒体从开选题策划会、采访、成稿、排版、下印刷厂、校对、出刊……最快也要10天或者半个月，而相比之下，新媒体女性网站的优势显而易见。

附：2012年最新的十大女性网站排行①

　　第一位：太平洋女性网（http：//www. pclady. com. cn）PClady通过建构美丽中心、生活中心、时尚中心，致力于提供关于女性生活的时尚信息，包括生活的、容颜的、美丽的、品位的、艺文的、休闲的、居家的、健康的时尚生活点滴元素。PClady是所有美丽女人展现自信风采的地方，也是展现不同女人生活形态的地方。

　　第二位：瑞丽女性网（http：//www. rayli. com. cn）　瑞丽女性网是瑞丽品牌在互联网平台上的成功拓展，现已成为服务于中国大陆及全球华人社群的领先在线媒体与增值资讯提供商。它以服务女性

---

① 百度文库，http：//wenku. baidu. com/view/fac7af2b453610661edqf4ee. html。

用户为核心，倡导女性网络化生存，通过整合信息服务、功能服务和商务服务，为女性营造美丽生活空间。

第三位：onlylady 女人志（http：//www. onlylady. com）　onlylady 女人志是实用性、互动性、鉴赏性为一体的专业女性网。时尚、智慧、自信、独立、健康的新时代女性，美丽女人。onlylady 女人志下设美颜、服饰、八卦、居家、亲子、花嫁、美食、精品折扣、奢华专区、休闲游戏与活动专区等频道，使网友可以获取时尚女性潮流讯息和消费导向！

第四位：菲网（http：//www. felady. com）　菲网是一个专业的女性网站，拥有最新的美容、护肤、化妆、纤体瘦身、服饰等时尚资讯，开设女性问答、女性论坛等互动平台。

第五位：YOKA 时尚网（http：//www. yoka. com）　YOKA 时尚网是服务于高收入群体的时尚生活门户时尚网站，专门提供时尚奢侈品资讯报道、品牌动态、购物交流等服务，同时也是时尚人士、明星生活交流的主题社区。YOKA 优卡时尚网，全方位诠释时尚奢华生活。

第六位：爱猫人星级时尚导购网　（http：//www. shishangkong jian. com/）　爱猫人女性时尚美容资讯，提供专业美容美体，护肤修身产品推荐。设有服饰、护肤、彩妆、美发、瘦身、香水频道。提供美丽护肤、时尚彩妆、瘦身纤体、流行发型、经典香水等潮流爱美资讯，方便您的购物与生活。

第七位：闺蜜网（http：//www. kimiss. com）　闺蜜网——第一时尚美容消费社区。为您提供美容、护肤、彩妆、香水、瘦身、服饰等网上交流和消费点评的互动平台。

第八位：妆点网（http：//www. zdface. com）　妆点网定位于为

18—35 岁的时尚女性提供一个专业的美容点评、话题讨论与消费导向的平台，融时尚资讯、互动交流、在线咨询与化妆品交易于一体，立志打造成国内著名的女性时尚门户网站之一。

第九位：ELLE 中国（http：//www. ellechina. com）   ELLECHINA 时尚女性网站，最新的流行趋势，最健康的生活品质，最 IN 的时装秀场，最感人的情爱故事，全新时尚女性门户网站。

第十位：薄荷女人网（http：//www. boohee. com/）   引领健康减肥潮流，薄荷网为您提供量身定制的减肥方案，简单有效的减肥工具，辅以瘦身课程、减肥论坛和食物热量查询等服务，让您瘦得健康，瘦得漂亮！

案例一：《37°女人》网①

《37°女人》网站是由北京华夏酒报文化传媒有限公司旗下经营的品牌网站。

37°内涵

37°是一种热情的温度，高 1 度是激情，低 1 度是冷漠；37°是一种积极的温度，高 1 度是疯狂，低 1 度就是消沉；37°是一种平和的温度，高 1 度是张扬，低 1 度则乏味。

37°女人，即指那些在情感、事业、修行之间都可张可弛，温暖自己也温暖别人的女子，她们在一种热情而非激情、平和却不冷漠的态度中体验人生；她们用心去爱却不疯狂，活得向上却不张扬；她们具有一种精神温度，使得她们在任何境遇都能心怀感激……

谁是 37°女人

她们是一群城市新女性，有较高的文化水平，较稳定的职业和收

---

① 《37°女人》网站，www. 37women. com/abowt. asp。

入，有积极向上的人生追求，讲究时尚，注重情感，看重事业，追求高品质的新生活。

她们热爱阅读，在阅读中获取信息充实自我，消遣时光；她们热爱爱情，大胆追求，精心呵护，勇于保卫爱情；她们热爱生活，积极面对，用心体味平凡的快乐；她们热爱事业，不断进取，扬帆职场。

37 女人，正是她们对生活、对事业、对人生的一种精神温度。

我们的故事

《37°女人》杂志是专为都市成熟女性精心打造的生活杂志。以颂扬人间真爱、"让爱温暖世界"为办刊宗旨，自 2005 年底创刊以来，发展迅速，2007、2008、2009、2010 年连续四年入围"中国邮政发行畅销报刊"，2008 年被全国妇联评选为"最具成长性女性媒体"，2010 年获全国妇联"2010 最受女性喜爱的十大品牌期刊"称号。

案例二：瑞丽女性网

瑞丽女性网是瑞丽品牌在互联网平台上的成功拓展，现已成为服务于中国大陆及全球华人社群的领先在线媒体与增值资讯提供商。"2002 年 1 月开通的瑞丽女性网（www. rayli. com. cn）充分开发多媒体时代不同媒介方式之间的沟通和互补，它不仅仅是依附于瑞丽系列杂志的一个附属品，而且是将目标定位为做中国大陆地区中文女性垂直门户，以倡导女性的网络化生存为宗旨。充分利用网络媒体的交互性强、媒体表现丰富、信息交流与反馈及时等优势，吸引读者的参与，同时还可以实现编辑与读者、经营者与市场之间的互动。在栏目设置方面，充分发挥网络的互动特性，与杂志形成互补，补充平面媒体所不能实现的一些功能和内容。"①

她们围绕瑞丽品牌"实用的时尚"的 DNA 特质，融合论坛、博

---

① 参见孙燕君等《期刊中国》，中国社会科学出版社 2003 年版，第 70 页。

客、朋友圈、问答等互动媒体技术，全面打造都市女性一体化风尚生活圈，深度掌握她们在瑞丽女性网的行为轨迹和兴趣所在，挖掘目标用户最大潜在价值，实现人与人、人与机器智能化交流的互联网模式，形成了独特的网站特色。例如"女性社区"栏目是为女性量身定制的论坛和博客系统，是达人分享美丽、晒宝贝的网上乐园；"个人中心"以积分奖励机制和礼品兑换平台有效激活用户积极性，成为瑞丽网友乐享生活的网络栖居地；瑞丽女性网—新娘频道通过提供实用、时尚的婚嫁情报，成为新娘婚嫁全程的最佳导引；并通过打造立体多维的新娘互动平台，来分享经验、传递情绪，让每一位新娘享受婚嫁过程。瑞丽女性网—奢品频道传递并解读高端品牌的精神内涵与流行趋势，帮助网友寻求潮流与品位的源泉，让奢侈品自然融入都市女性时尚生活。瑞的女性网是中国排名第一的女性垂直门户与内容日更新量最大的女性专业站点。

瑞丽女性网的内容涵盖了不同状态女性生活的各个方面，拥有 11个频道，80 余个子栏目，网站日更新量 400 余篇，网站日均访问量300 万 Pageview，她拥有忠实用户 80 万，其中 91.3% 为女性，年龄在16—30 岁之间。其群体特征明显：愿意尝试新鲜事物，具有很强的消费能力。瑞丽社区由于拥有巨大的凝聚力，在全球华文圈的影响力与日俱增。（资料来源参见《瑞丽女性网》）

第四节　新媒体与女性的关系

案例解读一：女性与博客代言人老徐

1. 徐静蕾其人

徐静蕾，中国著名女演员、导演，代表作品有《将爱情进行到底》《梦想照进现实》《一场风花雪月的事》等。1998 年她因电视剧《将爱情进行到底》一炮而红，2006 年登顶"中华第一博客"成为博客女王，2007 年因其书法清冽而优雅被开发出"方正静蕾简体"，同年创立《开啦》电子杂志，2011 年成为史上最快拥有千万粉丝的腾讯微博明星。作为演员，她是影坛公认的"一线女星"，获得过华表奖、百花奖、金鸡奖等权威奖项的认可。作为导演，她曾经获得过圣塞巴斯蒂安国际电影节最佳导演奖，这是华语女导演在国际上获得的最高荣誉，同时徐静蕾也是华语电影史上第一位真正意义上票房过亿的女导演，故有"才女"之称。①

2. 何谓博客？

"博客"（Blog 或 Weblog）一词源于"Web Log（网络日志）"的缩写，是一种十分简易的个人信息发布方式。让任何人都可以像免费电子邮件的注册、写作和发送一样，"博客"也可以完成个人网页的创建、发布和更新。如果把论坛（BBS）比喻为开放的广场，那么博客就是属于个人的开放的私人房间。它可以充分利用超文本链接、网络互动、动态更新的特点，在"不停息的网上航行"中，精选并链接全球互联网中最有价值的信息、知识与资源；也可以将个人工作过程、生活故事、思想历程、闪现的灵感等及时记录和发布，发挥个人无限的表达力；更可以文会友、结识和汇聚朋友，进行深度交流与沟通。

在网络上发表 Blog 的构想始于 1998 年，但直到 2000 年才真正开始流行。博客概念主要体现在三个方面：频繁更新（Frequency）、简洁明了（Brevity）和个性化（Personality）。（byEvan Williams）博客是互联网上最新的发展潮流，是继 E - mail、BBS、ICQ（IM）之后出现的第四种网络交流方式。

3. 老徐与博客的代言人

背景回放：2006 年徐静蕾在新浪上的博客仅仅开通 112 天，点击量就突破了 1000 万大关，徐静蕾因此被称为 2006 年"中国博客第一人"。提起"2006"，提起"博客"，把这两个词叠加在一起，我们就怎么也绕不过一个名字——徐静蕾。

2006 年 12 月 23 日，徐静蕾博客首页左下角的数字显示，其点击量已经超过了 6800 万，正在向 7000 万大关挺进。2006 年 5 月 4 日，

---

① 参见徐静蕾在新浪上的博客，http：//baike. baidu. com/view/3897. htm。

徐静蕾的博客登上了全球知名博客搜索引擎 Technorati 的排行榜首，成为第一个登上该搜索引擎榜首位置的中文博客。① 此后，徐静蕾开始被广泛地称为"老徐"，因为"老徐"是她在博客上的名字。而这一年围绕老徐的话题，也多从博客开始。由中信出版社策划出版的《老徐的博客》一书内容简介上这样写道②：

　　她有滋有味地写下自己的读书心得，叙述在电影院遇到的小情侣、列举自己学外语经历惨痛、用手机拍下自己的晚餐和车上养蛐蛐的的哥，文字简单而优美，淡淡地把真实的那个徐静蕾娓娓道来。

　　也许就像徐博客获得最佳导演奖后所说的那样：我把它当作是对我们这些年轻人敢于尝试、认真做事的鼓励。对于眼看着她接连两部自编自导自演电影出炉的大众来说，她已经成为当之无愧的当代自强女性的代言人了。

　　徐静蕾素面朝天地记述了一个带有明星光环的女人的日常生活。琐碎、自然，既是一个淘气的孩子在无拘无束地玩，也是一个北京女孩的大大咧咧、又带点懒惰的写作，更是一个 30 岁普通女人精致的生活展现，闪耀着生活的睿智……这些文字都是老徐在拍戏的间隙和失眠的深夜写成，文笔自然、随和、亲切，淡淡地把真实的那个徐静蕾娓娓道来。

　　徐静蕾是博客的代言人，可以说博客成就了徐静蕾。老徐的博客为明星们开博开了一个好头……在徐静蕾和新浪名人博客之间，很难说是谁成全谁多一些。

---

① 徐静蕾在新浪上的博客，http://baike.baidu.com/view/3897.htm。
② 徐静蕾：《老徐的博客》，中信出版社，http://www.bookschina.com/1381693.htm。

借助新浪这个国内数一数二的门户网站的超大人流量，她的博客才能轻而易举地突破千万大关。同时，新浪为了推广自己的名人博客，拿徐静蕾的"千万"大做文章，这也是徐静蕾得到如此长时间、大范围关注的原因之一。事实证明，徐静蕾受到的这种关注是创造了效益的，自成为博客的代言人之后，她接拍的广告一个接一个，其中某电子产品的广告更是以"博客"和"沙发"作为自己创意的着眼点。由此可见，博客这一最近几年火起来的新兴网络媒体，徐静蕾无疑是领军人物，当然博客也给她带来其他行业的巨大成功。徐静蕾导演的新片《梦想照进现实》之所以能够吸引大批的人走进影院，相信博客的红火也功不可没。

对此，徐静蕾在自序里，以非常调侃的语气写下这样一段话：

第一次出"字书"，这是早就憧憬的事情。但是没想到出得这么快，快到自己都觉得有凑数嫌疑。

前两天，想从头到尾看一遍，看完，心里就更没底了。

合同已经签了，也是我认可的，没有责任可以推托。

写什么呢，不知道。

好多东西博客里面都写了，再写就是啰唆。

这本书里的日记，不是我记的日记里面时间最长的，高中的时候曾经写过将近一年，当然是断断续续。但是是最多的，居然有100多篇，将近五万五千字，对于我这种没什么常性的人来说已经是很不易了。

还会写到什么时候，不敢说，说了就是给自己制造压力，但还是希望自己能坚持下去。

好了，不说了。有兴趣的读者可以拿来看看，上面记录了我从2005年10月25日到2006年三个月之间的一段日子，这段日子，我个人的变化比较大，要面临的事情也越来越多，每一天都忙忙碌碌，忙着玩儿，忙着工作。书里面的内容，不外是些流水账和小心情，并无什么"绝对隐私"。如果没兴趣的读者就不要买了。

我这里也是诚惶诚恐，生怕大家看了觉得没什么意思后悔买它，我也有过类似的买书经历，所以不希望发生在别人身上。

案例解读二：女性与"微博女王"姚晨

1. 姚晨其人

姚晨，中国内地女演员，1979 年出生于福建省泉州市，1997 年就读于北京舞蹈学院民间舞系，2003 年毕业于北京电影学院表演系。2006 年出演《武林外传》，凭借郭芙蓉一角获得第 18 届北京大学生电影节最受欢迎女演员奖。2009 年在《潜伏》中饰演王翠平，并凭借该剧获得华鼎奖"视后"，同年 9 月开通微博，成为"微博女王"。2010 年 6 月姚晨受邀出任联合国难民署中国区代言人。2013 年 6 月被联合国难民署任命为中国亲善大使。2014 年姚晨入选美国《时代周刊》年度全球 100 位最有影响力人物。

2014 年的《离婚律师》作为姚晨五年后重回电视荧屏的首部电视剧作品，《离婚律师》的全国风靡让"大姚"瞬间又回到了公众的视线。回看姚晨的演艺之路，虽然并非是影视剧的"高产冠军"，但却笔笔都是浓墨重彩，其出演的几乎每一部剧集都能创造一个个的收视巅峰。（参见姚晨 360 百科）

2. 何谓微博： 微博即微博客（MicroBlog）的简称，是一个基于用户关系的信息分享、传播以及获取平台，用户可以通过电脑、手机以 140 字左右的文字更新信息，并实现即时分享。微博与传统博客相比，以"短、灵、快"为特点。

2009 年 8 月，中国最大的门户网站新浪网推出"新浪微博"内测版，成为门户网站中第一家提供微博服务的网站，从此微博正式进入中文上网主流人群视野。微博是一种互动及传播性极快的工具，内容由简单的只言片语组成，对用户的技术要求门槛很低，在语言的编排组织上，没有博客那么高，只需要及时表达出自己的所思所想而不需要长篇大论，字数限制在 140 字以内，更新起来也方便。

3. 姚晨与"微博女王"

姚晨是较早开微博的用户之一，人称"围脖女王"。2009 年 8 月新浪微博上线，开始内测，从此在"博客"之外，又派生出"微博"这一新生事物来。同年 9 月，姚晨在新浪开通了微博，凭借其风趣幽默的内容、率真坦诚的个性和极强的亲和力，迅速成为微博粉丝最多的用户。不到两个月的时间，她的微博就超过李开复、黄健翔，跃居微博关注榜首位；仅六个月时间，就成为首个粉丝数量突破百万的微博。2010 年 7 月，其粉丝数量一举突破 200 万，更坐稳"女王"宝座。新浪微博内测一周年之际，姚晨的粉丝已高达 2448788 人。2011 年 7 月 27 日上午，姚晨在开通新浪微博 23 个月后，成为新浪微博首位关注人数突破 1000 万大关的微博用户。（数据来源：百度百科，http：//baike. baidu. com/view/4524336. htm）

姚晨和爱猫巴顿

客观地说，如果没有微博，那么作为演员的姚晨，或许算不上观众心目中最出类拔萃的女演员，虽然电视剧《武林外传》让我们认识了姚晨，《潜伏》让她着实火了起来。"但是，现在的姚晨拥有超过 1500 万粉丝被称为'微博女王'。在微博上，大家看到了一个不一样的姚晨，也看到了一个不一样的中国艺人。姚晨在微博上的形象不再是一个纯粹的艺人，而是一个率真直言的公民。很多明星都把微博作为广告宣传的工具、炫富炫美的平台，姚晨不一样，她更像一个愤青。面对社会上的种种不公，她敢于表达自己的愤怒，也表达了自己的无力。她让很多人感到惊喜。正如很多中国网民在她微博上的评论一样，她给中国娱乐圈长脸加分，中国娱乐圈应该给姚晨颁发杰出劳模奖。"①

姚晨为什么会是微博女王？在网上，喜欢她的粉丝们给出了这样的回答：

1. 真实："女王"的称号着实霸气，不过姚晨的微博其实很亲民。对于网友来说，"微博女王"的魅力在于真实率性。姚晨觉得写微博记录她的工作和生活，就像"平时咱们也老给朋友发短信一样"，

---

① 参见《姚晨：从艺人到微博女王》，漾 TV 2012 年 1 月 9 日。

虽然也许是特别平常、点滴的事情。比如，《环球时报》总编辑胡锡进在微博上表示，解决北京打车难的问题，应该适当调高车票价格。姚晨当日便发表异议说，"胡主编可能太少打出租车了，调高打车费，不如先降低司机每月要缴纳的份子钱，每月高达五千多呢，不是小数目"。

　　2. 亲民：比起很多艺人不愿意过多地跟大家分享自己的私生活，姚晨就显得大方随性得多，"还是说话不要有那么多顾忌，坦诚一点会更好吧"。跟普通人一样，姚晨在微博上遇到不开心的事情便发泄一下，幸福的时候晒一下，得意的时候那么显摆一下，感动的时候就煽情一下。她关心动车事故，质疑过"三公"，还通过微博来帮助弱势群体……

　　如：2011 年 12 月 27 日 的微博：

　　昨儿愤慨之下，差点转发救小悦悦的陈贤妹被辞退的新闻，但脑子里瞬间闪念：消息来源准确吗？观望一下再发不迟。果然，今日又看见澄清的新闻，陈大姐没被辞退、也没被房东赶走。感慨之余庆幸：第一，不管怎样，好人没遭恶报，这再好不过。第二，这仨月饰演记者，俺都锻炼成记者思维了，入戏啊！

　　姚晨坦言每天通过微博@她或者给她留言、私信的人多达四五千人，大多都是陈述各种冤情错案。姚晨戏称，她这里成上访办了。明星姚晨成为了公民姚晨。她认为自己的 1500 万粉丝中，影迷只占很小一部分，大多数都是普通百姓关注她，支持她，当然也期待她的帮助。

　　玉树震灾发生后，在《非诚勿扰 2》开拍前，姚晨申请了半个月的假期，拒绝了工作人员的陪同，和弟弟一起携带着购买的食品、画笔和颜料等物资飞往青海，开始了自己的探访活动。在 2011 年 12 月 27 日的微博中，她这样写道：

　　这个忙我必须得帮！前年去玉树，我就住在代勒的孤儿院里。代勒是个好人，也是个好院长。地震时，唯有他盖的孤儿院没有震塌，冬天玉树特冷，孩子们吃穿都需要援助，大家一起帮帮忙吧。白日代勒院长：13897165720。想捐物的朋友，福利院地址：青海省玉树州结古镇扎西科路 376 号。邮编：815000。考虑孤儿院经济状况，请勿采用对方付款方式邮寄，感谢！

　　当然，姚晨在获得众多粉丝支持的同时，也迎来了不少质疑声，说她过于高调，在借机炒作自己。而姚晨则认为"我发的多是和民生相关的内容，因为我就生于一个普通家庭，父母都是工人阶级，对于普通百姓的生活，我深有体会和感触"。姚晨之所以很关注社会事件和百姓生活，或许还得源于她的平民家庭及个人经历。她出生在一个普通的城市双职工家庭，过着无忧的生活。上大学后，大二就开始拍戏挣钱，没有经历太多坎坷，所以她的心态一直比较平和。另外，她和她的父母及身边的朋友都不太注重名利。她的爸爸很少看她的演出，都是听别人说起姚晨哪部片子特别火，然后才"给面子"看一眼。而她自己也不是一个一条道走到黑的人，她 26 岁才在演艺圈真正有了知名度，这对于女艺人来说已经是很晚的时间了，但这时候她的心态、价值观已经基本形成并成熟了。

　　所以她经常在微博上转发或者呼吁慈善捐款、资助贫困儿童。姚晨如此解释她的公民之举，"我认为我首先是一个人，然后才是一名演员，演员是我的职业。每一个人，不只是公众人物，对社会公众事件都负有责任。而作为公众人物，如果只关心自己的私事，更是一种不负责任，对不起那么多喜欢你的粉丝。你之所以能成为明星，是来自于公众的喜欢。公众的喜欢为你带来了人气，也就带来了利益，所以理应回报公众"。

　　3. 微博劳模：除了真实、亲民，姚晨还是微博劳模，平均每天发布约 7 条微博。目前，姚劳模已经拥有了"微博控 100"的勋章。姚晨每到一个地方都会拍下照片，传到微博上，粉丝们也跟着姚晨一饱眼福；爱玩爱热闹的姚晨还会经常转发一些有趣的图片和文字，粉丝们也可以跟着乐上一乐。

　　如：

2011 年 12 月 26 日

圣诞快乐，亲爱的朋友们。圣诞祈祷：愿神保守我们的灵魂，永远行在光明里。愿黑暗和恐惧远离我们，愿我们得到真正的平安喜乐。愿神牵手带领我们，用爱让平凡的生活变得充实丰盈。阿门！

2011 年 12 月 25 日

世上最远的距离啊，是从首都机场 3 号航站楼到 C52 号登机口。一路狂奔，汗流浃背，竟还用了 15 分钟……拜托啊亲，这么远的登机口，换登机牌的时候，能不能告知一声呢！

2011 年 12 月 21 日

北京市最牛钉子户被拔走了，路终于拓宽，再也不会堵了。但大冬天的，还是愿这一家老小能有个安身的好去处。

微博女王姚晨现在成为了新媒体的宠儿。不过，姚晨觉得自己对不起那么多冠冕堂皇的奖励，她说她只是"讲了人话，做了人事"而已，社会的褒奖并没让她觉得自己是一个多高尚的人，有时候说的话事后也会"不无遗憾"。2011 年末，姚晨告诉媒体，希望自己做一个普通的公民，"自由自在地过日子，能做梦、敢做梦，做个生动的人"。（参见《姚晨：作为微博女王的压力》）

由此可见，目前女性已经成为新媒体空间的重要力量，新媒体最大的特点就是为女性拓展出一种发表、交流的空间和形态。从当年一直稳居新浪博客首位、点击量突破 8000 万的徐静蕾，标志着一种女性进入新媒体的成功，到现在的微博女王姚晨的微博粉丝超过 1500 万，进入世界"十强"，这一切无不见证着女性在新媒体领域突飞猛进的发展过程。因此对女性来说，新媒体已经不仅仅是一个词或者一个物品，而它更多的是一种媒介，一种桥梁，一种思维，一种理念，在影响着、改变着女性的生活、女性的世界。

全国妇联副主席、书记处书记、中国妇女报刊协会名誉会长洪天慧同志也曾在"中国妇女报刊协会"于湖北武汉知音传媒集团召开的"凝聚妇女报刊出版单位资源，打造新媒体联盟"研讨会上指出：

　　妇女报刊出版事业，是我国文化事业中的一支重要力量，是我国妇女事业的重要组成部分，在妇女工作中具有重要的地位和作用。当前，我们正处在一个以网络为代表的新媒体蓬勃发展的时代。实践证明，网络正在深刻改变着社会舆论和传媒发展的格局，传统的纸质媒体发展正面临着十分严峻的挑战。

　　她强调，妇女报刊出版单位要紧跟时代发展步伐，抓住新的机遇，整合资源优势，在文化体制改革和新媒体发展的进程中，面向妇女、服务社会，联合打造一个立足于网络及移动技术发展的、彰显女性特色的、具有广泛社会影响力的新媒体平台。这是妇女报刊出版单位顺应舆论和传媒发展新形势的必然要求，对于妇女报刊出版事业的未来发展至关重要。各妇女报刊出版单位要深刻认识凝聚优势资源、打造新媒体联盟的重要意义，将参与创建联盟作为一次发展机遇，结合自身实际，进行深入研究，理性审时度势，科学做出决策，积极主动作为，共同办好妇女报刊出版新媒体联盟，逐步形成传统纸质报刊与数字化媒体相辅相成、齐头并进的发展新格局，更好地服务大局、服务妇女、服务妇联工作。①

----

　　① 参看"知音网"新闻：《"凝聚妇女报刊出版单位资源，打造新媒体联盟"研讨会在武汉召开》。http://www. zhiyin. cn/2011/0921/169048. html。

参考文献

1. 徐春莲：《中国期刊市场潜力巨大》，《传媒》2007 年第 5 期

2. 杨珍：《中国新闻传播学中女性主义研究的历史、现状与发展》，《文化研究》2004 年第 10 期

3. 连鸿来：《当代妇女期刊的美学特点及对女性发展的作用》，《编辑之友》2004 年第 4 期

4. 戴廉：《女性时尚杂志的历史沿革与全球化现实［DB/OL］》ht-tp：//xiaosanzi. blog. hexun. com/

5. 袁树影：《中国女性期刊的现状及发展对策研究——以《知音》和《家庭》为例》，麓山枫网，2010 年 1 月 10 日

6. 李焱胜：《中国报刊图史》，湖北人民出版社 2005 年 4 月第 1 版

7. 徐柏容：《期刊：长流的江河》，首都师范大学出版社 2009 年 9 月第 1 版

8. 陈艳： 《女性期刊现状解析及展望，湖南社会学网》http：//www. hnshx. com/

9. 王晓晖：《女性期刊往何处去：中西方女性杂志发展路径比较及策略研究》，《编辑之友》2010 年第 3 期。

10. 孙燕君等著：《期刊中国》，中国社会科学出版社 2003 年 10 月

11. 张虹：国内女性杂志性别观念现状与反思，《青年记者》2011 年 12 月（下）

12. 王亚男、梁雪莱：《浅析中国女权运动对早期女性报人办报的影响》，《新闻世界》2011 年第 8 期

13. 李应红：《中国华文女性期刊发展综述》，《编辑之友》2009 年第 3 期

14. 何扬鸣、宣焕阳：《"责任上肩头，国民女杰期无负"——秋瑾创办〈中国女报〉经过》，《浙江档案》2000 年第 3 期

15. 尹晓蓉：清末民初女性期刊的演化与传播探析，姚远学堂—期刊传播中心，http：//blog. sina. com. cn/qikanchuanboluntan

16. 王晓丹：《中国近代妇女报刊述论》，《曲靖师范学院学报》2001年第 5 期

17. 张丽萍：《试论早期妇女报刊对新女性身份的建构》，《新闻大学》2009 年第 2 期

18. 丁守和：《辛亥革命时期期刊介绍》，人民出版社 1982 年版，第351 页

19. 初国卿：《中国近现代女性期刊述略》，浅绛轩的 BLOG，http：//blog. sina. com. cn/s/blog_ 48590acc0101gns9. html

20. 烂橙子刘承的博客："逝去的杂志，http：//blog. sina. com. cn/lc-zlc2011，2011 年 2 月 16 日

21. 涂晓华：《上海沦陷时期〈女声〉杂志的历史考察》，《现代文学研究丛刊》2005 年第 3 期

22. 淑媛新浪博客：《华丽的记忆：二十世纪初上海老杂志〈玲珑〉之印象》，http：//blog. sina. com. cn/s/blog－4c632b1do1009c51. html。

23. 刘胜枝：《当代女性杂志的文化研究》，北京师范大学，2005 年

24. 周思佚：《时尚杂志对女性消费的影响》，《青年记者》2009 年第21 期

25. 李晓红：《女性的声音：民国时期上海知识女性与大众传媒》，学林出版社 2008 年版

26. 王蕾：《时尚杂志产生、发展及其消费主义本质》，《中国出版》2010 年第 2 期

27. 唐凯芹：《中国女性时尚杂志运作模式探》，湖南师范大学学位论文 2006 年

28. 风雨同路人的 blog：《女性尚杂志研究》，http：//www. hyedu. com/oblog/u/34933/index. html

29. 袁思思：《论我国女性时尚期刊的发展变迁》，淮阴师范学院教育

科学论坛，2010 年第 Z1 期

30. 方平：《中国女性期刊发展纵览：90 年代至今系飞跃期》，《新闻界》，2011 年第 4 期

31. 姜卫玲：《我国女性时尚杂志发展脉络剖析》，《江苏政协》2009年 11 期

32. 赵超之：《时尚杂志 VOGUE 在中国的营销策略与杂志特色研究》，厦门大学硕士学位论文

33. 古晶：《女性时尚类期刊的品牌营销策略》，《传媒》2008 年第1 期

34. 杨洪祥：《中国期刊的出路——中国期刊高手论坛》，新世纪出版社 2002 年版

35. 袁珂：《改革开放以来国内女性时尚杂志发展初探》，北京时装学院硕士学位论文，2007 年

36. 石箫纯：《知音的成功对女性期刊的启示意义》，《云梦学刊》2000 年第 1 期

37. 李应红：《中国女性期刊的生存与发展研究》，四川大学硕士学位论文，2004 年

38. 陈艳：《当代著名女性期刊特色谈》，《科技创业月刊》2005 年第8 期

39. 刘霓：《e 时代的女性——中外比较研究》，社会科学文献出版社2002 年版

后　　记

　　《中国女性期刊史》作为2012年教育部人文社会科学研究规划基金项目，从最初的资料搜集、篇章设置到动笔撰写，历经三年（当然，这之前的在女性期刊工作20年的积累、大学任教10余年的沉淀不包括在内），废寝忘食、几易其稿，其个中滋味用战战兢兢、诚惶诚恐来形容绝不为过。正因为自己对女性期刊的爱之深、关之切，尽管资料如此庞大复杂也唯恐遗漏了那些在中国百年女性期刊发展过程中起过重要作用的女性期刊及其编撰者。

　　在全书的写作中，笔者尽量将全书置于"中国百年女性期刊"的历史长河中，从中撷取一朵朵色彩斑斓的浪花。在写作中，我们主要采取大量有关女性期刊著述的资料搜集和全国各地女性期刊的实地考察、调研相结合的写作方法，查阅了大量的史料和网上信息。当然，在写作"第二章中国早期（清末民初时期）的女性期刊"时，由于历史年代久远，资料记载较少而颇费了一番周折。在此，我诚恳希望本书在这里只是抛砖引玉，能够引起更多对中国女性期刊喜爱并有资深研究的仁人志士，对中国女性期刊发展脉络及其发展趋势进行深入探讨及研究，那将是自己完成这本书的最大动力和目的……

　　当然，本书虽几经修改，但由于我们的水平有限，书中缺失之处，难免疏漏，恳请各界人士批评指正。

　　在此，深深感谢我的课题组全体成员：周淑舫、王秋艳、黄峥、高伟云、余显仲、姜宇清以及我的学生王玮、李玉霞；也非常感谢本书的责任编辑宫京蕾女士，是她不厌其烦地一遍遍仔细审阅、认真核对，才使得本书呈现在读者面前。本书在写作过程中，参考和引用了许多著作和论文的观点，在此一并表示谢意。当然也十分感谢我的先生及儿子在我写作过程中给予我的支持与帮助……千言万语化作诚挚祝福：好人一生平安！

吴敏娟

2014年9月28日于江南宅中